中国出版家丛书
ZHONGGUO CHUBANJIA CONGSHU

国家出版基金项目
NATIONAL PUBLICATION FOUNDATION

# 章锡琛

中国出版家

Zhongguo Chubanjia
Zhang Xichen

柳斌杰 主编 章雪峰 著

人民出版社

# 出版说明

出版不仅仅是一个充满竞争的商业领域，同时，它也深深打上了"文化"和"思想"的印记。在这个文化场域中，交织着多种力量的动态关系，通过出版物的呈现和出版活动的开展，描绘了一个时代的文化风貌；而回旋折冲于其间者，则是那些幕后活跃、台前无闻的各类出版人。他们自喻"为他人做嫁衣裳"，事实上，却是国家文化传承和历史记录的主要担当者，有出版发展的参与人和见证者甚至称他们所起的作用为保存民族记忆的千秋大脑。虽然扼据出版要津之地，却少见自家行当的人物传记出版。本丛书是第一次规模化地为这个群体中的杰出者系列立传，从一个人到一群人的出版事功中，折射出近代以降出版业的俯仰变迁，同时也见证着出版参与时代文化思想缔构及其背后深广的社会历史内容。那些曾经彪炳于时的出版人，一方面安身于这个行业，以其敏锐犀利的时代洞察力，在市场、经营与创意中躬行实践，标领乃至规划了这个行业的发展，并使之成为国民经济的一个重要门类；另一方面又在"安身"之外，显现出面向社会的公共性关怀与"立命"的超越性关怀，从职业而志业的追求中，服务于民族解放、思想启蒙与文化进步的社会性经营，书写了出版人生的风采、风骨与风流。

本丛书所传写的 30 余位出版人，均为活跃于 20 世纪并已过世的出版前辈。中国古代也曾涌现了陈起、毛晋等出版大家，只是未纳入本书的传主范围。丛书在体例上，有单人独传与多人合传之分，但这并不必然意味着对传主出版贡献及其历史地位的轻重判别，许多情况下的数人合传，乃因于传主史料的阙如而不得已的选择，某些重要出版人如大东书局总经理沈骏声、儿童书局创办人张一渠等，也囿于同样情形而未能列入本丛书的传主名单，殊觉憾事。虽说隐身不等于泯灭，但这个行业固有的幕后特征多少带来了出版人身份上的隐而不显、显而不彰。本丛书的出版，固然是想通过对前辈出版事迹的阐幽发微、立传入史，能让同样为人做嫁衣者的当今出版人不至于觉得气类太孤，内心获得温暖，并昭示后来者在人生目标上，在家国情怀上，在出版境界上，追步于前贤，自觉立起一面促人警醒自鉴的镜子；同时更希望通过一个个传主微历史的场景呈现，让更多的人认识到出版在产业之外，更是一项薪火相传的社会文化事业，它对时代文化的接引与外度，使其成为一种任何人都不可忽视的“势力”，在百余年来的社会发展进程中，发挥了不可替代的作用。

故此，我们推出这套“中国出版家丛书”，以展示中国文化创造者的风采，弘扬他们的优良传统和崇高的职业精神，发掘出版史史料，丰富出版史研究和编辑史研究。

“中国出版家丛书”编辑委员会

人民出版社编辑部

二〇一六年四月

# 目　录

# 前　言

章锡琛（1889—1969），字雪村，浙江绍兴人。民国时期出版机构开明书店的创始人，著名出版家。

章锡琛一生，生于晚清，长于民国，逝于新中国，经历了中国天翻地覆的三个时代。

1909 年，章锡琛毕业于绍兴山会师范学堂，后任中小学教师。1912 年进入出版界，担任《东方杂志》编辑，并从此供职上海商务印书馆长达 15 年。

在《东方杂志》的九年里，章锡琛受到了编辑业务的基本训练，完成了人脉资源的原始积累，打下了后来独立主编杂志、策划图书选题、创办开明书店的坚实基础。

1921 年 1 月，章锡琛被商务印书馆高层看中，开始主编《妇女杂志》。在他的主持下，《妇女杂志》从第 7 卷第 1 号开始，开始了该杂志脱胎换骨的"新文化自由主义、妇女主义"高潮时期。在章锡琛主编的五年内，杂志销量大增，读者"由二三千增加到一万多人"。

与此同时，章锡琛还同时负责编辑上海《时事新报》副刊《现代妇女》和上海《民国日报》副刊《妇女周报》。

1925 年 1 月，章锡琛、周建人推出了《妇女杂志》第 11 卷第 1 号"新性道德号"，讨论性道德。结果一石激起千层浪，引起了社会上的广泛争议，同时还引发了他们与北京大学教授陈大齐的公开论争。此事也最终导致了章锡琛被商务印书馆辞退。

1926 年 1 月，迫于生计的章锡琛在朋友们的支持下，创办了《新女性》杂志。同年 8 月 1 日，章锡琛又在《新女性》杂志的基础上，在胡愈之、夏丏尊、丰子恺、郑振铎、周建人等朋友的帮助下，在上海宝山路宝山里 60 号创办了开明书店。

章锡琛创办的开明书店，是民国时期中国出版业为数不多的几家大型出版机构之一，其规模仅次于商务印书馆、中华书局、世界书局和大东书局；开明书店同时也是一家给作者、读者留下"高尚"、"正派"、"严肃"、"光辉"形象的出版机构，其专注于"青少年学生读物"细分市场、苛求图书质量、讲究装帧设计、追求精细化管理等特点，都在中国出版史上留下了浓墨重彩的一笔。

章锡琛执掌开明书店近 27 年之久，给读者们留下了一大批高品位、重量级的图书出版物：在"青少年学生读物"方面，该书店的中小学课本发行量大，经久不衰，《开明英文读本》、《爱的教育》、《开明活页文选》更是三本超级畅销书，被誉为开明书店的"吃饭书"；古籍类图书中，先后出版的《辞通》、《六十种曲》、《二十五史》、《二十五史补编》、《二十五史人名索引》、《十三经索引》等获得读者和同业的好评；新文学出版物中，茅盾的《子夜》，巴金的《家》、《春》、《秋》等，均是产生了巨大影响的作品；开明书店的科普读物影响了整整一代人，如顾均正的《科学趣味》、周建人的《花鸟鱼虫》、高士其的《细菌与人》、贾祖璋的《生物素描》、索非的《疾病图书馆》等；开明书店的杂志也办得相当出色，其中尤以 1930 年创刊至今仍在出版的《中学生》为最，影响了一代又一代的青少年。

特别是在章锡琛亲自担任开明书店总经理的 1934—1936 年，开明书店达到了自己的高峰年代，他本人也在这三年里达到了个人作为出版家的职业顶峰。从资本总额来看，开明书店成立时才 5 万元，1930 年增资 5 万元，1931 年增资 10 万元，1933 年增资 5 万元，1936 年因经营状况良好而第四次增资 5 万元，合计股本达 30 万元；从出书规模来看，开明书店在 1934 年新出图书达到了 95 种，1935 年是 107 种，1936 年是 93 种。在开明书店存在过的 27 年里，其年平均新出图书品种为 55 种，因此开明书店在 1934—1936 年出现了连续三年的高速增长。虽然这样的高速增长为时短暂，转眼就被 1937 年的抗日战争打断了。

章锡琛也是"具有民族气节的爱国出版家"。1925 年上海五卅惨案时，他以文学研究会、妇女研究会代表的名义，参加了上海学术团体对外联合会，站在反帝斗争前列，积极声援爱国群众运动。

1927 年 4 月 12 日，就在开明书店所在的上海宝山路，章锡琛亲眼目睹了国民党反动派发动的震惊中外的四一二反革命政变场面，看到了工人纠察队、普通居民群众被反动派军队殴打、屠杀的惨状，"禁不住愤火中烧，对共产党抱深切的同情"。4 月 13 日，章锡琛抱着义愤在报上发表"青天白日满地红，白日青天杀劳工"的打油诗。4 月 14 日，章锡琛与胡愈之、郑振铎、周予同、吴觉农、李石岑、冯次行联名写信向国民党提出抗议，并在 15 日的上海《商报》上公开发表，率先向社会揭露事实真相，被周恩来誉为"中国正直知识分子的大无畏壮举"。

1927年至1937年十年"文化围剿"时期，章锡琛接受鲁迅嘱托，饱含对中国共产党早期主要领导人之一、伟大的马克思主义者、无产阶级革命家瞿秋白的同情和景仰，冒险在自己直接管辖的美成印刷所秘密排印瞿秋白遗著《海上述林》。他不仅为这部书出了力，还出了钱。《海上述林》购买铅材的资金，即由开明书店编辑所同人捐助，"开明书店的叶圣陶、徐调孚、章锡琛、宋云彬、夏丏尊，为出版《海上述林》各认捐十元；王伯祥、丁尧先各认捐五元"。《海上述林》最终得以赶在鲁迅生前出版，章锡琛功不可没。

抗日战争时期，章锡琛一手创办的开明书店在八一三事变中，被日军几乎完全炸毁，而他本人也被迫滞留于日军占领的上海。在此期间，他一方面抵制日本侵略者的文化侵略，另一方面积极利用各种条件，支援大后方出版进步书刊。1943年12月15日，他和夏丏尊等39名上海文化界人士一起，被日本宪兵逮捕。面对日寇凶焰，他不为利诱所动，不为威武所屈，保持了一个爱国知识分子的坚贞气节。

抗战胜利后，他和叶圣陶一起，按照周恩来同志对于国民党统治区出版工作的布局，在兵凶战危的情况下，苦撑开明书店、《中学生》杂志的经营危局，坚守待变，直至全国解放。

新中国成立后，章锡琛受邀赴北京出任新中国中央人民政府出版总署处长、专员，后调任古籍出版社、中华书局副总编辑。在此期间，他主导并促成了他亲手创办的开明书店，在众多国民党统治区的出版机构中脱颖而出，全国第一家实现公私合营。他还着手起草了《著作权暂行法》及其《细则》，翻译引进了《苏联人民委员会关于著作稿酬之决定》、《苏联部长会议关于文艺著作物稿酬之决定》、《书籍出版事业的组织和经营》等，负责撰写了《苏联大百科全书》中的《中国出版》条目，参加了《资治通鉴》的校点工作。

章锡琛学术精湛，著译有《文学概论》、《文史通义》（选注）、《马氏文通校注》、《助字辨略》（校注），还有散见于《东方杂志》、《妇女杂志》、《妇女周刊》、《现代妇女周刊》、《新女性》、《一般》、《开明》、《中学生》等报刊上的著译文章近 700 篇。

章锡琛为人谦虚、亲和，颇有"功成不居的气度"。开明书店虽由他一手创办，但在 27 年里，他真正担任一把手总经理的时间，却只有不到 6 年的时间。这在当时的民国出版机构中，是比较少有的特例。之所以造成这个特例，与章锡琛上述的个人性格和气质有关。

1947 年，章锡琛曾发表文章，谦称自己是"一个最平凡的人"。其实，这位中国出版家，有着自己不平凡的人生。

# 第一章

# 最平凡少年[①]

　　19世纪末20世纪初的中国，苦难深重。1840年的鸦片战争，列强用武力的方式逼迫清帝国睁眼看世界。"清王朝的声威一遇到不列颠的枪炮就扫地以尽，天朝帝国万世长存的迷信受到了致命的打击"[②]。从此，中国的独立主权受到严重损害，中国的社会性质发生了根本性变化，中华民族陷入了前所未有的危机之中。

　　19世纪50年代，太平天国运动和第二次鸦片战争相继发生，清帝国的危机更为深重。百年积弱的现实，终于由中日甲午战争的惨败

---

　　① 此处系借用章锡琛对自己"一个最平凡的人"的谦称。见章锡琛：《一个最平凡的人》，载王知伊著：《开明书店纪事》，书海出版社1991年版，第212页。

　　② 《马克思恩格斯全集》第9卷，人民出版社1961年版，第110页。

而血淋淋地显露出来。以《马关条约》为契机，帝国主义在华掀起瓜分狂潮，中国面临着亡国灭种的严重威胁。这一切，也促进了中国人民的广泛觉醒，"自强"、"救国"，成为中国有识之士的共同梦想。一时间，师夷长技、变法图存、革命救亡、实业救国、科学救国、教育救国等主张相继出台，洋务派、改良派、维新派、资产阶级革命派等政治力量你方唱罢我登场，"西方资产阶级革命武库中的武器几乎都一一搬上了中国历史舞台，经过试验一一失败了"①。而把国家当作试验田的结果，是整个社会的持续动荡，综合国力的持续下行。

章锡琛就出生在这个民族危机深重、社会动荡不安的年代。

# 一、辗转求学

1889年(清光绪十五年)8月24日②，章锡琛出生于浙江省会稽(今绍兴)县马山镇。马山镇位于该县东北部，南距绍兴县城18华里，北离鲁迅《社戏》一文的发生地、鲁迅外婆的老家——安桥头村5华里。马山镇湖泊交错，桥河辉映，绿水环抱，风光宜人。更兼街头店铺鳞次栉比，人流如潮，是个物阜民安的好地方。

马山镇所属的绍兴，是江南水乡的代表之地，更是一个地灵人杰的胜地。近代以来，绍兴频出高水平的文化名人。和章锡琛差不多时代的就有蔡元培、鲁迅、刘大白、马寅初、夏丏尊、竺可桢、范文

---

① 萧致治：《鸦片战争与近代中国》，湖北教育出版社1999年版，第56页。
② 章锡琛生日还有另一种说法是1889年4月24日，见章士敏：《章锡琛先生传略》，载中国出版工作者协会编：《我与开明》，中国青年出版社1985年版，第172页。

澜、朱自清、孙伏园、胡愈之、杜亚泉、俞平伯、钱三强等。这些与章锡琛同乡的文化名人中，有的和他时相过从，有的和他长期共事，有的还于他有提携之情。因此可以说，章锡琛的一生，选择文化出版事业作为终生的职业，并卓有成就，与他出生于绍兴不无关系。

章锡琛原名锡櫄、锡椿，1909 年 20 岁时方改名锡琛，字雪村，又字君实。出生时，家境勉为温饱[①]，父亲章元庸在马山镇南长庆桥头开了一家专营砖灰建材的小店"章义盛"，母亲姓鲁。章锡琛的父亲章元庸，为人秉直仗义，经营恪守信誉。为此，在当地小有名气，小店里的生意也很兴隆。

章氏夫妇共生育了五子一女，章锡琛排行老大，因此深得父母钟爱，也被寄予了光宗耀祖的厚望。章锡琛长到 5 岁，由于还是科举制的时代，望子成龙的章家自然要按照科举的要求来培养家中的长子。于是他在 1894 年（清光绪二十年）1 月进入私塾读书。从此直到 8 岁，章锡琛就在本村私塾中接受着以科举为目的教育，从《三字经》、《百家姓》、《千字文》、《神童诗》，读到《大学》、《中庸》、《论语》、《孟子》。

在私塾中，塾师"只教会学生读书，就要学生读熟背出"，即只要生硬地背熟，并不解释其文字的意义，直到学生到了一定的年龄段才讲授文字意义。所以，章锡琛在私塾里读的《四书》、《五经》等，"都经过多次的反复背出，都非常熟，到年纪大了还都记得"，"如《论语》，不光正文要背出，朱熹的注也要背出"。章锡琛后来能校注《助字辨略》、《马氏文通》，编校《资治通鉴》、《张载集》，与这段私塾教育不无关系，这样深厚的古籍根基，的确是"从小刻苦熟读得

---

① 章士敫：《章锡琛与开明书店》，《出版史料》2003 年第 3 期。

来的"。①

大约在 8 岁时，章锡琛已读完了《四书》、《五经》，可以开始学作八股文了。但是，本村私塾中的老师，多是失业的店伙，偶然有个把不第秀才，已经是"凤毛麟角"了。这样的老师，对于可以作"八股"的学生，在教学上是力不从心的。章锡琛只好转学。9 岁、10 岁两年间，先后被送到邻村尚巷亲戚家、邻村赏家村亲戚家去附读。

章锡琛 11 岁时，正值义和团运动高潮和清廷慈禧太后不自量力、史无前例地向全世界各国宣战的庚子 1900 年。在这个特殊的年份，中国北方特别是北京风起云涌，一片混乱。但远离风暴中心的南方如绍兴等地却还相对平静，章锡琛继续求学，"换了三处地方，三位教师"，学作着八股文章。并且在 12 岁的下半年（清光绪二十七年），按照父母的安排，正常地去参加了童子试，"明知道是不会进学的"，但"观观场，熟习一点场规"②，可以为将来的正式应考热身。此后，章锡琛却大病了一场，因此停学了近三年之久。"患了疟疾，接连着两年，没有医治得好，因此成了脑贫血症。所以 13 岁左右时，虽然仍在本村上学，不过挂上一个空名，十天有九天病在家里。"③

但是，"我的父亲，对我期望颇切，至少望我能够进一个秀才，可以光宗耀祖"。于是，从 14 岁起，章锡琛又被送到绍兴城里的菩提路私塾读书，"依然跟着八股文先生在私塾里学习四书义策论，预备

---

① 周振甫：《纪念章雪村先生》，载出版史料编辑部编：《章锡琛先生诞辰一百周年纪念文集》，1990 年 10 月，第 327 页。

② 章锡琛：《一个最平凡的人》，载王知伊著：《开明书店纪事》，书海出版社 1991 年版，第 214 页。

③ 章锡琛：《一个最平凡的人》，载王知伊著：《开明书店纪事》，书海出版社 1991 年版，第 214 页。

每年冬季应秀才的考试"。①

章锡琛自己在当时也颇有志向，跟着老师"读《小学》、《近思录》一类的理学书，接着再看宋明诸儒的语录，和宋元明学案"，"看了这些书以后，我居然想以修身淑世继往开来的圣贤自任"。② 以圣贤自命，可见这个年轻人当时志向之远大。

其时的绍兴城，并不平静，反清运动暗流涌动。后来的革命烈士徐锡麟，正在家乡绍兴建蒙学、设书局，以期开启民智，掀起反清高潮。而另一个大名鼎鼎的革命志士秋瑾，也时常和徐锡麟一起，在绍兴开展反清革命活动。章锡琛在菩提路私塾的塾师，也颇具进步思想，据说还"曾带着他去见过徐锡麟"③。章锡琛后来回忆说："那时我们的先生，虽然有着很多学生，事务却是很忙，一天见不到几次面"，"也是一个半维新党"，可见这位先生大约也是徐锡麟一类的人物。先生"教我们多看一点新书新报。先生自己定有一种梁启超主编的《新民丛报》，我们几个学生便也各人定一种杂志，如《译学报》、《选报》、《游学译编》、《浙江潮》之类"。④ 按照"各人定一种杂志"的安排，章锡琛订的是《浙江潮》，并且是在徐锡麟的直接指导下订阅的："按照徐老师的指导，父亲去订了一份《浙江潮》。"⑤

---

① 章锡琛：《从商人到商人》，《中学生》1931 年第 11 期。

② 章锡琛：《理想与现实》，《青年界》1946 年第 1 卷第 1 期。

③ 王湜华：《开明书店章老板——追怀章锡琛先生》，《人物》1995 年第 1 期。

④ 章锡琛：《我的学习英文的失败》，《上海市私立开明函授学员俱乐部》1933 年第 6 期，第 12—15 页。

⑤ 章士敫、章士敢、章士文：《章锡琛略传》，载出版史料编辑部编：《章锡琛先生诞辰一百周年纪念文集》，1990 年 10 月，第 219 页。

在这样的环境影响下，在这个以盛产"师爷"和"黄酒"而著名的城市里，章锡琛得以"每天跟着几个年长一点的同学在街上乱跑，从书店里看到《新民丛报》、《浙江潮》一类的杂志"，"模模糊糊地知道了一点世界大势"。① 年轻的农村小伙子开始睁眼看世界了。

这时，八股文已经废止，改试经义策论，章锡琛也适应这一变化趋势，"写起文章来，就一味的模仿梁启超一派"②。在油灯下一番苦读下来，"为此留下一双高度近视眼，一对镜片像两只小酒盅"③。高度近视，从此伴随了章锡琛的一生。

然而，苦读中也颇有乐趣。章锡琛在同学中，学习算是比较优秀的了。当时"城里有稽山、蕺山、龙山三个书院，每逢初二十六，我们都竞争着做'书院卷子'，偶然博得了两三百文的'膏火'，便觉得兴高采烈，呼朋引类的到大街上去吃东道"④。这种所谓的"膏火"，类似小额奖学金，能时不时地做东道主请同学们吃饭，可见章锡琛用功之勤，苦读之深。

14 岁那年，章锡琛再次应童子试，居然名列县考第五名，"连先生也以为我一定可以进学了"⑤，结果，"却被别人行贿而顶了去，还是名落孙山"。据章锡琛的晚辈章士敭回忆，这个自己考不上，却花钱

---

① 章锡琛：《从商人到商人》，《中学生》1931 年第 11 期。
② 章锡琛：《一个最平凡的人》，载王知伊著：《开明书店纪事》，书海出版社 1991 年版，第 212 页。
③ 章士敭：《章锡琛与开明书店》，《出版史料》2003 年第 3 期。
④ 章锡琛：《一个最平凡的人》，载王知伊著：《开明书店纪事》，书海出版社 1991 年版，第 212 页。
⑤ 章锡琛：《一个最平凡的人》，载王知伊著：《开明书店纪事》，书海出版社 1991 年版，第 212 页。

行贿，顶替掉章锡琛秀才名额的人，是豆姜鲍家少爷。①

　　章锡琛在自己 15 岁时迎来了人生的"第一位恩师"——陶云。陶云先生当时闲居在陶家堰村的家中，本不打算收学生，但架不住章锡琛的前面某位塾师是其同学的面子，只好收了章锡琛这一名学生。

　　陶云先生自己的科举成绩很好，是廪生出身。要知道，在明清两代，只有科举成绩列入一等的人，才能取得廪生身份。这位旧学功底很深但却醉心新学的陶云先生，教授章锡琛的办法也很特别，和前面私塾的教法不同，完全不教记诵，只是指导他自由阅读自己的藏书。于是，在大约一年半的时间里，章锡琛几乎是足不出户，除了阅读《古文辞类纂》、《昭明文选》，周秦诸子、宋明理学等经史子集以外，同时还阅读《天演论》、《群学肆言》、《名学浅说》、《原富》等新思潮书籍。陶云先生还教他文法、音韵学、算学、物理、化学、日文等。

　　这样的教育，奠定了章锡琛一生的知识体系，使其既具备了较深的旧学功底，同时也有了新知识、新思潮的视野和基础。章锡琛后来回忆自己这一生"真正读书，应从这时开始算起"②。在陶云先生家学习的过程中，章锡琛还去应了清朝的最后一次秀才考试，仍然未第，从此科举就废止了。科举虽废，学海无涯，章锡琛于是又回到陶云先生家里学习。可惜好景不长，这位恩师在第二年暑假后，被城里学校请去当教师，章锡琛只好再次换了老师，去县城的东文传习所学了三个月日语，毕业时名列第一，由此会讲一两百句日语。

　　此后，失去老师指导的章锡琛又开始在家自习。章士寰后来回忆，

---

　　①　章士寰：《我对大伯的欣慰的怀念》，载出版史料编辑部编：《章锡琛先生诞辰一百周年纪念文集》，1990 年 10 月，第 165 页。
　　②　王湜华：《开明书店章老板——追怀章锡琛先生》，《人物》1995 年第 1 期。

他学习极为认真，连社戏都不看。"往往家里人都看戏去了，只有大伯还是手不释卷，闭门读书"，"纵然锣鼓声破窗而入，大伯却不动声色，塞耳闭窗，秉烛夜读"。[①] 章锡琛自习的科目，包括日文、算学和英文。

大约在此时，章锡琛心中萌发了追随当时年轻人的时尚，东渡日本留学的念头，也曾向家人提出过，但未能如愿。这时正是中国学生赴日留学的高潮期。当时的日本，在甲午战争和日俄战争中将清帝国和俄国打得惨败，"雄长东方"，使得国人对这个"蕞尔小国"刮目相看，失败所激起的学习欲望冲淡了屈辱的民族情绪。另一方面，清政府于 1903 年 10 月颁布《奖励游学毕业生章程》，使得留学日本成为了一条投身仕途的捷径。一时之间，上至花甲老人，下至黄发幼童，留日之人猛增。从 1901 年至 1905 年，中国留日学生由每年 200 多名猛增至每年 8000 多名。浙江一省留日之风更盛。在家乡这样的氛围下，章锡琛提出留日要求，也就在情理之中了。但是，这样的要求不符合家长对他的发展规划，只好放弃了。

虽然留学日本未成，但章锡琛在东文传习所的日文训练和自学日文，居然在后来成了自己的职场敲门砖，还被见多识广的商务印书馆"交际博士"黄警顽误以为是日本留学生。[②]

17 岁时，章锡琛正式进入中等学校学习。也就是说，直到 17 岁，章锡琛的双脚才迈进正式学校的大门。他先前考过一次府中学堂，但没有考上，转而考上了私立的位于绍兴风景秀丽的东湖边的通艺学堂。

由于当时学制巨变的原因，章锡琛这一代人都是通过各种方式在

---

① 章士寰：《我对大伯的欣慰的怀念》，载出版史料编辑部编：《章锡琛先生诞辰一百周年纪念文集》，1990 年 10 月，第 165 页。

② 章锡琛：《从商人到商人》，《中学生》1931 年第 11 期。

自学，也有人经年失学。所以章锡琛那些通艺学堂的同学们，不仅年龄参差不齐（"同学里面，像我这样年青的已经颇少，大多数都是比我长三年五年，也有长十年十五年的"），而且知识掌握程度也差别巨大，如章锡琛"国文和日文被编在甲级，算术编在丙级，英文理科等都在丁级"①，所以当时的通艺学堂不是分年级编的。事实上，也没有办法分出年级来。

在通艺学堂学了不到半年，1906年5月17日，章锡琛父母不允其留学的"家庭规划"出台了，那就是回家"拜堂"结婚，传宗接代。新娘子是"父母之命，媒妁之言"决定的，名字叫吴耦庄。虽是旧式婚姻，但他们二人却从此风雨坎坷、相濡以沫，共同生活了60多个春秋。

等到章锡琛新婚后再回到学校，学校却闹起了小规模的学潮。等学潮过去，暑假也到了。暑假过后，由于家里不再供给学费，章锡琛辍学回家。

至此，章锡琛相当于中学生的求学生涯走向终结。

## 二、创办育德学堂

17岁就辍学在家，又增加了新婚的家累，章锡琛却暂时无须为生计发愁。毕竟家底还可以："章义盛"小店每年有大约一两百块钱的盈利；家里还有二三十亩的田，所收租米足以维持全家的口粮。所

---

① 章锡琛：《我的学习英文的失败》，《上海市私立开明函授学员俱乐部》1933年第6期，第12—15页。

以章锡琛反而过得比学校生活更加闲适，一天到晚躲在一间鸽棚似的小阁上，翻弄着几本破书。除了上午生意忙时到店里帮忙记账以外，主要是帮助侍奉生病的老祖父。

家里看到他平时捧着书本万事不问的呆气，有时不免要责备几句，也曾动过让他子承父业，主持经营"章义盛"，当"小店王"①的念头。但终于还是放弃了。

如此闲散了将近一年，章锡琛的第一份"工作"倒还是和他捧着的书本有关。当时，同村里有一个章锡琛以前的塾师，他的两个儿子没处读书，便劝章元庸让章锡琛开私塾蒙馆，并且答应帮助招生。章元庸一想是条路子，就一口答应了。这下，章锡琛想闲散也不成了，只好勉强应允，于是在18岁那年，在家中鸽棚式的小阁中开办私塾，招生授徒，按照他自己的说法，当起"猢狲王"②来了。

章锡琛的私塾生意不错，一开馆就有学生七八个人，当然也包括自己的弟弟妹妹在内。后来还有学生报名，都由于屋子太小而被拒绝了。到了年底一算，居然赚了七八十元的薪金。这已经接近于"章义盛"小店盈利的三分之一了，不禁让父亲章元庸笑逐颜开。

1908年，章锡琛开始考虑私塾扩大的问题。恰巧章锡琛在邻村有一位朋友，也正苦于没有事做，看生意不错，便提议和他一起合办一所小学校。于是利用章锡琛家另一所两楼两底的空房子，挂起了"育德学堂"的招牌，再挂起"学堂重地闲人莫入"的虎头牌，这就算办起了一个小学校了。校名"育德"取自《易经·蒙卦》"果行育德"。

---

① 章锡琛：《从商人到商人》，《中学生》1931年第11期。
② "猢狲王"是江南一带农村中对小学教师的戏称，取"小孩子顽皮似猴子，而教师则像孙悟空一样的美猴王对其加以管束"之意。

学校招生广告一贴出，居然有五六十人报名。后来，陆陆续续报名而来的学生竟达到百名，颇具规模了。于是，那位朋友做校长，章锡琛做副校长，就开学了。当然，育德学堂除了校长、副校长，再无其他教职员工，全部工作由这两位校长兼任。

学校没有课桌椅，就赶着制作；没有新式教科书，就买一套回来后，进行油印，同时兼教四书五经；没有体育教员，那位校长进过警察学堂的，就兼起来；没有音乐教员，章锡琛去买了一具手风琴，也兼起来。

总之，一切因陋就简，居然也把一所小学校办了起来。一时之间，传为乡间佳话。

佳话归佳话，显而易见的是，一是限于经费，二是限于师资，育德学堂的软硬件条件并不好。所以当教育主管部门的"视学"来视察时，"他可只是摇头，于我们很是不满"。学校办了一年，校长和副校长才发现"自己实在不懂教育"，"恰好此时城里成立山会（山阴、会稽）师范学堂"[1]，于是"磨刀耽误了砍柴"，育德学堂停办，两位校长先后报名进入山会师范学堂从头补课，学习教育理论。


# 三、一年师范学习


山会师范学堂是一所简易师范学校，章程是一年毕业，不收学费膳费。学制短，无学费，章锡琛就存了学点教育理论再回来办学校的

---

① 王湜华：《开明书店章老板——追怀章锡琛先生》，《人物》1995年第1期。

念头，尝试着去投考。一考之下，居然成绩还不错，名列第二，顺利入学。

章锡琛进入山会师范学堂，是在清宣统元年（1909）。这一年，他20岁。对于章锡琛的一生而言，这一年有着异乎寻常的意义。一来是因为，他从这一年起，正式定名为章锡琛，并由此名垂中国出版史。此前，他叫章锡櫄或章锡椿。二来是因为，这是他一生中系统接受学校教育的最后一年。从此以后，他就深入职场，从事着教育、出版等工作，终其一生，再也没有机会返回任何学校的大门了。

第三点最重要，因为章锡琛在山会师范学堂，遇到了自己人生的第二位恩师，但却是人生的第一位恩人。这位先生对章锡琛最终的职业选择起了决定性的作用，几乎可以说是他最终成就了章锡琛这位出版家。这位先生就是山会师范学堂"监督"（校长）杜海生。

杜海生（1876—1955），名子懋，以字行。山阴人，庠生出身，当时已是绍兴教育界的知名人物。遗憾的是，章锡琛的这位恩师兼恩人，曾经一度声名不佳。当年绍兴《越铎日报》就曾公开发表文章，其标题为《杜海生污我浙水——秋案告密之逆犯，绍兴学界之罪人》。文章指出："杜子懋，字海生，天性阴鸷，工于运动。秋案告密，杜实主要人物。近来把持学务，党羽日多，杭沪各报久有小提学使之称。自绍兴光复，杜惧秋案祸发，不见容于乡里。"①

"不见容于乡里"的杜海生，曾于1910年7月绍兴府中学堂闹学潮时，受绍兴知府之命暂行兼代监督，结果遭到中学堂师生的坚决反对而未果；同时，这也是杜海生在山会师范学堂被迫离职而被鲁迅取

---

① 陈元胜：《〈鲁迅全集〉（2005年版）注释辨说（上）》，《鲁迅研究月刊》2008年第11期。

代的主要原因。

杜海生声名不佳的其他原因且不去讨论，然而"秋案告密"一事却不可不为之一辩。所谓"秋案告密"，就是指有人向官府出卖了秋瑾而导致秋瑾被杀的问题。鲁迅认为是章介眉出卖了秋瑾，这在其名文《论"费厄泼赖"应该缓行》中，把秋瑾被杀和王金发被杀两案的"谋主"说得清清楚楚。但旁人却未必这样认为。所以，在绍兴光复时，大权在握的王金发怀疑杜海生也参与出卖秋瑾，要求鲁迅予以调查核实。鲁迅"后来也没有查出什么事"。杜海生若有此事，以鲁迅欢迎和同情革命党人的政治态度，以鲁迅明察秋毫的认真性格，绝不可能放过杜海生。

其实，在秋瑾一案中，被冤枉者不止杜海生一人，至少还有一个人也被冤枉了，而且还付出了生命的代价，被王金发暗杀了。这个人叫胡道南，字钟生。

那么，为什么这么多人在秋瑾一案中面目不清，被冤枉了呢？

原来，秋瑾被捕后，绍兴知府在杀她与否的问题上曾经犹豫不决。"据说开了一个绅士会征求意见。参加会的有山阴县劝学所所长胡钟生，绍兴山会师范学校校长杜海生等人。"[①] 这个绅士会，就是这些人被冤枉的缘由了。杜海生在会议上有没有说过秋瑾的坏话，甚或力主杀掉秋瑾，并无明文记录。但既然他参加了这个绅士会，而且秋瑾后来也被杀了，那就百口莫辩了。对于这次会议的情形，革命军方面的王金发当然不可能与会，所以并不完全了解。在他模糊知道了胡钟生于会上说了几句秋瑾的坏话后，就派人将他暗杀了。对于杜海

①　周建人：《回忆鲁迅片断》，《北京师范大学学报》1979 年第 3 期。

生，他只是怀疑，并无实据。虽然没有实据，但革命党的报纸却可以公开发表文章，不分青红皂白地首先将这样的旧派人物批得体无完肤。

自己的恩师兼恩人是"绍兴学界之罪人"，不知章锡琛当时作何感想。但从此后两人之间相处的实际来看，章锡琛对此事的态度和鲁迅是一样的，那就是不相信：终杜海生一生，章锡琛是一直将杜海生视作老师的，对他的人品是信任的，甚至邀请其出任过开明书店的总经理一职。

章锡琛在山会师范学堂这类简易师范学习的知识程度，大略相当于现在高中的水平。但对于章锡琛来说，重要的不是学到全部的知识，而是由此而略通知识的门径，极大地方便了他此后的自学。

这次，章锡琛还当上了学生干部——级长。这是一种由同学公举的学生干部职务，负责一些学习事务。章锡琛因为考入学校时名列第二，因此和另外一位同学韩希贤同时当上了级长。章锡琛认为，当学生干部很好，让他有了"练习办事的机会"，"得到了不少的益处"。①

1910年，章锡琛完成一年学业。由于章锡琛分外珍惜这来之不易的学习机会，加倍苦读，毕业成绩再次脱颖而出，名列第一。

# 四、再执教鞭

对于章锡琛这位名列第一的高徒，山会师范学堂的"监督"杜海

① 章锡琛：《从商人到商人》，《中学生》1931 年第 11 期。

生自然格外器重。在他的安排下，章锡琛担任了母校附属小学的教师。杜海生还介绍章锡琛兼任县小学教师联合会书记、师范传习所讲师、县教育局职员、明道女子师范学堂的教育学教员等职。由此，章锡琛再次由学堂踏入社会，所从事的工作，仍然手执教鞭、教书育人。当然，这一次拿起教鞭的章锡琛，好歹也是受过短期教育理论与实践训练的师范毕业生了。

1911 年是首义之年，革命之年。这年 10 月 10 日，革命党人在武昌打响第一枪，开启清朝崩溃进程，建立起中华民国军政府鄂军都督府。于是，各省革命党人纷纷效仿，11 月 4 日，浙江宣布独立。11 月 6 日，章锡琛所在的绍兴正式光复，建立起以王金发为首的革命军政府。

这时，绍兴的另一著名人物鲁迅也正在自己的家乡迎接这一改朝换代的重大时刻。当时的鲁迅也在绍兴教育界任职，担任绍兴中学堂教员兼监学。

鲁迅是 1909 年 7 月结束前后七年多的留学生活从日本回国的。回国后，鲁迅先是在杭州担任浙江两级师范学堂文学和生理学教员。1910 年 9 月，回到家乡绍兴，担任绍兴中学堂监学，兼任博物学、生理卫生学教员。

在绍兴的鲁迅，是怀着热烈的心情来迎接武昌首义和辛亥革命的。1911 年 11 月 5 日杭州光复的消息传到绍兴后，全城百姓欢欣鼓舞。当天，绍兴革命团体越社就在绍兴开元寺召开了一个迎接光复的大会。会上，鲁迅还被推为大会主席，发表了振奋人心的演说。

王金发的绍兴军政分府成立后，鲁迅于 1911 年 11 月被任命为山会初级师范学堂"监督"，取代了章锡琛老师杜海生的位置。而同时，章锡琛也被革命政府视为新派人物，受到邀请，主持明道女师的校务。

在此前后，章锡琛与鲁迅相识，"和鲁迅在绍兴府学堂是同事"[1]。同事的时间，却至为短暂，只有几个月。因为 1912 年 1 月，章锡琛就离开绍兴去了上海。而鲁迅也在 1912 年 2 月下旬，应中华民国南京临时政府教育总长蔡元培之邀，出任教育部社会教育司第一科科长，也离开绍兴去了南京。

虽然时间短暂，但老乡加同事的关系，却奠定了两人差不多一生的友谊和交往。章锡琛与鲁迅及其弟弟周建人，都建立了很深的友谊。章锡琛本人"非常佩服鲁迅先生的文章和为人"[2]。

那么，章锡琛为什么离开绍兴去上海？直接的因素，是因为王金发的秘书谢斐麟在当上了明道女师校长之后，开始和王一起，贪污腐化。章锡琛耳闻目睹，深受刺激，感到十分痛苦[3]，"因受不了官场习气，毅然离开生活了二十二年的家乡，只身来到上海"[4]。

当然，还有一个因素：就是章锡琛的恩师兼恩人杜海生，这时想到了为得意门生再谋一个新职业的门路，推荐他到上海找自己的堂侄杜亚泉。而后者任职于出版业，正做着商务印书馆《东方杂志》的主编。

在当时，杜海生、包括章锡琛本人或许都不会想到：杜海生的这个推荐，成为一个出版家的起点。对于章锡琛，杜海生恩重如山；对

---

① 钱君匋：《回忆章锡琛先生》，《出版史料》1988 年第 3、4 期。
② 吴觉农：《怀念老友章锡琛》，《出版史料》1988 年第 1 期。
③ 王湜华：《开明书店章老板——追怀章锡琛先生》，《人物》1995 年第 1 期。
④ 章士敫、章士敢、章士文：《章锡琛略传》，载出版史料编辑部编：《章锡琛先生诞辰一百周年纪念文集》，1990 年 10 月，第 207 页。

于中国出版业，杜海生功不可没。

纵观章锡琛的一生，他的工作、生活地点，只有三个：绍兴、上海、北京。所以，章锡琛离开绍兴去上海，是他一生中的重要转折点。正是在上海，他进入了出版业，并成为出版家。

## 五、出版家们的早年求学时期

在近代中国的出版家群体中，章锡琛和商务印书馆张元济、中华书局陆费逵，都是浙江人。从地图上看，张元济的祖籍浙江海盐，陆费逵的祖籍浙江桐乡，和章锡琛的家乡绍兴，相距不远，可以连成一个三角形。就是这个三角形区域，为近代中国文化，尤其是近代中国出版业贡献了众多的领军人物。这三位，正是其中的杰出代表。

张元济在这三个浙江人中，最为年长，分别长陆费逵19岁，长章锡琛22岁，既是长辈，也是同业前辈。这三位出身浙江从事出版的代表人物，在早年求学时期的经历，颇有一些相似之处。

首先，三人的求学经历都非常复杂，都曾辗转多地。由于父亲任职的原因，张元济先在广东广州，后在浙江海盐接受教育；和张元济一样，陆费逵也是由于父亲游幕各地的原因，先后辗转陕西汉中、江西南昌、湖北武昌等地求学。两人求学之苦，更甚于章锡琛只是在绍兴一地奔波。

他们的求学经历辗转复杂，是时代的原因。三人均出生于清代，求学经历集中在清朝统治时期。而清代的青少年，真正读书受教育的场所，一般都在地方或私人所办的私塾里。这种私塾教学，方式灵活，时间不限，由浅入深，学习优秀者可参加科举考试，稍差些也能得到文化启蒙，获得起码的文化知识，且收费不高，很受民间欢迎。于是私塾成为民间受教育的一种主要形式，因此清代私塾发达，遍布城乡。上述三人中，张元济正是属于私塾中学习优秀者，得以参加科举考试；陆费逵和章锡琛则由于废除科举的时代原因，未能走上科举仕途，但也从私塾中得到了文化启蒙，获得了起码的文化知识，打下了一生的学业基础。

其次，三人的早年求学都是以苦读和自修为主。张元济 7 岁入私塾，"发愤读书，没有书房，小阁楼则是他苦读之处，不论寒暑，几册书籍，青灯孤影，伴随他度过了无数个不眠之夜"①。在学业方面，陆费逵曾被认为是"自己挣扎的模范"。陆费逵的求学生涯，"幼时母教五年，父教一年，师教一年半"，"一生只付过十二元的学费"，其余时间全靠自修，并且一生自学不已，由此成才。②

张元济求学的时候，科举还是正途。所以张元济的自学内容，自然是四书五经和科举八股文章。和陆费逵、章锡琛一样，张元济少时家里并不富裕，一度到了母亲给人家做针线活补贴家用的地步，所以寒窗苦读是三个人在求学时共有的经历。所不同的是，陆费逵、章锡琛二人并未走向科举，张元济则由寒门学子成为天子门生，考中壬辰科会试第二甲第 24 名，后被授予刑部贵州司主事的职务，当了京官。

由于年龄相近，陆费逵自修的课程则和章锡琛差不多，"我自订课程每日读古文、看新书各二小时，史地各一小时，并作笔记、阅日报（先阅《字林》、《沪报》或《申报》，后阅《中外日报》）"，后又学

---

① 张学继：《出版巨擘：张元济传》，浙江人民出版社 2003 年版，第 8 页。
② 陆费逵：《我的青年时代》，《新中华》1934 年第 2 卷第 6 期。

习日文。①

第三,三人进入出版业之前,都曾在教育业任职。章锡琛是18岁开始办私塾和"育德学堂",后来弃山会师范学堂附属小学教师之职不就,而在上海加入出版业的;陆费逵则是17岁开始在南昌与友人一起,办起了小学"正蒙学堂",自任堂长并兼教学工作,18岁则到武昌当上了私塾教师。和陆费逵、章锡琛一样,张元济进入出版业之前,也是在从事教育业,在南洋公学任职。

而这三个人后来的出版业职业经历则一再证明:从事出版业的人,如果有一段教育业的一线任职经历,更有利于他们从事出版工作,更有利于他们策划切合教育实际的图书产品。这个规律,可能在今天,仍然适用。

第四,三人是商务印书馆的同事,只不过张一直是商务印书馆的舵手,是另外两人的上级领导,陆费逵、章锡琛则为商务印书馆的两大著名"叛将"。当然,陆费逵是主动叛逃而创办中华书局,章锡琛则是被动接受,被逼无奈而创办开明书店的。两大著名"叛将"的表现也还都不坏,中华书局、开明书店在他们的手中,很是争气,都曾经达到了和老东家、出版业老大商务印书馆并肩甚至叫板的高度。

从以上看,三位浙江出版人,他们自己早年的求学之路十分艰辛。所以,他们在亲身经历之余,都曾立志要改善当时中国教育的落后现状,"以扶助教育为己任"②,好让后来人不再为读书和教育所苦。

---

① 陆费逵:《我青年时代的自修》,载俞筱尧、刘彦捷编:《陆费逵与中华书局》,中华书局2002年版,第486页。

② 张树年:《我的父亲张元济》,百花文艺出版社2006年版,第283页。

果然，后来这三位均在各自的出版事业中涉足教科书出版，而且各放异彩为民国教育事业作出了自己的贡献。这一结果，恐怕与他们早年求学的艰辛经历不无关系。

# 第二章

# 商务十五秋①

1912 年 1 月的一天，时年 23 岁的章锡琛从绍兴来到上海，在自己的老师、绍兴山会师范学堂监督杜海生的介绍下，来找其时任《东方杂志》主编的堂侄、绍兴老乡杜亚泉谋职。

从此，章锡琛进入商务印书馆，选择了出版业作为自己的终身职业，并迈开了自己成为出版家的脚步。

而在我们来看，章锡琛进入商务印书馆的这个时刻，意味深长。

公元 1912 年，不是清帝国的宣统四年，而

---

① 章锡琛 1955 年向张元济献祝寿诗，忆及自己在商务的 15 年工作时间："记上涵芬楼，追随十五秋"，此处借用。见章锡琛：《漫谈商务印书馆》，载《商务印书馆九十年》，商务印书馆 1987 年版，第 124 页。

是中华民国元年。这一纪年方式的改变，对于中国而言，具有非比寻常的革命意义。大约最晚从汉代起，帝王纪年法就一直是中国的主流纪年法，比如贞观三年、万历十五年。而公元 1912 年如果不是由于前一年的武昌首义，将毫无疑问地成为"宣统四年"。几千年来，在书写历史时，帝王的年号成为历史的记忆，仿佛那一年又一年，是为了帝王们而存在的，而除了帝王们的事之外，神州大地并没有发生过其他任何值得记录的大事。

现在不同了。在 1912 年，中国第一次没有了帝王们的大事，却有了这样两件大事：

第一件大事是在 1912 年 1 月 1 日，中华民国临时政府在南京宣告成立。从此，封建王朝在中国寿终正寝，历史翻开了新的一页。虽然随之而来的还有张勋复辟、袁世凯称帝、军阀混战等闹剧，国家仍然不太平，但毕竟历史潮流已不可逆转，国家和民族有了新的希望。

另一件大事也发生在 1912 年 1 月 1 日这一天，中华书局在上海宣告成立。从此，中华书局在陆费逵的引领下，成为民国出版业的一大重镇，成为商务印书馆最大的竞争对手。

新政府摧毁了旧的封建制度，产生新政体，新书局则荡涤旧思想，带给国人新思潮。总之，这一个月，一切都离不开一个"新"字。而恰恰在这一个月，作为一个新人，章锡琛步入了创办已达 15 年之久的商务印书馆。此时的他，当然不可能意识到，这个新时代将灌输给他新思潮，并赋予他新使命：在不久的将来，他这个新人也将因为新思潮而与所在企业发生激烈的冲突；他更不可能预见到，仅仅 15 年之后，他就会步今天这个擦肩而过的同事和

浙江同乡陆费逵的后尘，也走上商务印书馆的著名"叛将"之路，
独立自主地"书林张一军"[①]，创办开明书店，也成为老东家的强劲
对手之一。

这一年的商务"叛将"陆费逵，是章锡琛的浙江老乡，只比他大
3 岁。26 岁的陆费逵在 1912 年，以敏锐的目光，在精心编制了建立
共和新政府后的第一套"中华教科书"之后，开始独立操持一家新的
书局；而 23 岁的章锡琛在 1912 年，还只能从头做起。

和章锡琛差不多同时进入商务印书馆的新人，还有一大群：时
间上比较接近一点的，有 1911 年进馆的钱智修（时年 28 岁）、1914
年进馆的胡愈之（时年 18 岁）、1916 年进馆的茅盾（时年 20 岁）、
1919 年进馆的李石岑（时年 27 岁）；时间上稍远一点的，还有 1921
年进馆的徐调孚（时年 20 岁）、郑振铎（时年 23 岁）、周予同（时年
23 岁）、杨贤江（时年 26 岁）、周建人（时年 33 岁），1922 年进馆的
谢六逸（时年 24 岁），1923 年进馆的叶圣陶（时年 29 岁）、顾均正（时
年 21 岁）。

以上的名单还可以继续拉长，列出更多的人来。我们可以看到，
这些全部是二三十岁的年轻人，相对于商务印书馆初创时期的那一代
人，他们属于商务印书馆的新生代。

"他们的共同特点是：有较新的知识结构，主要是有较好的西学
素养，不像传统士大夫那样，除了诗云子曰、孔孟程朱之外，对天

---

① 1946 年，叶圣陶题开明书店 20 周年纪念碑辞："书林张一军，及今二十岁。欣兹
初度辰，镂金联同辈。开明夙有风，思不出其位。朴实而无华，求进弗欲锐。惟愿文教敷，
遑顾心力瘁。此风永发扬，厥绩宜炳蔚。以是交勉焉，各致功一篑。堂堂开明人，俯仰两
无愧。"

体地球、五洲万国、声光化电一无所知；有比较相近的价值观念，不再把传统的重义轻利视为不可动摇的准则；有比较相近的人生观，不再把做官视为实现人生价值的唯一取向，而往往凭借新的知识，服务于新式的报馆、书局、学校图书馆、博物馆等文化机构，从而实现自己的人生价值。"① 比如茅盾就曾回忆说，在他初入职场时，母亲就明确要求帮助他找工作的卢学溥表叔，"不要为我在官场（卢表叔在当时的政派中属于梁士诒一系，与叶恭绰友善）或银行找职业"②。

他们是这样的一代人：大多出生于 19 世纪的最后二三十年内。在他们的青少年时期，无论是否能主观意识到，至少亲身经历了半殖民地半封建社会带来的生活艰难，亲身经历了从清朝到民国的政治巨变；等到他们成年，他们都接受了科举或非科举的系统教育，知道了"德先生"（民主）和"赛先生"（科学）；他们不是"睁眼看世界"的第一代，但却是普遍从思想上接受西方现代思潮的第一代；视野上，他们比父辈更开阔；思想上，他们比父辈更开放；行动上，他们比父辈更激进。他们已经准备好了，准备接受新事物、新思潮，大则用之以挽救中国免于灭亡的命运，小则用之以促进中国一点一滴的进步。

正是由于上述的特质，这一个新生代人才群体，即将在不远的将来，带给商务印书馆乃至近代中国出版业巨大的化学反应，导演天翻地覆的变化。章锡琛，就是其中最具代表性的一位。

---

① 熊月之：《略论晚清上海新型文化人的产生与汇聚》，《近代史研究》1997 年第 4 期。

② 茅盾：《商务印书馆编译所和革新〈小说月报〉的前后》，载《商务印书馆九十年》，商务印书馆 1987 年版，第 140 页。

# 一、编辑《东方杂志》

章锡琛在商务印书馆见到的第一个人，是杜海生的堂侄、《东方杂志》的主编杜亚泉。

杜亚泉（1873—1933），原名炜孙，字秋帆，号亚泉，笔名伧父、高劳，和章锡琛同是绍兴人。杜亚泉比章锡琛大 16 岁，中过秀才，是章锡琛的一位前辈乡贤。他不仅是一位文理百科无所不通的科学家，而且还是一位出色的出版家、教育家和翻译家。

《东方杂志》则是商务印书馆于 1904 年 3 月创办的、近现代期刊史上一份最为重要的大型综合性杂志，被称为"中国近现代史的资料库"、"杂志界的重镇"、"杂志的杂志"。虽然杜亚泉何时开始主编《东方杂志》，学界尚有分歧[1]，但至少从 1911 年 3 月开始，杜亚泉就开始主导《东方杂志》的改革了。公认的说法是，杜亚泉是《东方杂志》承前启后的关键人物，他创造了《东方杂志》最为鼎盛的时期。作为亲历者，章锡琛曾高度评价杜亚泉对《东方杂志》的贡献："《东方杂志》之有今日，君之力也。"[2]

在杜亚泉之前，《东方杂志》的主编有徐珂、孟森、陈仲逸。他

---

[1]　比如李静认为，据章锡琛的回忆，由于陈仲逸是杜亚泉的假名，故杜亚泉在 1909 年《东方杂志》第 6 卷第 3 期就已开始参与杂志的编辑工作，见李静：《杜亚泉与〈东方杂志〉》，《青海社会科学》2007 年第 4 期；而周新顺则认为，章锡琛的回忆不能尽信，因为考证发现陈仲逸"并非专用于杜亚泉一人，而应该是《东方杂志》几任主编都曾用过的假名"。因此，杜亚泉只是《东方杂志》1911 年 3 月第 8 卷—1919 年 12 月第 16 卷之间的主编。见周新顺：《〈东方杂志〉早期编辑者考辨》，《中国现代文学研究丛刊》2011 年第 12 期。

[2]　陈镱文、姚远：《杜亚泉先生年谱（1873—1912）》，《西北大学学报（自然科学版）》2008 年第 5 期。

们主编的时间，是从 1904 年到 1910 年，是为《东方杂志》草创时期。[①]
这一时期的《东方杂志》仿效日本《太阳报》和英美等国文摘报的做法，
除了本社自撰的一篇"社说"和"广辑新闻"之外，选录各种官民月
报、旬报、七日报、双日报、每日报名论要件，分类刊登，性质类似
于选报。在章锡琛看来，"编这种杂志完全是剪刀浆糊的工作，他一
人在几个晚上业余时间就能完成，读者并不很多"[②]。

而章锡琛亲历的阶段，正是杜亚泉主编《东方杂志》的阶段。从
1911 年到 1919 年，是《东方杂志》由选报性质向综合性学术杂志的
转型和发展时期。大约就在章锡琛进入商务印书馆的前一年 3 月，杜
亚泉兼任了杂志主编，并对《东方杂志》从形式到内容都进行了一
次大的改革。《东方杂志》由此面目一新，突出了学术性，销售量增
到"一万份以上，打破历来杂志销数的记录"[③]，成为国内发行量最大、
影响最大的杂志，确立了其在杂志界的重镇地位。

章锡琛 1912 年 1 月进入《东方杂志》，1921 年 1 月离开《东方杂志》，
整整 9 年，几乎全程经历了该杂志由转型、到发展再到鼎盛的这一关
键发展阶段，是这份中国近现代史上最重要杂志的见证者。

在杜亚泉之后，1920 年到 1948 年，《东方杂志》的主编有钱智修、
胡愈之、李圣五、郑允恭等多任主编。这是《东方杂志》的稳步发展
时期。从 1920 年起，《东方杂志》进入鼎盛时期，逐渐成为一份辟有"东

---

① 陶贤都、邱锐：《五四时期〈东方杂志〉的科学传播》，《科学技术哲学研究》2011
年第 6 期。

② 章锡琛：《漫谈商务印书馆》，载《文史资料选辑》第 43 辑，文史资料出版社 1980
年版，第 77—78 页。

③ 章锡琛：《漫谈商务印书馆》，载《商务印书馆九十年》，商务印书馆 1987 年版，
第 113 页。

方论坛"、"内外时事"等近 40 个栏目，兼有时政和学术评论文字及大量文献资料，图文并茂的综合性学术杂志，直到 1948 年 12 月停刊。

事实上，商务印书馆高层要求杜亚泉接编《东方杂志》，就是在酝酿杂志的改革。从 1910 年第 1 期开始，《东方杂志》发出了改革信号，集中刊发《本社特别广告》、《投稿规制》、《东方杂志改良序例》，声明其记事载言、"代表舆论，主持清议，对政府尽其忠告，悯斯民而代为呼吁"及"提倡实业以期挽救时局"的用心。1910 年第 7 卷第 11 期又刊载《辛亥年东方杂志之大改良》，表明杂志"益竭绵力以谋改良"之意，"兹于今春扩充篇幅，增加图版，广增名家之撰述，博采东西之论著，萃世界政学文艺之精华，为国民研究讨论之资料，藉以鼓吹东亚大陆之文明，餍足读者诸君之希望"，并同时宣布了拟定的诸项具体改革条例。在 1911 年第 8 卷第 1 号再次刊发《本杂志大改良》，文字内容与《辛亥年东方杂志之大改良》完全相同，又一次宣布杂志改革。而这一期杂志，本身就是一期改革后的杂志，按照改革条例进行了自内而外的改革，展现了改革后的崭新面貌。在形式上主要表现在：开本变为 16 开，刊期改为半月刊，每期字数由 10 万字增加到 20 万字，并加大了插图数量；在内容上，延请名家专任撰述，大量编发署名文章，选文精粹而不芜杂，视野开阔又不乏深度，议论稳健而讲求学理。在保持其对中外国事、社会发展及民生的一贯关注基础上，学术文化研究的分量也同时增强。更为体现杜亚泉本人学科背景特色的是，本期新创"科学杂俎"栏目，大量刊发了反映世界最新科学研究技术进步方面信息和知识的文章。此外，杂志还增设了"谈屑"栏目以针砭时弊。

也就是说，在章锡琛到来之前，杜亚泉就已经为《东方杂志》规划好了改革的路线。而章锡琛的到来，对于杜亚泉而言，只是多了一个贯彻自己改革路线的听话的"子弟兵"和"自己人"而已。

为什么这么说呢？

别看章锡琛新人一个，初入商务，同事都认不全，在商务内部却是有派系的。这个派系叫作"绍兴帮"，"帮主"就是杜亚泉。这固然是由于章锡琛的籍贯是绍兴，但更主要是由于章锡琛引荐人是杜海生。

商务印书馆林子不大，却是复杂得很，内部帮派林立。总体上看，商务印书馆的员工大部分都是江苏、浙江人，占 92%；其次为安徽、福建人。两者相加，占 95%。但不同的部门，因地缘、亲缘、学缘的关系，大致上各有各的帮派。在商务编译所里，杜亚泉长期主持理化部，所以由他引进的人都是绍兴同乡，故有"绍兴帮"之说，也有人称之为"绍兴同乡会"。其主要成员有：杜亚泉、杜就田、骆师曾、寿孝天、钱智修、胡愈之、谢寿昌、周建人、顾寿白等，当然也包括章锡琛。另外的帮派，比如国文部的人，则都是常州人庄俞引进的，是清一色的"常州帮"。

所以，早期的商务用人，不独章锡琛由关系而进入，其余同事也绝大部分出于亲戚朋友故旧的介绍。商务高层中的张元济和高梦旦就非常喜欢援引同乡，而引进的新人中，与商务高层、中层们沾亲带故的则更多。章锡琛、茅盾就属于这类新人。这样用人，好处是有，但坏处也相当多，常常会引进一些尸位素餐的人，比如茅盾就亲眼看到"有好多人月薪百元，但长年既不编，亦不译，只见他每天这里瞧瞧，那里看看，或者与人（和他同样的高薪而无所事事者）咬耳朵说话；这些人都有特别后台"①。

好在章锡琛不属于这类人，他没有特别后台，还既会编又会译。他的第一件工作任务就是译。

章锡琛对初入职场的记忆是深刻的："进馆之后，他第一件给我的工作，就是从一本日文杂志，叫我翻译一篇镭锭发明者居利夫人的传记"，"后来这篇文章登在第八卷第十一号的《东方杂志》上，由亚泉先生署名'高劳'，这实在是我学日文以后第一篇的翻译文字"。②

在这里，值得推敲一下的细节是，杜亚泉在章锡琛的第一篇译文上署了自己的笔名——"高劳"。既没有直接署章锡琛的名字，也没有邀请章锡琛联合署名。原因恐怕还在于章锡琛本人那里。因为他自己回忆说，日文本就不太扎实的他对这篇文章是"望文生义的勉强成了篇"，杜亚泉又"替我改削了一下"。可能是杜亚泉认为修订改正的地方太多，已等同于自己的重新翻译，因此就署了自己的笔名。当然也许有另外的原因，比如章锡琛新人一个，尚在见习期内，杜亚泉觉得他不宜过早面对读者、面对商务高层。直到1912年十月初一出版的第9卷第4号上，章锡琛才在《东方杂志》署名发表第一篇译文——《欧美各国小学教员待遇法》。这是一篇翻译自《新日本》杂志第2卷第6号的文章。至此，我们可以认为，章锡琛已经度过了为期约十个月的见习期。

公平而论，至少在前几个年头里，章锡琛扮演的只是杜亚泉的"助手"角色，在后者的指导下，做一些查找和翻译一些外文资料的

---

① 茅盾：《商务印书馆编译所和革新〈小说月报〉的前后》，载《商务印书馆九十年》，商务印书馆1987年版，第145页。

② 章锡琛：《从商人到商人》，《中学生》1931年第11期。

事，同时帮助做一些校对等编务工作。"除编辑《大事记》外，还兼办社内事务，并在业余时间为杂志翻译文章。"①此时，还轮不到初入职场的他对《东方杂志》的办刊方针作出调整，也轮不到他通过《东方杂志》这方阵地来系统地阐述自己的思想和见解。但是，从这个时候起，章锡琛就在杜亚泉的指导下，在编辑出版工作方面迈开了自己的脚步。杜亚泉，是章锡琛这位出版家名副其实的启蒙者和引路人。

那么，章锡琛在杜亚泉的直接指导下，都为《东方杂志》做了哪些具体编译工作呢？

据统计，在杜亚泉主编《东方杂志》的时期，一共有 10 位重要作者，这 10 位重要作者所发表的文章总数，占这一时期《东方杂志》文章总数的 60%。他们分别是杜亚泉（301 篇）、胡愈之（234 篇）、许家庆（173 篇）、钱智修（132 篇）、君实（127 篇）、章锡琛（124 篇）、甘永泷（99 篇）、杨锦森（33 篇）、梁宗鼎（25 篇）、萨君陆（22 篇）。②

这 10 位作者中，值得注意的是君实。"君实"这两个字是章锡琛的字，章锡琛字雪村，又字君实。因此，此处的作者"君实"除了章锡琛外别无合理解释。如果将章锡琛和君实的文章合并计算，则章锡琛一共有 251 篇，仅次于杜亚泉的 301 篇，排在第二位。这样的合并计算，并非全然无据。章士敫的回忆，就为"章锡琛"和"君实"两者文章的合并计算提供了佐证。据他说，章锡琛"在《东方杂志》任编辑的九年时间里，单是《东方杂志》上发表的译文就达 300 来篇"③。

---

① 章士敫、章士敢、章士文：《章锡琛略传》，载出版史料编辑部编：《章锡琛先生诞辰一百周年纪念文集》，1990 年 10 月，第 207 页。
② 陆海洋：《〈东方杂志〉研究（1904—1948）——现代文化的生长点》，博士学位论文，南京大学中国近现代史专业，2013 年，第 236 页。
③ 章士敫：《章锡琛与开明书店》，《出版史料》2003 年第 3 期。

单看文章数量，我们就可以知道，杜亚泉找对人了，这位"子弟兵"和"自己人"是个好帮手，学习能力强，上手很快，很能帮上忙。茅盾就曾经以旁观者的身份评价说："主编之下，有三个名副其实的编辑，即钱智修、章锡琛、胡愈之。"①

章锡琛的文章，主要是翻译文章，而且主要翻译自日本的报纸杂志。因为他懂日文。君实的 127 篇文章中有 94 篇、章锡琛的 124 篇中有 95 篇来自日本报纸杂志，占文章总数的 75%。在这些来自日本的文章中，直接反映日本社会情况的文章，却出乎意料的不多，只有 25 篇，占 13%，而绝大部分的文章内容是日本人述评西方社会相关问题的文章。

《东方杂志》出现这种"从日本报纸杂志上翻译日本人述评西方社会问题文章"的二道贩子情况，类似吃别人嚼过的馍，其实并不奇怪，是那个中国以日本为师的年代所发生的特有现象。不仅《东方杂志》，当时国内很多杂志都存在这种现象。当然，《东方杂志》也注重原汁原味的东西，钱智修、胡愈之、甘永泷就专门负责从英美等西方报纸杂志上翻译文章。这个活儿，章锡琛干不了，因为他英文不行，虽然他曾经于 1912 年春季意识到这个问题，并专门到青年会夜校报名，学习英文，最后却不得不承认"我的学习英文的失败"了。②

章锡琛在《东方杂志》，主要是编辑"大事记"这一栏目，包括"中国大事记、外国大事记、最录等"内容。由于栏目编辑并不在杂志上

① 茅盾：《商务印书馆编译所和革新〈小说月报〉的前后》，载《商务印书馆九十年》，商务印书馆 1987 年版，第 164 页。
② 章锡琛：《我的学习英文的失败》，《上海市私立开明函授学员俱乐部》1933 年第 6 期，第 12—15 页。

署名，章锡琛何时接编此栏目无从考证。但是，从《东方杂志》1912年的第9卷第4号起，到1921年的第18卷第8号止，章锡琛以本名、"雪村"、"君实"三个署名，共发表了263篇文章，其中1912年2篇，1913年23篇，1914年32篇，1915年37篇，1916年30篇，1917年26篇，1918年48篇，1919年53篇，1920年11篇，1921年1篇。在发表文章最多的1919年12期杂志中，章锡琛平均每期都有4.4篇文章，成为了《东方杂志》名副其实的骨干编辑。在署名方面，大致上1912年至1917年第14卷第1号止，署"章锡琛"；自1917年第14卷第2号起，署"君实"；其间偶尔署名"雪村"的文章，只有7篇。

中国大事记和外国大事记的内容一望可知，且不去说它。章锡琛署名文章的内容，国际有《欧洲物价问题》，国内有《四川省之盐业》，天文有《宇宙之大观》，地理有《阿孟曾南极探险记》，政治有《记日本大政变》，军事有《从文明史国际史上看欧洲战争》，哲学有《新唯心论》，心理有《群众心理之特征》，文化有《新文化之内容》，物理有《鱼类之发电器》，化学有《华产原料与日本之有机化学工业》，生物有《说鲥鱼》，生活有《保加利亚乳酸之效用》。虽然其中多为翻译文章，但其视野之广阔，内容之丰富，数量之高产，还是令人叹为观止。大体上看，有以下几个方面的主要内容。


（一）关注世界大事

无论是从署名文章来看，还是从"大事记"栏目内容来看，这一时期的章锡琛，对于国际国内的政治、军事、文化等方面的大事，几乎事事关心。

比如 1914 年 7 月爆发的第一次世界大战，虽然中国并非参战国，但杜亚泉和章锡琛编辑的《东方杂志》，却以极大的兴趣，一直全程关注着这场史无前例的世界大战。据统计，《东方杂志》由编辑们负责编译的一战文章就有 174 篇之多，其中杜亚泉 69 篇，胡愈之 50 篇，钱智修 15 篇，章锡琛 40 篇。[①] 这还不包括外来作者的来稿。杂志编辑部可谓全员上阵，重装出击。

章锡琛分析了第一次世界大战爆发的原因。他在《从文明史国际史上观察欧洲战争》中说："塞尔维亚刺客之戕杀奥国皇储飞蝶南大公，特为战争爆发之导线"，"特加一星之火于干燥之药库而已"，指出奥皇储被刺杀是第一次世界大战的导火索。此后，他还发表过《大日耳曼主义与大斯拉夫主义》《力与道理》《辟战争哲学》《欧洲之思想战争》等多篇文章，和《东方杂志》的同事们一起，从政治、经济、民族冲突等多方面，全面而且深刻地揭示了此次大战的根本原因。这在当时的中国报刊中，既是独家的，也是领先的。

章锡琛还跟踪分析了第一次世界大战的进程及战后各类问题的解决。1915 年 2 月 1 日，大战刚刚开打，章锡琛提前写就《德意志之将来》，分析了大战结果对世界格局的影响及可能发生的变化。他分析，德奥如果战胜："和兰比利时卢森堡，必入于德意志联邦，丹麦及奥地利之全部，或除匈牙利以外之部分，亦入于联邦之内"；如果德奥战败，则德国将来一定会出现国家分裂："废其帝制，易其政体，减其军备，改其疆界，削奥匈诸地而去之，酌留片壤，俾立民国"，但德意志民族绝不至于灭绝。

---

① 蒋红艳：《〈东方杂志〉与第一次世界大战》，硕士学位论文，湖南师范大学中国近现代史专业，2007 年，第 5 页。

同样地，在1916年9月10日出版的《东方杂志》上，还在索姆河战役激战方酣时，章锡琛就发表了《大战后之殖民问题》，认为战后"殖民地之将来，亦为困难问题之一"，随后全面分析战后英国、法国、德国殖民地的处置问题。对于日本已于1914年已经侵占的德国殖民地——我国青岛，章锡琛清醒地预见到了青岛权益将归于日本："至于青岛之处分，则德人当不复再与日战，以谋恢复。盖此事殊非德国之利也。"就在此文中，章锡琛还看到，一战后德国如战败并全部丧失其海外殖民地，德国上下却仍然认为"殖民地决不致永久丧失"，"将来德人必再努力于殖民地之经营，当在意中"。直接预见到了20多年后，德国将不满于一战《凡尔赛条约》所规定的利益分配体系而重新发动大战的局面。

## （二）介绍世界新科技新发明

身为编译所理化部负责人的杜亚泉，在编辑《东方杂志》时，当然不会忘记有关介绍世界新科技新发明的文章。于是，《东方杂志》上有了对数理化知识的介绍，如《最近化学原子量之报告》；有了对自然科学的介绍，如《地球年龄说》；有了科普常识，如《近视眼之调护法》。这些世界新科技新发明，包括科技常识的介绍，有助于民国时代的人们了解到新的科学知识，增添生活常识。

在这样的编辑方针指导下，章锡琛在这方面的署名文章也有上十篇之多，如《海军用飞行器》、《动植物之保存》、《留声机之过去现在及未来》、《蚤之预防及驱除法》、《日本最新发明之弓枪》、《防止铁类锈腐新法》等。

### （三）研究各种社会新思潮

自创刊以来，《东方杂志》就对西方各类社会新思潮在中国的传播，保持着一贯的热忱。由于《东方杂志》从来不曾代表中国任何一个政党和团体的利益，所以它从早期的进化论，再到资产阶级理论，直到社会主义理论，编辑们都无一遗漏地、充满热情地介绍到中国来，希望其中有的理论能够成为医治中国社会沉疴的灵药。

对于一战之后的俄国革命，《东方杂志》觉得中国也看到了一丝曙光。虽然并不主张在中国马上实行社会主义，但编辑们对于社会主义理论的介绍却开了中国之先河。章锡琛就曾编译《俄国现在之政党》、《俄国社会主义运动之变迁》、《俄国之土地分给问题》、《俄国过激派统治之内容》等文章，对社会主义进行了一定程度的介绍，为中国人对俄国革命以及各国劳动运动的了解提供了一个窗口。据不完全统计，1911 年至俄国十月革命之前，《东方杂志》上介绍社会主义的文章就有 15 篇以上。

由于章锡琛懂日文，日本更是他的重要研究对象，其署名发表的有关日本的文章计有 24 篇。其范畴不仅包括了日本政局变化、社会风俗、最新科技，还包括了中日关系。章锡琛对于当时的日本军国主义思潮，也向读者进行了多次专题介绍。1915 年第 12 卷第 7 号《东方杂志》上，章锡琛有一篇译介自《日本及日本人》杂志、由日军海军中佐水野广德原撰写的《日本之军国主义》。其文通篇全是"战争有理、侵略无罪"的军国主义言论，比如："使我国无中日一役之胜，不能成亚洲之强国；无日俄一役之胜，不能成世界之强国。则帝国今日之发达，皆此两役之战胜为之也。谁谓战争为有害于国家乎？"小人得志之态，跃然纸上。这样的原汁原味的军国主义言行，章锡琛译介过来让中国人看看，表现了他对日本侵略中国的担忧。

令人不解的是，此后让章锡琛暴得大名的妇女解放思想和妇女问题研究，这一时期的章锡琛却着墨不多，署名文章总共只有 5 篇，分别是 1913 年第 10 卷第 2 号的《英国妇女之参政运动》、第 10 卷第 6 号的《美国之妇女》、1914 年第 11 卷第 3 号的《英国女权党之狂暴》、第 11 卷第 6 号的《德国妇女问题之特征》和 1919 年第 16 卷第 8 号的《一九一八年与世界之妇女》。

《一九一八年与世界之妇女》一文节译自日本《中外》杂志，共分"俄国之女国务员"、"各国妇女参政权之承认"、"今后妇女当何求乎"、"欧洲战后之妇女问题"、"美国之女议员"、"日本中流妇女界之形势"六个部分。从中可见，虽然文章数量不多，但章锡琛对于妇女问题的了解程度，还是在同时期的很多人之上的。这为他的进一步研究打下了基础。

甚至对于 20 世纪初舶来的假借科学之名，相信灵异存在、研究神秘现象的所谓"灵学"，章锡琛及《东方杂志》都有所涉及。1913 年第 10 卷第 4 号和 1914 年第 10 卷第 7 号，章锡琛曾亲自编译《日本新千里眼出现》、《千里眼之科学解释》两篇文章。《日本新千里眼出现》提及日本新发现两位姐妹具备"千里眼"的能力，引起热议；《千里眼之科学解释》则着重区分了"透视"和"千里眼"的不同。必须指出，这类文章是章锡琛编译文章中的为数不多的败笔。因为所谓"灵学"，就是假科学。章锡琛等《东方杂志》编辑们由于缺乏对"灵学"的深入了解与辨别，竟在无形中做了假科学的传播中介，扩大了假科学的负面影响，影响了读者对真科学的理解，这是值得后来人汲取教训的。

在《东方杂志》任职时的章锡琛，工作、生活悠闲而惬意。每天只需上班6小时，因为商务印书馆规定："编译部办事时间：每日两班，上午九时至十二时为一班。下午一时半至四时半为一班（但必要时得移前移后）"。同时规定，"事务部、出版部办事时间：每日两班，上午九时至十二时十五分为一班。下午一时半至五时十五分为一班（但必要时得移前移后）"。①

可见此时的商务印书馆仍然沿袭了夏瑞芳时期尊崇编译部读书人的传统，编译部的上班时间为6个小时；而事务部和出版部的职工，上午比编译部的同事多上15分钟的班，下午则多上45分钟的班，加起来，全天要多工作1个小时，他们是扎扎实实的"朝九晚五"。

章锡琛所在的编译所同人，当时还另有一项优待，即每年有一个月年假。据茅盾回忆："商务印书馆编译所有个章程，全年除了星期日，阴历过年有两天休息，此外无假期，生病也算请假。自然没有事假。可是每年有一个月的额外休息。就是说，一年之中，不问你有事或生病，只要累积起来不超过一个月就不扣薪，超过一天就一天的薪水。如果你不怕扣薪水，你就两三个月不去上班也无所谓。假如你一年到头，除了星期日和阴历过年两天之外，天天上班，不迟到也不早退，则每年年底（阳历）可得一个月额外的薪水。"②

---

① 《商务印书馆编译所规约》，载《商务印书馆通信录》，商务印书馆1922年版，第10页。

② 茅盾：《商务印书馆编译所和革新〈小说月报〉的前后》，载《商务印书馆九十年》，商务印书馆1987年版，第158页。

　　至于上班时的工作环境，章锡琛回忆道："当时编译所设在宝山路厂房南首一座大楼上，四五十人聚在一起，没有遮隔。"① 相比之下，包天笑和茅盾的回忆则多了更多的细节："这个编译所规模可大了，一大间屋子，可能有四五十人吧？远不同我从前所游历过的那些编译所。每人一张写字台，总编辑的那张写字台特别大，有一个供参考用的书库。"②"编译所在长方形的三层大洋楼的二楼。三面有窗，进门先是三个会客室，半截板壁隔成，各有门窗。一道板壁把这些会客室和编辑部大厅分开。这个大厅内有英文部、国文部、理化部、各杂志编辑部，但因各部人数多少不等，而大厅只有如许面积，不能隔成有规则形的小房，只能在统间混合办事，乍一见时，大小桌子横七竖八，挨得很紧，人声嘈杂，倒象个茶馆。编译所所长高梦旦也挤在这'桌阵'中，并没专用的办公室。"③

　　概括起来，章锡琛在 6 个小时的上班时间里，是在一个大办公室，和四五十人一起，在嘈杂的环境中办公。

　　从大办公室出来，还有两个好去处：一是下楼去花园散步，二是上楼去图书馆看书。

　　花园位于办公楼南面，约四亩地，呈东西宽、南北长的长方形。"花园的四周，围以冬青矮篱、栽植几株柳、槐和梧桐。简朴无华，环境幽静，无机声干扰。空气、阳光新鲜明亮，这对编译人员执笔构

　　① 章锡琛：《漫谈商务印书馆》，载《商务印书馆九十年》，商务印书馆 1987 年版，第 110 页。
　　② 包天笑：《钏影楼回忆录》，大华出版社 1971 年版，第 390 页。
　　③ 茅盾：《商务印书馆编译所和革新〈小说月报〉的前后》，载《商务印书馆九十年》，商务印书馆 1987 年版，第 144 页。

思，公余饭后在此漫步散游，确是设想周到的良好所在。"①

图书馆是包括章锡琛、茅盾、胡愈之等编译所同人在以后的岁月里留下美好记忆的所在。它位于编译所大楼的最高一层，"所藏图书相当完备，供编译所备用的古今中外各种参考用书，已相当丰富，凡中外（包括西文日文）最新出版的书，往往能及早购进"②，其藏书之丰富，几乎到了"要什么有什么"③ 的地步，"而且同样的资料不止一本两本，可以任我选择"④。这样的藏书条件，在当时的国内，是罕见的。编辑们利用业余时间，到图书馆借书看，既便利工作，也有利于个人的学术进步。相当多的编译所同人都由此而受益，只举一例：只有中学文化程度作为学徒进入商务的胡愈之，后来能够成为《东方杂志》的骨干编辑，直到成为新中国的第一任出版总署署长，其最初就是受益于这个图书馆。他自己也承认，"我只有中学二年的学历，读书主要是在商务读的"⑤。

章锡琛是独自一个人，只身来沪就业的。如何解决工作之后的生活问题呢？其实，当时的商务编译所，像他这样一个人从外地来上海进入商务工作的，不在少数。因此，为了让这些"单身职工"安心工作，商务编译所就在宝兴里等附近地方，租下数幢东洋式小洋房，办

---

①　朱剑安：《初进商务印书馆》，载《商务印书馆馆史资料之十八》，商务印书馆 1982 年 8 月印，第 4 页。

②　董涤尘：《我在商务印书馆编译所工作时期的片断回忆》，载《商务印书馆馆史资料之三十三》，商务印书馆 1985 年 12 月印，第 11 页。

③　丁英桂：《回忆我早年试编两种中学历史课本参考书的出版经过和现在的愿望》，载《商务印书馆馆史资料之十八》，商务印书馆 1982 年 8 月印，第 15 页。

④　沈百英：《我与商务印书馆》，载《商务印书馆九十年》，商务印书馆 1987 年版，第 287 页。

⑤　胡愈之：《我的回忆》，江苏人民出版社 1990 年版，第 6 页。

了一个职工宿舍。章锡琛回忆道:"职员都由公司供给膳宿",当时他就"住在东宝兴里一间宿舍里"。①

就在1912年,老家绍兴传来喜讯,他的长子章士敦出生了。

为人父亲,就要承担起家庭的重担,就要挣钱养家。那么,章锡琛初进商务的月薪是多少?虽然未见直接的记录,但大致的范围还是可以推断的。

1921年,胡适针对商务印书馆编译所人员的月薪做过一个统计:350元以上,1人;300元以上,2人;200元以上,4人;150元以上,8人;120元以上,17人;100元以上,5人;70元以上,14人;50元以上,17人;30元以上,46人;30元以下(含学生),62人。② 章锡琛当时就在这个统计范围内。

30元以下,主要是一些编务人员,比如抄写员,月薪为24元,这也是编译人员最低的薪级。1912年的章锡琛,应处于这一薪级;但章锡琛不是学生,胡适所指的学生,应该是指练习生,属最低的薪级,月薪8元。

另一个可供比较的是,茅盾在晚于章锡琛4年的1916年进入商务,其起薪定在24元,即"编译"一级的最低月薪;然而,二三年间即涨到了50元,到了1921年更是达到了100元。

当然,茅盾在商务的后台比章锡琛硬。为商务引入章锡琛的杜亚泉,只是《东方杂志》的主编,相当于商务的中层干部;而茅盾在商

---

① 章锡琛:《漫谈商务印书馆》,载《商务印书馆九十年》,商务印书馆1987年版,第110页。

② 中国社会科学院近代史研究所中华民国研究室编:《胡适的日记》,中华书局1985年版,第152页。

务的引路人，则是货真价实的高层，是张元济。因此，章锡琛的起薪可能不会高于 24 元。

但杜亚泉又确实是把章锡琛当作编译人员在使用，交办的第一件工作就是从日文杂志上翻译文章。所以可以肯定，章锡琛不是类似抄写员的低级编务人员，至少不是月薪 8 元的练习生。

还有一个年龄和章锡琛不相上下却早于他进商务的人，名叫胡雄才。他只读完中学，做过学徒。他的月薪是 18 元。[1]

考虑到章锡琛与胡雄才大致相似的学历，从上面大致可以推论，他的月薪当在 8—24 元之间，极有可能就是类似胡雄才的 18 元。

那么，在 1912 年的上海，章锡琛的这个月薪水平如何？

资料表明，1912—1936 年的中国，虽然局部战争频仍，但社会物价大致平衡，大米的价格，长期稳定在七八分钱一斤的水平。[2] 而据当时官方统计，20 年代全国 29 个城市男工平均月薪是 16.4 元，女工是 12.7 元。一个四五口之家的月度开销，需要 27.2 元。[3] 当然，以上是最低生活标准。在上海四五口之家的中等生活水平，需要 60 多元，30 元则为中等以下档次。就是 30 年代的上海警察，高级职务为100—200 元，中级职务为 45 元，低级职务则在 20 元上下。[4]

如此比较下来，考虑到章锡琛初入职场的身份，其月薪水平已经相当于上海警察——政府公务员的低级职务水平，超过那个年代 29个城市男工的平均月薪水平。养家糊口，是可以做到了。

---

① 茅盾：《商务印书馆编译所和革新〈小说月报〉的前后》，载《商务印书馆九十年》，商务印书馆 1987 年版，第 145 页。
② 陈存仁：《银元时代生活史》，上海人民出版社 2000 年版，第 423—433 页。
③ 陈明远：《文化人与钱》，百花文艺出版社 2001 年版，第 33 页。
④ 忻平：《从上海发现历史》，上海人民出版社 1996 年版，第 320—321 页。

商务内部的晋级加薪，规矩是"工作一二年，可以加薪，五元为度，如此递增，最高可达 60 元"。按照这个规矩，就算章锡琛两年一加薪，到茅盾进入商务的 1916 年，已加薪 10 元；到胡适统计编译所同人月薪的 1921 年，已加薪 20 元之巨。较之初入职场的 1912 年，收入已翻倍了。这个收入水平使章锡琛的家庭经济条件得到了进一步的改善。

稳定的工作，幸福的家庭，闲适的生活，让章锡琛有理由觉得满足。然而，他未来的日子将很不平静，职业变更，生离死别，战乱播迁，都将一一降临在他个人和家庭身上。

但至少，在 1915 年中国上海的章锡琛，生活还是平静的。这一年，是重要的杂志创刊年。这年 1 月 5 日，商务印书馆创刊《妇女杂志》，首任主编王蕴章。杂志"以提倡女学，辅助家政为宗旨，而教养儿童之法尤为注意，既足为一般贤母良妻之模范童蒙养正，又为研究教育者所必当参考之书"[1]。这时正在努力编辑《东方杂志》的章锡琛，压根儿也不会想到，此时创刊的《妇女杂志》将在几年后和自己亲密接触，并将自己置于一场风暴的中心。

还是这年的 1 月 25 日，当时风头正劲、在所有业务领域都与商务竞争的中华书局，也出于竞争的需要，创刊了《中华妇女界》。此杂志虽为竞争而生，但其实其办刊方针却并未创新，只是跟跑和模仿《妇女杂志》："仿东西洋家庭杂志、妇女杂志办法，为女学生、家庭妇女增进知识，培养性灵。而立身处世之道，裁缝烹饪之法，教养儿童之方，以及中外妇女之技术职业情形，悉为搜辑，以为模范而资研究。"客观地说，这一时期的《妇女杂志》和《中华妇女界》，还只是

---

[1] 《大刷广新广告》，《妇女杂志》1918 年 1 月第 4 卷第 1 期。

在低水平的层次上竞争。

这一年的 9 月 15 日,《东方杂志》的重磅竞争对手,也是代表这个时代的重要杂志——《青年杂志》(后改名为《新青年》)创刊。虽然当年每期印数只有 1000 册,其间还一度停刊,但思想和内容的先进性,使得《新青年》仅用短短几年的时间,就对《东方杂志》形成了巨大的威胁,并迫使后者采取了改革措施。

1917 年 1 月,胡适在《新青年》发表《文学改良刍议》。2 月,陈独秀在《新青年》发表《文学革命论》,高举文学革命大旗,正式提出"文学革命"口号。从此,直到 1919 年的五四运动,《新青年》风生水起。《新青年》成为"新文化运动"的中心,成为反封建文化的一面旗帜。在 1918 年,《新青年》的发行量高达 15000 份。且先不比内容的思想性高低,单单这个发行量,就是《东方杂志》从未企及的高度。仅仅创刊 3 年时间,《新青年》就超过了《东方杂志》经过 14 年努力也未能达到的发行量。

完全可以想象,当时坐在商务编译所那间大办公室内的,以杜亚泉、章锡琛为首的《东方杂志》同人,面对《新青年》此番热火景象的复杂心情。客观地说,新文化运动提倡的"德先生"(民主)和"赛先生"(科学),一直也是《东方杂志》在译介的主要内容,章锡琛们对此并不陌生;尤其是对于"赛先生"(科学),杜亚泉作为 19 世纪初最早把西方先进科学技术知识传播到中国来的人,更是这方面的先驱者之一,胡适、陈独秀等人恐怕还曾是杜亚泉科普作品的读者之一。至于新文化运动的四提倡、四反对——"一、提倡民主,反对专制。二、提倡科学,反对迷信。三、提倡新道德,反对旧道德。四、提倡新文学,反对旧文学。"——除最后一条外,《东方杂志》也曾多次涉及，只是他们从来没有意识到这些内容将会如此地契合当时的社会思潮，也从来没有进行过如此旗帜鲜明地突出，声嘶力竭地呼喊而已。

章锡琛们作为个人，可以订阅《新青年》，甚至可以去《新青年》杂志上发表文章，在思想上行动上接受陈独秀们的新主张；但他们作为《东方杂志》的编辑，却有着自己的苦衷：商务印书馆"在商言商"的立场，杂志本身力求"平正通达"的言论方式，内容上包罗万象以尽量关照不同层面、不同观念读者的编辑方针，决定了《东方杂志》不可能像《新青年》那样旗帜鲜明，那样激扬文字，那样语不惊人死不休。

所以，在新文化运动兴起的初期，"委身不自由"的《东方杂志》无法主动去适应这样的新思潮，也就无法去创新杂志的内容。

自己不能创新不要紧，会有外人逼着你去创新。这个外人就是大名鼎鼎的陈独秀。1918 年 9 月，陈独秀在《新青年》第 5 卷第 3 号发表《质问〈东方杂志〉记者——〈东方杂志〉与复辟问题》，率先发难了。

陈独秀的这篇雄文针对《东方杂志》的三篇文章：分别是 1918 年 4 月 15 日出版的第 15 卷第 4 号上的署名"伧父"（即杜亚泉）的《迷乱之现代人心》，1918 年 6 月 15 日出版的第 15 卷第 6 号上的署名"平佚"的《中西文明之评判》和钱智修的《功利主义与学术》。陈独秀共有 16 条质问，其中驳《中西文明之评判》9 条，驳《功利主义与学术》6 条，驳《迷乱之现代人心》1 条。其最终的靶子，针对的是杜亚泉等人所持的中西文化调和论。

杜亚泉和《东方杂志》认为，中西文化仅是程度之差异，并试图以东方文化为依托，整合、调和、吸收西方文化；陈独秀和《新青年》则认为中西文化是本质上的差异，要求彻底地抛弃东方文化，全盘吸收西方文化。这就是引起这场论战的根本分歧之所在。

1918年12月，《东方杂志》作出回应，杜亚泉发表《答〈新青年〉杂志记者之质问》。1919年2月，咄咄逼人的陈独秀再发表《再质问〈东方杂志〉记者》。几个回合下来，讨论的已不仅仅是两个杂志的小问题，而是中西文化比较研究的大问题。论战的内容越来越广，参加论战的学人越来越多，论战时间也越来越长。这是一场非常有意义的论战。因为，论战第一次对东西文化进行了比较研究，对两种文化传统作了周详的剖析，对中西文化的交流提出了各自不同的看法，开拓了我国中西文化研究之先河，在我国现代思想文化史上的意义是空前的。

从当时的时代特征来看论战双方的观点，陈独秀和《新青年》所持的观点是先进的，是符合时代特征的。因为当时的中国社会确实需要一些激进的思想、激进的改革、激进的呼喊，否则无以唤醒沉睡的国民，无以扭转积弱的国家；杜亚泉和《东方杂志》所持的保守论调，明显是背离那个时代的，是不符合社会和民众对时代的要求的，所以在论战中是一战而败，杜亚泉调离，杂志改革。然而从今天来看论战双方的观点，杜亚泉和《东方杂志》所持的保守论调中何尝没有理性思考的闪光点？陈独秀和《新青年》对东方文化全盘唾弃，这正是"为了倒洗澡水，把孩子也倒掉了"。杜亚泉和《东方杂志》只看到了文化的民族性，忽略了文化的时代性，保守有余，行动不足；陈独秀和《新青年》则只看到了文化的时代性，忽略了文化的民族性，激情有余，思考不足。双方都有明显的优点，也有明显的不足。值得肯定的是，作为那个时代的知识分子，面对一个积弱积贫、动荡不安的旧中国，都试图救国救民于水火之中，都作出了自己或激进或保守的独立思考，其初衷、其努力，对于中国都是有益的。

从论战内容跳出来，就论战结果来看，"新文化运动主将"陈独秀果然出手不凡，一举三得：一是《新青年》一举夺得全国知识分子的思想领导权，大有取代《东方杂志》之势；二是逼得《东方杂志》声望和销量受到很大冲击，商务印书馆不得不在各大报纸以"十大杂志"为题，大做广告，减价促销，力图挽回影响；三是杜亚泉于1920年从《东方杂志》的主编位置上离开。

文字之威，一至于斯。

再来看《东方杂志》，这两年则非常不顺。"新文化运动主将"陈独秀这一关刚刚闯过，一两个月后即将成为"五四运动学生领袖"的罗家伦又来了。1919年4月，当时还是北京大学学生的罗家伦在《新潮》杂志发表了后来引起广泛重视和反响的名文《今日中国之杂志界》。罗家伦在其中点名批评《东方杂志》，将其归入"杂乱派"的代表性杂志。他批判道："这派大都毫无主张，毫无选择，只要是稿子就登。最可以做代表的，就是商务印书馆的《东方杂志》。这个上下古今派的杂志，忽而工业，忽而政论，忽而农商，忽而灵学，真是五花八门，无奇不有。你说他旧吗？他又像新；你说他新吗？他实在不配"，并刻薄地表示，"这样毫无主张，毫无特色，毫无系统的办法，真可以说对社会不发生一点影响，也不能尽一点灌输新智识的责任"，"须知人人可看，等于人人不看；无所不包，等于一无所包"。罗家伦最后要求，"我诚心盼望主持这个杂志的人，从速改变方针"。①

———————

① 罗家伦：《今日中国之杂志界》，《新潮》1919年4月第1卷第4号。

罗家伦批评《东方杂志》的时候，《东方杂志》已创刊 15 年，早已奠定了自己在中国杂志界的老大地位。可罗家伦攻其一点，不顾其余，全盘否定，用语刻薄，几乎可以说是对于此前陈独秀批判《东方杂志》的唱和。

在罗家伦此文中，商务所办的其他杂志也未能幸免，《教育杂志》、《妇女杂志》赫然在列。《教育杂志》被批为"市侩式杂志"，《妇女杂志》则"专说些叫女子当男子奴隶的话，真是人类的罪人"。与此同时，王会悟也在 1919 年的一期《少年中国》上评价《妇女杂志》摆脱不了"贤妻良母"、"三从四德"思想。可见此时《妇女杂志》由于思想和内容落后，已成众矢之的。

章锡琛本人后来回忆了此时商务印书馆的被动局面："当时高举新文化运动旗帜的刊物，首先向商务出版的杂志进攻。先是陈独秀在《新青年》上抨击《东方杂志》的反对西方文明，提倡东方文明。接着北大学生组织新潮社的《新潮》发表了罗家伦的《今日中国之杂志界》一文，把商务各种杂志骂得体无完肤"，"商务受到这样严重的攻击，在文化教育界多年的声誉顿时一落千丈"。[1]

商务作为企业，声誉的负面影响，最终都要体现在经济效益上。由于杂志受到的攻击最厉害，所以杂志的销售额，从 1917 年的 14.6 万元，下降到 1918 年 11.1 万元；到了 1919 年，积压的历年杂志竟有 11 万余册。[2]1920 年 2 月 3 日，在商务的董事会上，与会董事在传阅

---

① 章锡琛：《漫谈商务印书馆》，载《商务印书馆九十年》，商务印书馆 1987 年版，第 111 页。

② 《张元济全集·日记》第 6 卷，商务印书馆 2008 年版，第 459 页；《张元济全集·日记》第 7 卷，商务印书馆 2008 年版，第 39 页。

了上年经济指标下降的"营业总表"之后，张元济指出：之所以出现经济指标下降，是由于"新思潮激进，已经有《新妇女》、《新学生》、《新教育》出版，本馆不能一一迎合，故今年书籍不免减退"①。

商务怎么办？《东方杂志》怎么办？《妇女杂志》怎么办？只有按照张元济所说，"一一迎合"，也就是进行改革。

商务高层认识到："本馆营业非用新人、知识较优者，断难与学界、政界接洽"，而"后起之辈思想甚新，蓬蓬勃勃，亦颇有为公司兴利除弊之意，有不可遏抑之势"。② 这里张元济所说的"后起之辈"，就是指章锡琛们这一批商务的新生代。

章锡琛也感受到了高层的改革之意："为了迎合潮流，挽救声誉，不得不进行改革；因为杂志最先受到攻击，就从撤换各杂志的编辑人入手。"③ 至此，章锡琛的人生际遇，也因为罗家伦的这篇《今日中国之杂志界》而发生改变。

因为商务的新一轮的改革调整人选中，有他。

就在商务高层考虑改革的时候，五四运动爆发了。罗家伦积极参与五四运动，并亲笔起草了运动中唯一的印刷传单——《北京学界全体宣言》，提出了"外争国权，内除国贼"的著名口号。而五四运动这个词，也是他提出命名的。

"'五四'在中国出版史上的重要意义，在于它开辟了一个新时代，开辟了新出版的未来的方向。"④ 这是针对近代中国出版业整体而

① 《张元济全集·日记》第7卷，商务印书馆2008年版，第183页。
② 张树年：《张元济年谱》，商务印书馆1991年版，第129、270页。
③ 章锡琛：《漫谈商务印书馆》，载《商务印书馆九十年》，商务印书馆1987年版，第111页。
④ 王建辉：《"五四"和新出版》，《文史哲》2000年第2期。

言的。具体到当时中国最大的出版企业商务印书馆而言，五四运动则加速了商务高层决心改革的决策速度。对内，商务高层决定迅速将章锡琛这一批新生代人才推上关键岗位；对外，商务则求贤若渴，这才有了 1921 年 4 月高梦旦赴京对胡适说出的诗一般的语言："我们那边缺少一个眼睛，我们盼望你来做我们的眼睛。"[①] 虽然胡适另有怀抱，拒绝了商务，但却推荐了自己的老师王云五。后者则不负众望地开辟了商务的新时代。

就在巴黎和会触发的五四运动期间，远在法国的巴黎还发生了这样一件事：

巴黎和会签字的前一天晚上，1919 年 6 月 27 日晚，300 多名留法学生和华工包围了中国代表团团长、北京政府外交总长陆征祥的下榻地，要求他不要在和约上签字。而此时的陆征祥已得到国内指示，准备在和约上签字，所以在与请愿代表谈判时，态度暧昧。当时作为留法学生组织领袖的一位女学生急中生智，跑到花园里折了一根玫瑰枝，藏在衣袖里，顶住陆征祥，声色俱厉地说："你要签字，我这支枪可不会放过你。"陆征祥被吓住了，不敢去凡尔赛宫在《巴黎和约》上签字，从而保留了中国政府收回山东的权利。

这位手拿"玫瑰枪"就敢威胁政府部长级高官的女学生，名叫郑毓秀，是民国史上著名的社会活动家、革命家：她是同盟会元老，也是中国历史上第一位女博士、第一位女律师、第一位省级女政务官、第一位法院女院长、第一位参与起草《中华民国民法典草案》的女性。

而之所以在这里提及这位巾帼英雄及其律师职业，是因为不久以

---

① 中国社会科学院近代史研究所中华民国研究室编：《胡适的日记》上册，中华书局 1985 年版，第 24 页。

后，她就会和章锡琛发生人生的交集。

## 二、好友胡愈之

如果把 1920 年以后章锡琛的事业，当作他的人生舞台，那么在《东方杂志》这九年，他一直处于"背台词"的阶段。现在，经历了"台下十年功"的他，准备登台了。他已做好了多方面的准备。

九年之前，章锡琛看着《浙江潮》，只是"模模糊糊地知道了一点世界大势"；九年之后，他编辑外国大事记、中国大事记，世界大事尽在掌握。九年之前，他的日文水平只是"会讲了一两百句的日语"，在商务第一次的翻译还磕磕巴巴；九年之后，他已经可以熟练地从日文报纸杂志翻译文章，在《东方杂志》上以每期三至四篇的速度进行编译创作，岗位工作已是应付裕如。

九年之前，章锡琛初为人夫，是绍兴农村的待业青年；九年之后，他已为人父，变身为上海大城市的职业白领。除长子章士敦于 1912 年出生外，次子章士敏、三子章士敫先后于 1916 年和 1918 年来到了这个小家庭。这个人丁逐渐兴旺的小家庭也于 1916 年 8 月，由浙江绍兴搬迁到上海安家，租住在上海宝山路华兴里，两年之后，迁居宝山路鸿兴里。1920 年，再迁宝山路宝山里 60 号。

最大的变化是，九年之前，章锡琛孤零零一个人来到上海，一人不识；九年之后，他结识了一大帮朋友，积累了大量的人脉，比如：茅盾、郑振铎、夏丏尊、丰子恺、鲁迅、周建人等。特别是还结识了一个终生的朋友——胡愈之。之所以说胡愈之是章锡琛的终生朋友，是因为从此以后，在章锡琛的每一个人生的重要关口，我们都可以看到胡愈之的身影，听到胡愈之的主张，感受到章锡琛对这位朋友的信赖。

胡愈之（1896—1986），原名学愚，笔名罗罗、伏生、化鲁等。浙江上虞人，比章锡琛小七岁，又是一个绍兴老乡。1911 年，胡愈之进入绍兴府中学堂学习，当过鲁迅的学生。1914 年，时年 18 岁的胡愈之考入上海商务印书馆编译所当练习生，和章锡琛成了同事，还是单身宿舍的室友，"两个人同住在一间房间里，关系很好"①。

胡愈之刚当练习生的时候，主要是做一些工具书索引、翻译背景材料、校对、跑印刷厂的杂事。直到 1915 年，胡愈之和章锡琛一样，成为《东方杂志》的编辑。胡愈之的主要工作，是从欧美杂志上编译文章。到 1919 年年底，已用多个笔名发表译文 210 多篇。同乡、同龄、同宿舍住、同办公室做事、同一个杂志的同样编译工作，并一同成为该杂志的骨干编辑。如此之多的"同"，奠定了胡愈之和章锡琛一生的友谊。

当然，因为信仰的不同，两人后来所走的道路有所不同。胡愈之接受了党的直接领导，所从事的工作也和章锡琛有了较大的不同。顺理成章地，也取得了比章锡琛更大的人生成就。但这一切，并没有影响他们的友谊。

总之，在《东方杂志》的九年，是章锡琛人生蜕变的九年，也是章锡琛思想上、人脉上"厚积"的九年。这九年带给章锡琛的人生变化，超过他以后人生的每一个时期。

---

① 胡愈之：《纪念开明书店创建六十周年》，载中国出版工作者协会编：《我与开明》，中国青年出版社 1985 年版，第 39 页。

# 三、主编《妇女杂志》

1921 年是中国的大事之年，也是章锡琛个人的大事之年。章锡琛不知道的是，这一年有一个叫作"中国共产党"的政党，就在和他同一座城市的不远处，宣告成立；而就在他办公桌的不远处，他的同事兼好友胡愈之、茅盾、杨贤江等人，也悄悄地先后成为了中国共产党的秘密党员。这一年，对于章锡琛个人而言，最大的事情是，他在这年 1 月，在进入商务印书馆九年之后，被商务印书馆高层看中，正式担任《妇女杂志》主编。这是章锡琛首次独立管理、运营一个出版实体。章锡琛在这一年个人还有两件大事，一是他受同事茅盾、叶圣陶等人的影响，参加了以"研究介绍世界文学，整理中国旧文学，创造新文学"为宗旨的文学研究会，是其最早的会员之一。文学研究会是新文化运动中成立最早、影响和贡献最大的文学社团之一，在当时其实也是茅盾在《小说月报》团结和联络作者的方式之一；二是章锡琛的长子、时年已九岁的章士敦，在这一年不幸患上了猩红热，更不幸的是遭到了误诊，最后夭折了。这给正处于事业上升期的章锡琛，带来了不小的打击和精神压力。

有关资料表明，关于《妇女杂志》的改造事宜，章锡琛并不是商务印书馆高层属意的唯一人选，至少不是第一人选。据茅盾回忆，1920 年，"大约是 11 月下旬，高梦旦约我在会客室谈话。在座还有陈慎侯（承泽）。高谈话大意如下：王莼农辞职，《小说月报》与《妇女杂志》都要换主编，馆方以为我这一年来帮助这两个杂志革新，写了不少文章，现在拟请我担任这两个杂志的主编，问我有什么意见。"

茅盾表示:"我只能担任《小说月报》,不能兼顾《妇女杂志》。"① 如此表态之后,高梦旦似乎还想劝他兼任。由此,既可见商务对茅盾器重之隆,亦可见章锡琛当时确实不是商务的第一人选。

章锡琛本人,也深感压力,这在后来的多处回忆中表示过。"我当时不敢答应,最后钱先生允许给我帮忙,我才勉强承认下来。"②"我因为这方面毫无研究,不敢轻易担任,经钱经宇再三督促,才勉强应允。"③

的确,是钱经宇向商务高层推荐章锡琛就任《妇女杂志》主编的。钱智修,字经宇,又是一位绍兴老乡,浙江嵊县人。他后来成为国学大家、博古文学家、东方学派思想家。钱智修是 1911 年应编译所长高梦旦之聘进入商务,担任编译所编辑的。此时的钱智修,刚刚接替章锡琛的老上级、备受攻击的杜亚泉,开始担任《东方杂志》的主编。钱智修这主编一当就是 12 年,是该杂志历史上任期最长的主编。

有了这位学生时代就以"国学国文湛深,文章洛阳纸贵"而声名鹊起,并被上海多家报馆争揽为特约撰稿人的钱智修答应帮忙,章锡琛感觉心里有了点底,就答应下来,担任《妇女杂志》的主编了。

章锡琛担任《妇女杂志》主编,只是商务当局应对新思潮进行业务调整的一个方面:"五四以后,商务各大杂志的实际主事者先后换成富于新知识、新思想而且奋发有为的青年人。《东方杂志》的胡愈之、

---

① 茅盾:《商务印书馆编译所和革新〈小说月报〉的前后》,载《商务印书馆九十年》,商务印书馆 1987 年版,第 189 页。

② 章锡琛:《从商人到商人》,《中学生》1931 年第 11 期。

③ 章锡琛:《漫谈商务印书馆》,载《商务印书馆九十年》,商务印书馆 1987 年版,第 116 页。

钱经宇，《学生杂志》的杨贤江，《教育杂志》的李石岑、周予同，《妇女杂志》的章锡琛和《小说月报》的沈雁冰、郑振铎，都是那时'指点江山，激扬文字'的风华正茂的一代。"[1]

其实，大约从 1920 年下半年起，章锡琛就开始介入《妇女杂志》的事务，进入主编的角色了。而接任后的第一件事，就是把《妇女杂志》过去脱期的杂志全部赶出来。两三个月的努力之后，终于使《妇女杂志》做到了如期出版。"我接手后，只得一面整理积稿，把勉强可用的略加修改充数，一面四处拉稿，又在杂志上出题征文，再不够自己也写一些，只求能尽快编好。过了三个月，总算把积压的各期赶出。"这时的章主编，还只是疲于奔命地尽力做到《妇女杂志》正常出版。只有杂志正常出版以后，章主编才算是正式上任，可以按照自己的想法来编辑和打造《妇女杂志》了。

《妇女杂志》创刊于 1915 年 1 月，终刊于 1931 年 12 月，是中国现代妇女报刊史上历史最长、发行面最广的刊物。《妇女杂志》历史上共有过多任主编，但真正在这个杂志上留下自己的烙印的，依次是王蕴章、章锡琛、杜就田、叶圣陶。而其中打下最深的个人烙印的，当属章锡琛。

出版发行长达 17 年的《妇女杂志》，由于主编的不同，其内容风格迥异，大致可以分为以下四个时期：

第一个时期，是"贤妻良母"时期，即王蕴章主编时期，从第 1 卷到第 6 卷。这是公认的该杂志从内容到形式均无特色和创新的时期。无特色的原因，除了思想无创新以外，恐怕还与主编王蕴章同时

---

[1] 王有亮：《〈教育杂志〉创办动机考辨》，《教育学报》2009 年第 5 卷第 2 期。

兼管《妇女杂志》和《小说月报》两个杂志有关。

王蕴章（1884—1942），字莼农，别号窈九生、红鹅生，江苏无锡人。他是中国近代著名诗人、文学家、书法家、教育家，也是鸳鸯蝴蝶派的主要作家之一。以上的身份决定了王蕴章的主要精力还是在《小说月报》上，编辑《妇女杂志》只是兼而为之。《妇女杂志》在第二卷曾延请朱胡彬夏挂名主编。朱胡彬夏，又名胡彬夏，近代著名女性社会活动家。她是上海私立大同大学校长胡敦复的妹妹，曾留日、留美，是一个新派女性，也是与秋瑾齐名之著名女性爱国人士，当然也是"贤妻良母"的典型。她的主编只是挂名，商务只是借其声望，其实编务仍由王蕴章主持。因此，无论是王蕴章还是朱胡彬夏，这一时期的《妇女杂志》，总是在提倡贤妻良母上打转转。这一点，在《妇女杂志》创刊号的创刊辞中，说得非常明确：

> 人生天地间，不可一日无所养，即不能一日无所教。吾国女子，自娲皇至今五千年，大抵养而弗教，禽息兽世，如浑沌未开之天地。一部廿四史，女子之流芳百世者，曾不数十百人，如一线之曙光。近二十年中外大通，形见势绌，乃知欧美列强纵横于世界，非徒船坚炮利也。实由贤母良妻淑女之教，主持于内为国民之后盾也。起视吾国妇女以来依赖成性，失养失教，能不痛哭流涕而长太息耶。……自今日始，吾愿吾妇女界之主持女教者，致力于衣食住之本源，以溥德育智育体育之教育全国，视国民之饥者，犹己之饥也。国民之溺者，犹己之溺也。吾妇女界夙秉慈善之天性，人之好善，孰不如我。合我全国妇女界二万万之心思才力，以妇女杂志为机关，互换德智以求有益于吾国。则妇女杂

志之风行全国，顾不重欤。①

这一时期的《妇女杂志》，共设有"图画"、"论说"、"学艺"、"家政"、"育儿"、"名著"、"小说"、"译海"、"传记"、"说苑"等十余个栏目，内容涉及女子教育、家庭管理、科学常识、文艺小说，等等，重在知识性、趣味性和实用性，几乎没有什么思想性。杂志没有思想性的显著标志在于，"论说"栏目形同虚设，既没有对妇女解放形成实际指导，也没有引领妇女解放的理论思潮。杂志的内容，主要是面向已为人妻为人母的传统妇女，一边宣扬封建节烈、贤妻良母及"三从四德"的保守思想，一边提供一些家政、育儿和卫生等知识。

当然，王蕴章主编时期虽然杂志总体趋向保守，但保守中也不乏新思潮的声音。就具体篇目内容来看，呈现出明显的新旧思想的斗争与共存。在同一期杂志里，杂志有的栏目文章宣扬封建节烈，但在另一个栏目里，又能同时刊登关于这一封建守旧思想的控诉。比如杂志曾发表施淑仪的一篇文章《对于烈妇殉夫之感言》，指出："以一死为名高者，实居多数。呜呼！何其愚也。"同时从"男女平权"、"人道主义"、"国家思想"、"社会事业"、"破除迷信"等方面，论述了女子殉夫的不合理性。为了杂志的内容有所趋新，王蕴章还找过茅盾帮忙。茅盾回忆说：

> 王莼农又请我为他兼主编的《妇女杂志》写文章，说：也要谈谈妇女解放等问题。我写了和译了《现在妇女所要求的是什

---

① 刘壎：《发刊辞二》，《妇女杂志》1915年第1卷第1号。

么？》，《英国女子在工业上的情况》，《读〈少年中国〉妇女号》，《妇女解放问题的建设方面》，《历史上的妇人》，《强迫的婚姻》等共八篇（用四珍、佩韦等笔名），刊登于《妇女杂志》第六卷第一期（1920 年）。这意味着有五年之久的提倡贤妻良母主义的《妇女杂志》，在时代洪流的冲击下，也不得不改弦易辙了。以后《妇女杂志》每期都有我写的或译的文章。①

也就是说，《妇女杂志》的改革，从"属于当时封建思想的旧文人一类"的王蕴章主编时期就开始了。因此，也不必一味指责王蕴章时期《妇女杂志》的保守，他和他的杂志只是未能完全跟上时代的脚步而已。

第二个时期，是"革命与激进"时期，即章锡琛主编时期，从第 7 卷到第 11 卷。这一阶段，是《妇女杂志》的高潮期，《妇女杂志》历史上最高销量每期一万多份即在此时期达成。但是，值得指出的是，其实商务高层和章锡琛关于《妇女杂志》的办刊理念一开始就是略有不同的。只不过商务当时在用人之际，有人接手就行，未及细究。这一点章锡琛自己也知道，他在回忆中曾指出："商务对这杂志一向并不重视，只求换一个人，把提倡三从四德、专讲烹饪缝纫的老调变换一下就成，所以只让我一人单干。"② 也就是说，商务高层要的是"改变"。事实上呢，章锡琛对这个杂志进行了"改革"。"改变"与"改

①　茅盾：《商务印书馆编译所和革新〈小说月报〉的前后》，载《商务印书馆九十年》，商务印书馆 1987 年版，第 184 页。

②　章锡琛：《漫谈商务印书馆》，载《商务印书馆九十年》，商务印书馆 1987 年版，第 116 页。

革"，在办刊理念上的一字之差，不仅导致了刊物面目大大超出双方的预期，同时也埋下了后来双方失和的伏笔。

第三个时期，是"回归保守"时期，即杜就田主编时期，从第12卷到第16卷上半年。这一阶段，是《妇女杂志》的低潮期，沦为"征文杂志"，杂志主体内容悉为征文，也多次出现出版延期及杂志中错漏字多发现象。杜就田，是章锡琛的老上级杜亚泉的堂弟，当时到商务已经20多年，"他头脑不太清楚，文理也欠通顺，接连发表几篇短文，闹了不少笑话。"[①] 在这样的主编之下，杂志的内容质量可想而知。

1930年，杜就田辞职离开商务后，《妇女杂志》由此进入第四时期，"短促革新"时期。即叶圣陶（1930年7月—1931年3月）与杨润馀（1931年4月—1931年12月）分别短暂主编时期，从16卷下半年到17卷终刊。在这一阶段，商务为改变《妇女杂志》的颓势，调叶圣陶为主编。但此时商务大环境已经趋向保守，五四知识分子多转投后来由章锡琛创办的开明书店，叶圣陶本人就是其中的一位。叶圣陶出走开明书店以后，杂志再由杨润馀主编，直到1932年1月商务遭遇日寇发动的一·二八事变浩劫而终刊。

我们要重点探讨的是章锡琛主编《妇女杂志》的"革命与激进"时期，也被称为"起飞"时期或"新文化自由主义、妇女主义"时期。[②]

从竞争对手的角度看，章锡琛接编《妇女杂志》之时，社会上已有多种多样各具特色的妇女报刊。清末以来报纸杂志纷纷涌现，而以

---

① 章锡琛：《漫谈商务印书馆》，载《商务印书馆九十年》，商务印书馆1987年版，第117页。

② 王秀田：《〈妇女杂志〉研究探述》，《高校社科动态》2009年第1期。

妇女为主题的报纸杂志也随之而来。最早的妇女报刊应是 1898 年陈撷芬创立的《女报》。这个时候的《女报》，就已开始鼓吹妇女解放，提倡男女平等，向传统的三纲五常、旧式婚姻家庭和节烈观宣战。清末到民国，有《女界钟》、《女学生》、《女子世界》、《妇女时报》、《中华妇女界》等妇女刊物。《妇女杂志》则是其中最有影响力的一种，是既反映了当时主流文化价值，又反映了时代潮流变迁的代表性刊物。《妇女杂志》能在妇女报刊史上有此地位，章锡琛所开创的《妇女杂志》"革命与激进"时期贡献巨大。几乎可以说，没有章锡琛，就没有《妇女杂志》今天的历史地位。

当然，这并不只是章锡琛一个人的功劳。由于此前在《东方杂志》的工作经历，章锡琛比较容易地在商务馆内馆外找到了一大批作者来给他供稿。而其中对他帮助最大的关键人物，是兼有作者及助理编辑身份的周建人。

周建人（1888—1984），字乔峰，又一个绍兴人，鲁迅的三弟。现代著名社会活动家、生物学家，妇女解放运动先驱者之一。生于 1888 年，比章锡琛大一岁。周建人的专长，是生物学。但是，他一直关注中国妇女问题，提倡妇女解放，普及科学知识。如果说此时的章锡琛在妇女问题研究上还只是略懂皮毛的话，周建人则已经是一位中国妇女问题研究的专家了。章锡琛能够找到周建人，也就意味着，章锡琛在办《妇女杂志》的一开始，就把以周建人为代表的中国一流妇女问题研究专家抓到手里了：

当时在北京的友人周乔峰（建人），常常应我的要求寄来不少稿件，有些是他自撰，有些托人撰写。因他当时没有工作，我一个人实在忙不过来，就向总编辑室请求，聘他帮同编辑，得到许可。他到上海和我住在一起，彼此共同商讨改进的方针，方向逐渐明确，来稿也逐渐增多。周建人能翻译英文，我也学过一点日文，曾经在《东方》帮助翻译，两人就从图书馆借来几种有关妇女问题的英日文书，共同选译，自己也东拼西凑写些提倡妇女解放和恋爱自由一类时髦的短文，销数竟逐渐增加。[①]

周建人正式到上海加入《妇女杂志》是 1922 年 2 月，因为《妇女杂志》特别在第 8 卷第 2 号的《编辑馀录》中宣布："素来承读者欢迎的周建人先生，已经聘请来社，担任社务。"这样一来，《妇女杂志》编辑部算是有两个工作人员了。周建人的到来，帮了章锡琛的大忙，这是有数据为证的：从 1921 年 10 月到 1925 年 8 月，周建人一直是杂志的主要撰稿人之一。据统计，在这一时期的《妇女杂志》，周建人以原名，以"建人"、"建"、"乔峰"、"克士"、"高山"等笔名，从 1921 年第 7 卷第 5 号发表第一篇开始，共发表了 155 篇文章。不仅如此，周建人还承担了杂志大部分英文译稿的编译工作，并协助章锡琛编辑杂志专号。

章锡琛和周建人一齐动手，《妇女杂志》从此面貌一新，脱胎换骨：恋爱自由、婚姻自由、性与贞操、生育节制，一个个契合时代的主题，让杂志短时间内就成为了讨论中国妇女问题的重镇，成为最有影响的妇女刊物。在中国妇女问题研究上，风头一时竟然压过了《新青年》。《妇女杂志》为此不得不频频刊登特别启事称："本志自今年

---

① 章锡琛：《漫谈商务印书馆》，载《商务印书馆九十年》，商务印书馆 1987 年版，第 116—117 页。

改良以后，荷蒙读者不弃，深加赞许，销数之多，为从来所未有。第一号至第四号，近日均已售罄，而添购者仍络绎不绝。""本志今年的印数，本已比上年增加——几近一倍。但每号出版之后，总是不久即告售罄。承读者这样热烈的欢迎，真使我们不知如何感谢。"

> 改革之前《妇女杂志》的发行量不足 2000 份，改革后则一再突破以往的销售记录，据推测最多时可能超过了 5000 份。改革之后的第二年，每版印数已经较前增加了一倍，比较受欢迎的专号甚至再版、三版，被同时代的妇女问题研究专家梅生赞许为："在中国目前关于妇女问题的出版物里，伊总不愧坐第一把椅子的了。"①

可见，读者们对于《妇女杂志》，几乎是抢购了。杂志热销，影响力不断扩大，自然也就进入了良性循环，不仅吸引了大量读者抢购和关注，也吸引了一大批优质作者的关注，其中的大多数则直接加入编撰阵营，主要有茅盾、叶圣陶、胡寄尘、张季鸾、鲁迅、周作人、胡愈之、叶浅予、陈伯吹、巴金、金仲华、向警予等。1922 年 8 月，为了进一步团结和联络作者，章锡琛等人仿照茅盾等发起的文学研究会，在上海发起成立了妇女问题研究会，并在《妇女杂志》上公布了17 位成员的名单：章锡琛、周建人、李宗武、沈雁冰、吴觉农、周作人、胡愈之、胡学志、倪文宙、夏丏尊、张近芬、张梓生、陈德徵、黄惟志、程婉珍、杨贤江、蒋凤子。我们可以看到，杂志的作者群是

---

① 王秀田：《章锡琛与〈妇女杂志〉改革》，《首都师范大学学报（社会科学版）》2011年第 3 期。

以男性作者为主的。于是，在那个特殊的年代，出现了一大群男性作者热烈讨论妇女解放问题的奇特景象。这种现象的出现，正如李大钊所指出的那样，随着资本主义经济的产生，"不但妇女向男子要求解放，便是男子也渐要解放妇女了。"[①] 对此，章锡琛则在《妇女杂志》中的"编辑徐录"中解释说："妇女解放的呼声，在近来的中国，已经渐高；但是这种呼声，发于妇女自身的，实际上还要比男子所发的少。这并不是我国妇女不愿解放，实在因为大多数的妇女知识还是很低，不容易接受新思潮的缘故。所以，要说到妇女解放，非得有热心毅力的先觉，……也需先有许多热心的同志，共同从事，总能有效。"《妇女杂志》希望做这样的"热心毅力的先觉"，其作者群就是这样的"热心的同志"。

在编辑宗旨上，章锡琛和周建人认为，要从"性"这一点出发，去讨论妇女问题，同时又把恋爱问题作为讨论的首要问题，把解决恋爱问题作为中国妇女解决其他问题诸如家庭问题、教育问题、经济独立问题等的钥匙，以提倡妇女解放和婚姻自由为宗旨，"谋妇女地位的向上和家庭的革新"。

在杂志形式上，也逐步进行了改革：如封面采用水彩图画，题头文尾增加花边修饰，正文改用较小的铅字，字体、字号以及排版也比以前美观。杂志卷首也不再像原来一样，刊登新婚照片和读者小影等，而是增设题图和新闻图片。印刷的纸张也进行了改良，比过去更为精美。文字上，全部使用新式标点符号，文言文也改成了白话文。

在杂志营销上，一是重视广告。商务为了改变本馆杂志销售颓

---

① 李大钊：《由经济上解释中国近代思想变动的原因》，《新青年》1920年第7卷第2号。

势，不惜在上海各大报纸大做广告，其中就包括了《妇女杂志》。同时《妇女杂志》自身也在杂志上"自卖自夸"："敝馆今年的《妇女杂志》正是妇女建设方面的极好书籍，不可不读。赞成解放问题的更不可不多订几份送与亲友中识字妇女看看。"二是降价促销。销量的上升，与章锡琛对杂志进行降价促销也不无关系：定价初为 2 角 5 分，预定半年 1 元 3 角半，预定全年 2 元 5 角；章锡琛自第 7 卷起，改为定价 2 角，预订半年 1 元零 5 分，预订全年 2 元。在 1920 年前后，这样的降价促销，对于如饥似渴的读者来说，无疑是一大福音，同时也吸引了更多的读者购买。

在稿件内容上，章锡琛直接拒收了一直在《妇女杂志》上发表的新鸳鸯蝴蝶派的稿件。这一点，得罪了前任主编王蕴章联系的一大批作者，因此使章锡琛和杂志"经常受到上海各小报的攻击"[①]。家政、卫生等内容的文章也减少了。章锡琛注重通过专题征文来吸引读者的关注，扩大杂志的影响力。由于内容改革而空出的版面，增设了"评坛"、"自由论坛"、"主张与批评"，以专门译介欧美女性主义运动历史及理论；另外，章锡琛安排了"读者俱乐部"、"通讯"、"读前号"、"谈话会"等栏目，以便于与读者交流互动，听取读者的建议，并及时反馈。新设置栏目的内容，重在抨击旧有封建伦理道德，主张男女平等，倡导恋爱自由，鼓吹妇女解放，同时也在当时国人对妇女解放知之甚少的情况下，大量译介国外先进的妇女解放思想，介绍各国的妇女解放运动，引导中国广大妇女睁眼看自己，睁眼看世界。

杂志内容上还有两大创新：一个创新是出版专号。所谓专号，是

---

① 章锡琛：《漫谈商务印书馆》，载《商务印书馆九十年》，商务印书馆 1987 年版，第 117 页。

指《妇女杂志》对某一期的内容进行了一个范围限定，该期所有的文章都必须在此范围内，以集中火力把一个问题讨论透彻。这样的一期杂志就是专号。章锡琛主编时期，《妇女杂志》共出版了 11 期专号，分别是 1922 年 4 月第 8 卷第 4 号"离婚问题号"，1922 年 6 月第 8 卷第 6 号"产儿限制号"，1923 年 1 月第 9 卷第 1 号"妇女运动号"，1923 年 3 月第 9 卷第 3 号"娼妓问题号"，1923 年 9 月第 9 卷第 9 号"家庭革新号"，1923 年 11 月第 9 卷第 11 号"配偶选择号"，1924 年 1 月第 10 卷第 1 号"十年纪念号"，1924 年 6 月第 10 卷第 6 号"职业问题号"，1924 年 10 月第 10 卷第 10 号"男女理解号"，1925 年 1 月第 11 卷第 1 号"新性道德号"，1925 年 6 月第 11 卷第 6 号"女学生号"。这些专号的出版，犹如一个个大胆、解放的重磅炸弹，引起了全社会的瞩目、热议和共鸣。专号对于杂志销量和地位的提升作用是明显的：其中的"离婚问题号"，居然还应读者要求，进行了再版、三版，一时洛阳纸贵。这在《妇女杂志》历史上，是空前的，也是绝后的。杂志的读者"居然由二三千增加到一万多人"[1]，使《妇女杂志》一改在商务印书馆的鸡肋地位，一改在社会上备受批评的被动地位，一跃成为当时排名第一的女性刊物。[2] 邓颖超就曾是《妇女杂志》的读者，她对专号特别赞誉说："《妇女杂志》是中国研究妇女问题最好的刊物。在今年内出了几期特号，都是很有价值的。"[3]

杂志内容上的另一创新，是主题征文。杂志通过有意识的主题策划，对读者进行主题征文，引导读者参与重大主题的讨论和争鸣，加

---

① 章锡琛：《从商人到商人》，《中学生》1931 年第 11 期。
② 梅生：《读妇女杂志的感想》，《民国日报·觉悟》1921 年 6 月 5 日。
③ 宋素红：《女性媒介：历史与传统》，中国传媒大学出版社 2006 年版，第 105—106 页。

强编者与读者之间的沟通交流，促进读者对杂志的进一步认同。章锡琛主编时期《妇女杂志》开展的主题征文，得到了广大读者的热情参与，一期主题征文所收到的投稿，通常会有上百篇之多。比如"纪念号的征文，共收到一百零六篇之多"，以至于编者经常要因为版面有限，只好在《编辑馀录》上向应征的读者表示歉意。

章锡琛主编时期的五卷本《妇女杂志》，是中国知识分子第一次如此深入、广泛、集中、彻底地讨论和研究妇女问题。其主要内容有：

### （一）呼吁妇女解放

近代中国的妇女解放思潮是从维新运动开始的。资产阶级维新派首先提出要重视中国妇女在挽救民族危亡中强国强种的作用，要求解放妇女，主张兴办女子教育，废除女子缠足。这在当时的中国封建社会，有着开天辟地的震撼作用，提高了国民对妇女问题的认识，促进了妇女解放思想的传播，开启了中国妇女解放运动的先河。到了辛亥革命时期，资产阶级革命派运用西方的自由平等、天赋人权等学说，从经济独立、婚姻自主、妇女参政、家庭革命等方面，探求了实现妇女解放、男女平等的途径。到了章锡琛所参与的新文化运动时期，以陈独秀为代表的新一代先进分子，前所未有地揭露和批判了几千年来的封建专制主义对于妇女的压迫和残害，在深度和广度上，大大超过了此前的妇女解放思潮。这为章锡琛主编《妇女杂志》提供了思想基础。

在这样的思想基础上，《妇女杂志》大量编译有关妇女解放思想的文章。据统计，仅 1921 年这一年，《妇女杂志》上介绍国外妇女解放和女子问题的文章就达 77 篇。①

正是由于《妇女杂志》对妇女解放思想和运动的关注，使得《妇女杂志》成为中国先进知识分子讨论中国妇女问题的一个主阵地，几乎达到了与《新青年》平起平坐的地位。章锡琛任《东方杂志》编辑时，《东方杂志》曾经拥有的先进思想领导权，被陈独秀和《新青年》一举夺走；到了章锡琛任《妇女杂志》主编时，至少在妇女解放思想上的领导权，又被章锡琛抢了回来。章锡琛帮商务打了一个翻身仗。

### （二）关注妇女恋爱、婚姻、家庭

自由恋爱，自由结婚，家庭中男女平等，是《妇女杂志》一贯的主张。在章锡琛主编期间，《妇女杂志》连篇累牍地发表以"恋爱"、"婚姻"为关键词的文字。章锡琛自己就曾撰文强调，婚姻应该以并且只能以男女双方的情投意合为原则。为此，社会必须提供男女之间公开、平等社交的机会，只有这样，男女才能相识、相知、相恋，才能互相理解和相爱，才会有产生纯洁爱情的机会。我们考虑到章锡琛自己是包办婚姻的背景，他能有此先进思想，确为难得。

章锡琛的战友周建人，则在《妇女杂志》第 8 卷第 2 号撰文《恋爱的意义与价值》，认为恋爱是一个循序渐进的逐步深入和升华的过程，真诚的恋爱必须经历"纯洁的友情、恋爱的友情、恋爱的完成"等三个阶段。他批判封建宗法家庭制度下的媒妁婚姻制度，认为这

---

① 崔慎之：《章锡琛主持下〈妇女杂志〉编辑思想之变革》，《新闻知识》2011 年第 9 期。

是对恋爱和婚姻当事人个性的极端蔑视。他要求冲破"男女授受不
亲"的守旧思想，扩大男女的社会交际机会，让男女见面、交往的机
会增多，从小学直到大学都男女同校，这样男女就有了长时间的互相
了解，先成朋友，再成情人。周建人说："真诚的恋爱，本是人生的
花，是高尚的精神产品。"关于婚姻，则应以爱情的有无为婚姻离合
的原则。

除了自撰文章以外，《妇女杂志》还对易卜生、倍倍尔、爱伦凯
等西方先进人士的妇女解放思想进行了翻译和介绍，全面抨击当时国
内的封建包办婚姻，提倡婚恋自由。

有趣的是，为了方便读者实际操作，《妇女杂志》还对于自己提
倡的自由恋爱，帮助读者开出了 14 条择偶标准：性格、志趣、才能、
教育、容貌、体格、健康、血统、门第、地位、荣典和称号、职业、
收入、人格。还在杂志中告诫读者，以上 14 条择偶标准，有的不妨
从严要求，有的则可以适当放宽标准。[1] 这些标准虽然未必科学，但
说明《妇女杂志》不是在空洞地提倡恋爱自由，而是实实在在地为读
者提供了行动良方，并真心希望读者们行动起来，实践恋爱自由、婚
姻自由、家庭男女平等。

离婚问题自然是这方面内容的重点。为此，《妇女杂志》分别于
1922 年和 1923 年至少开展过两次离婚问题讨论，其中 1922 年 4 月
还出版了第 8 卷第 4 号的专号——"离婚问题号"。在章锡琛们看来，
离婚必须是自由的，否则无以谈及恋爱自由、婚姻自由、家庭男女平
等。然而现实是，当时的社会仍是旧的封建的伦理价值观占主导地

---

① 无兢:《关于配偶选择的几条要件》,《妇女杂志》1923 年第 9 卷第 11 号。

位，当时绝大部分妇女的思想观念也仍是那些封建的伦理道德观念。中国的妇女对于家庭、对于丈夫，仍然有着异常紧密的人身依附关系，还远远没有走进社会公共领域，没有正当的职业，没有谋生的手段和机会，甚至没有独立的人格。在这样的情况下，如果选择离婚，就是把这些妇女抛入人生的地狱。

于是，在离婚问题的讨论中，周建人、茅盾、章锡琛、吴觉农、周作人等纷纷表达了基于现实社会的折中看法：在这样的社会条件下，在离婚问题上应以妇女的意志和利益为转移，即"离婚仍须顾全妇女一方面的情形：女子如觉得于人格或幸福有亏损，她应当向夫提出离婚，而且男子也应即时依从她；但男子如觉得不满意于他的妻，倒应该屈就，或须为她努力顾全。这是现在的平允的论调"①。也就是说，女方对婚姻不满意，可以提出离婚，男方应该尊重女方意愿；反之，如男方对婚姻不满意，则不应该提出离婚，应委屈自己，屈就女方。不能不说，以上主张，在那个年代，闪耀着人性的光辉。这也成为章锡琛这一代五四知识分子让人们怀念的原因之一。

### （三）注重妇女教育、职业及经济独立

在五四前夕，中国的妇女教育已经颇有基础。1916 年中国自办女校的学生已达 17 万人。即使在偏远的黑龙江省，到 1915 年，也有 20 余县建了 60 所女子中学、300 余所县立女子小学、100 余所私立女子小学，达到了县县有女校的程度。这样的女学生，既是将来投身

---

① 编者：《编辑馀录》，《妇女杂志》1922 年第 8 卷第 4 号。

妇女解放运动的生力军，也是《妇女杂志》的目标读者群体。

针对这样的读者，章锡琛、周建人主编的《妇女杂志》，在妇女教育方面，不再"专说些叫女子当男子奴隶的话"，不再是过去那种以满足和迎合男人为目的的"贤妻良母"式的教育。而是在内容上大量削减家务、女红等生活技能，重点专注于妇女人格精神的培育和妇女独立人格的塑造。"不是'三从四德'和什么'女子无才便是德'，也不是学几针刺绣，及切剁得极细巧的烹饪；只是人生应有的智识，人们相互的关系，养成健全的身心，便是琢成社会上有用的材料。"①在塑造妇女独立人格上，《妇女杂志》还强调男女人格平等："两性人格的尊重，不仅解决男女尊卑问题，简直就是解决一切社会问题的根柢。"②

《妇女杂志》非常重视妇女的职业及经济独立问题。在旧社会，妇女地位低下的原因之一，就是因为自己没有职业，没有经济来源，不能自食其力，所以只能对男人和家庭形成人身依附。《妇女杂志》认为，只有妇女参与社会就业甚至参政，并同时实现了经济独立，妇女才可保持人格的尊严。"我们生存在世界上，决不能没有相当的职业。倘使没有职业，便无从生活。不但于自己不利，即于全人类亦有所不利。若没有职业，就要游惰终日。其后的结果，不是贫困，就是仰人鼻息。那时候，还有什么人格可言呢？"③

经济独立，被《妇女杂志》当成了妇女解放的第一步，当成了解决中国妇女问题的钥匙。"我并非承认解决女子经济独立问题，就是

---

① 周建人：《妇女与社会业》，《妇女杂志》1921 年第 7 卷第 9 号。
② 程宛扬：《男女人格平等论》，《妇女杂志》1921 年第 7 卷第 8 号。
③ 曹乐澄：《人生与职业》，《妇女杂志》1921 年第 7 卷第 4 号。

解决女子全部问题，却是解决女子问题的第一步。"[1]

### （四）倡导男女公开社交

在中国几千年来"男女授受不亲"的年代，男女公开交往被视为道德败坏。而在《妇女杂志》看来，男女公开社交，是自由恋爱、自由婚姻甚至家庭幸福的首要前提。"男女社交，是承认女子是'人'的方式"[2]，"社会是人类的集合体，也就是男女两性的集合体，要求社会组织健全，不成偏跛之势，当然不能任男子独立去活动；要实行男女协作，自然不能不使他们先有一种正当的社交。换句话讲，就是要社交公开之后，方能组织健全的社会"[3]。

茅盾更是大声疾呼："我们为什么要男女社交公开呢？我以为无非是想把反常的状态回到合理的状态罢了！男女既然同是人，便该同做人类的事。男人可到的地方，女人当然也可到。"[4]

### （五）提倡新性道德

几千年来的封建中国，"性"一直是一个难以启齿的话题，男人之间谈谈尚且不可，更别说针对妇女、女性来讨论这个话题了。

到了五四时期，"性"则以其巨大的吸引力，成为当时社会问题

---

① 王警涛：《女子经济独立问题》，《妇女杂志》1922 年第 8 卷第 1 号。
② 顾仲雍：《对于男女社交应有的觉悟》，《妇女杂志》1924 年第 10 卷第 4 号。
③ 兰影女士：《我的社交观》，《妇女杂志》1924 年第 10 卷第 4 号。
④ 沈雁冰：《男女社交公开问题管见》，《妇女杂志》1920 年第 6 卷第 2 号。

的一个重要方面，成为社会舆论的兴奋点所在。如章锡琛、周建人、陈独秀一样的五四知识分子，更是把"性"观念的改革，作为国民思想革命的重要方面，要把国民从传统的守旧的性道德中解放出来，建立起基于现代性爱观念的新性道德。比如，《新青年》在1918年就讨论过"贞操问题"，《妇女杂志》则于1925年1月第11卷第1号推出"新性道德号"，都体现了他们的这一目的。

他们首先肯定了人类性行为的正当性，反对封建社会"性欲即罪恶"的观念。"性欲即罪恶"认为，两性行为的唯一合理性，就是它有生殖功能，可以传宗接代；如果两性行为不是出于生殖的目的，而是为了满足生理欲望，追求感官快乐和感情满足，则是下流和罪恶的。鲁迅是坚决反对"性欲即罪恶"的："生物为保存生命起见，具有种种本能，最显著的是食欲。……生物的个体，总免不了老衰和死亡，为继续生命起见，又有一种本能，便是性欲。因性欲才有性交，因为性交才发生苗裔，继续了生命。所以，食欲是保存自己，保存现在生命的事；性欲是保存后裔，保存永久生命的事。饮食并非罪恶，并非不净；性交也就并非罪恶，并非不净。"[1]

其次，章锡琛们提倡平等的性关系，反对封建社会对女性贞操的片面要求。他们强烈批判社会片面要求妇女贞操节烈，认为"男子可以多娶，女子却必须守贞"是极不道德的，是男女不平等的产物。他们以男女平等为武器，彻底否定了片面的女子贞操观，鼓励妇女追求个人的独立人格和人生幸福。

章锡琛们以妇女解放为号召，以西方现代性道德为参照，大胆肯定

---

[1]　唐俟：《我们怎样做父亲》，《新青年》1919年第6卷第6号。

人类性行为的正当性，宣扬性爱的纯洁性，强烈反对封建社会的传统性道德，努力引导国民从传统的性道德中解脱出来，建立起新的性道德。这些愿望是美好的。只可惜，当时的中国社会还只是局部的进步、表面的进步，封建社会传承了几千年的传统性道德仍根深蒂固。在这样的社会环境中，"性"是不能随便谈论的，新性道德也是不能随便提倡的。坚持这样做的结果，只能是捅了马蜂窝，引起一场轩然大波。

# 四、谈"性"起风波

1925 年 1 月，章锡琛、周建人再接再厉地推出了《妇女杂志》第 11 卷第 1 号"新性道德号"。重头文章有章锡琛的《新性道德是什么》、周建人的《性道德之科学的标准》和《现代性道德的倾向》、沈雁冰的《性道德的唯物史观》、沈泽民的《爱伦凯的〈恋爱与道德〉》、文宙的《离婚防止与新性道德的建设》、默盦的《近代文学上的新性道德》。

这些重头文章，众多作者阐述的重点各有不同，但其精神内核却是一致的，即全部是爱伦凯在其著作《恋爱与结婚》中的观点：一是恋爱自由，二是离婚自由。爱伦凯认为，"恋爱必须绝对自由，就是说，必须完全依从当事人的选择。旁人，无论是社会，无论是家庭，无论是父母，无论是法律，都不当加以一点限制或干涉的"[①]。

那么，这个爱伦凯何许人也？竟被章锡琛等奉为研究和解决中国

---

① 沈泽民：《爱伦凯的〈恋爱与道德〉》，《妇女杂志》1925 年第 11 卷第 1 号。

妇女问题的精神导师？

爱伦凯（Ellen Key，1849—1926），瑞典人，20世纪初欧洲著名女性主义理论家、社会问题研究与儿童教育家、女性问题理论家。她出身于瑞典上层家庭，母亲是贵族，父亲则是瑞典议院议员。由于家庭条件优越，爱伦凯从小享受充分自由和全面优良的教育。成年后，爱伦凯投身教书育人达20年之久。爱伦凯的主要著作均出版于20世纪初，分别是《恋爱与结婚》、《恋爱与道德》、《女性的道德》、《妇女运动》、《儿童的世纪》。其中《恋爱与结婚》作为享誉世界的名著，于20世纪20年代初被译介到中国。此时，爱伦凯被中国五四知识分子奉为精神导师，言必称"爱伦凯"之下，更使其在中国的知名度迅速飙升。

所以，沈雁冰、周建人、章锡琛等人，都是服膺了爱伦凯的理论才开始讨论和研究中国妇女问题的。

沈雁冰的文章，抨击封建伦理"片面道德的贞操观"（即片面要求女子单方面地终身为一名男子保持贞操），主张建立新的性道德，"以'恋爱神圣'代替贞操观念。恋爱神圣的意义即为恋爱是神圣不可侵犯的，为了恋爱的缘故，无论什么皆当牺牲。只有为了恋爱而牺牲别的，不能为了别的而牺牲恋爱。从这意义上，恋爱神圣也就是'恋爱自由'的意思，恋爱应该极端自由，不受任何外界的牵制。在这个意义上，恋爱可说是一种限于两性间的最高贵的感情，起于双方人格的互相了解，成于双方灵魂之渗合而无间隙，他的力是至大至刚的，他的质是至纯至洁的，他的来源是人类心灵的最深处。"在"恋爱自由"的前提下，沈雁冰进而主张"离婚自由"。

周建人关于新性道德的立场最鲜明。"客观的道德判断存有一个意识的标准，这标准便是不蔑视和加害他人是道德的。换一句话，我们需要的新道德无他，第一，认人的自然的欲求是正当，但这要求的结果，须不损害自己和他人；第二，性的行为的结果，是关系于未来民族的，故一方面更须顾到民族的利益。这是今日科学的性道德的基础。"

章锡琛的文章最为抢眼，也使他在后来成了攻击方的头号靶子。他的文章提出了新性道德的四个内容：一是离婚自由，"结婚的双方无论哪一方，感到他们的婚姻生活上有了极大的障碍，非分离不可时，便应该任其分离"；二是关于妇女贞操，只要不损害社会及其他个人，超出两人的性关系也不能认为是不道德的，"性的道德，完全该以有益于社会及个人为绝对的标准；从消极的方面说，凡是对于社会及个人并无损害的，我们决不能称之为不道德"；三是恋爱自由，"两性的结合应建立在完全平等的基础上"；四是关于性的欲望，"性的欲望乃是人类天然的欲望"，"把供给男子的性欲满足认为女子在结婚生活上的义务"是不道德的，女子同样也有满足的权利。在以上的基础上，章锡琛的惊世骇俗言论出台了：新性道德，可容忍婚外的性关系即不贞操，"甚至如果经过两配偶者的许可，有了一种带着一夫二妻或二夫一妻性质的不贞操形式，只要不损害于社会及其他个人，也不能认为不道德的。"

章锡琛上述高论出台的背景，据他自己回忆："我们的兴味，由此竟集中在妇女问题上，常常想夹七夹八地发表一点自己的意见，除了《妇女杂志》之外，又在外面编辑旬刊周刊，如《时事新报》的《现代妇女》及《民国日报》的《妇女周报》之类，趁晚上写一点肆无忌惮的文字，批评社会及个人。但因此写滑了手，在《妇女杂志》也竟发表和当局意见不甚相合的文字来"。此时的章锡琛，俨然是以妇女问题研究专家自居了，还应邵力子邀请，兼为《时事新报》编辑《现代妇女》旬刊，为《民国日报》编辑《妇女周报》副刊。但是，终于"写滑了手"，"肆无忌惮"之余，发出上述一番高论，过分了。

果然，"新性道德号"一石激起千层浪，引起了社会上的广泛争议。

首先是社会大众接受不了。据田世英回忆：在上述论争发生前后，即1925—1927年间，他还在初中读书的时候，他在上海读大学的大哥时不时带给他一些书刊，"其中有一期《新女性》刊物，家严看到了，大发雷霆，责斥大哥离经叛道，不务正业，在十里洋场的上海学坏了"[1]。我们知道，章锡琛所办的《妇女杂志》和《新女性》，在内容上是一脉相承的。田世英的父亲能对儿子发这么大的火，足见这些观点，对于当时的中国社会，是多么的激烈超前，标新立异，不合时宜，惊世骇俗。他们没有考虑到当时中国社会的实际，介绍这些理论太早了、太快了。这一点，鲁迅看得很清楚："我总以为章周两先生在中国将这些议论发得太早，——虽然外国已经说旧了，但外国是外国。"[2]

最激烈的反对者，是北京大学教授陈大齐。陈大齐（1886—1983），字百年，浙江海盐人，是中国现代心理学的先驱。1914年起任北京大学心理系教授，后任国民党政府考试院秘书长等职，也是《新青年》的作者之一。他于1925年3月14日在《现代评论》第1

<hr>

[1] 田世英：《敬怀锡琛先生》，载出版史料编辑部编：《章锡琛先生诞辰一百周年纪念文集》，1990年10月，第65页。

[2] 鲁迅：《编完写起》，载《鲁迅全集》第7卷，人民文学出版社2005年版，第79—80页。

卷第 14 期发表《一夫多妻的新护符》，猛烈抨击新性道德是一夫多妻制的"新护符"，是一种纵欲，破坏了恋爱的专一性，将会危害社会。陈大齐宣布："中国现在的家庭大有改革的必要。而我的偏见以为严格的一夫一妻制的小家庭最合理想，古来一夫多妻的坏风俗非极力打破不可。今以改革自任的新性道德家竟有许可一夫多妻的言论，竟挺身出来作一夫多妻的新护符，我不得不提出一种抗议了。"

一般而言，笔墨官司最大的问题，就是容易断章取义。从章锡琛的文章中完全可以看出，他的本意，是希望男女双方在平等的基础上，自由地恋爱，自由地结婚，然后立足于爱他和利己，实现性的解放，实现两性关系的完全自由，从而真正建立起新性道德。而章锡琛为了让读者完全理解自己的观点，只是极而言之地进行了表达。但陈大齐抓住的就是"婚外的性关系"、"一夫二妻"和"一妻二夫"这样的字眼，指责这是纵欲，是破坏了恋爱的专一性。

有人指责，章锡琛与周建人只好应战。章锡琛写了《新性道德与多妻——答陈百年先生》，周建人写了《恋爱自由与一夫多妻——答陈百年先生》。本打算在《妇女杂志》上发表，但却被时任商务总经理的王云五阻止了。前文说过，在章锡琛上任主编之初，以王云五为首的商务高层，要的只是《妇女杂志》的"改变"，但章锡琛等人对杂志进行了"改革"。改革就改革吧，看在杂志的销量所带来的社会效益和经济效益分上，王云五也就忍了。但是，当他们惹出了是非和麻烦的时候，王云五却火了。虽然双方的论战尚在进行之中，王云五已经觉得难以承受这样大的压力了。为了避免惹出更大的麻烦，王云五前所未有地要求章锡琛，新出《妇女杂志》的文稿清样，要送他审查通过之后，才能印刷出版。在这样的干涉之下，章、周二人的答辩文章自然不可能通过王云五的审查，只好转投对方阵营——《现代评论》。

恰恰在这时，《现代评论》对于章、周二人上述两篇文章的处理却出了问题。在发表陈大齐另一篇文章《答章周二先生论一夫多妻》的同时，虽然也发表了章、周的文章，但却是延迟发表的，同时对章、周关于是否发表的来函迟迟未复；在发表时，又是在杂志末尾的"通讯"栏中删节刊登。延迟发表、来函不复、擅自删节，对于论战的双方如此厚此薄彼，惹火了一个人。

这个人就是鲁迅。对于这场论战，鲁迅旁观已久。本不便介入，因为论战双方，陈百年与自己有同事之谊，周建人则与自己有兄弟之亲。但《现代评论》对论战文章的错误处理方式，终于使鲁迅忍耐不住了。

鲁迅在 1925 年 5 月 15 日的《莽原》周刊第 4 期上，发表了章、周二人的后续文章，章锡琛的《驳陈百年教授〈一夫多妻的新护符〉》、周建人的《答〈一夫多妻的新护符〉》。同时还在《编完写起》中表达了对陈百年的不满："可是我总觉得陈先生满口'流弊流弊'，是论利害而不像论是非，莫名其妙"，"诚然，《妇女杂志》上再不见这一类文章了，想起来毛骨悚然，悚然于阶级很不同的两类人，在中国竟会联成一气。"

这一期《莽原》出版之后，鲁迅于 5 月 18 日收到陈百年的来信，解释了《现代评论》延迟发表章、周二人文章的原因。在信中，陈百年还表示自己不再就此事写文章论战，以平息事态。于是鲁迅就将此信发表在 5 月 29 日出版的《莽原》第 6 期。然而，章、周二人在陈百年造成的外部压力和王云五造成的内部压力下，处境却越来越艰难，不得不再次著文，为自己一辩。鲁迅考虑到他们二人已没有任何刊物可以发表答辩文章，只好在陈百年已表示偃旗息鼓的情况下，再次伸出援手，在 6 月 5 日的《莽原》第 7 期上发表了章锡琛的《与陈百年教授谈梦》和周建人的《再答陈百年先生论一夫多妻》，并写了"编者附白"，将《莽原》参与论战的经过进行了说明。这已是章、周二人和陈百年关于新性道德论战的尾声了。

这次论战，影响较大。在唐弢的印象中，"'五四'以后涉及妇女问题的有两次较大的讨论，一次是关于'爱情定则的讨论'，由张竞生博士发起，一九二三年四月在《晨报副刊》上展开。另一次是'新性道德的讨论'，一九二五年一月在《妇女杂志》、《现代评论》、《莽原》等刊物上展开，主要是章锡琛、周建人同陈百年（大齐）教授之间的争论"[1]。而双方论战的焦点，在于新性道德与一夫一妻制之间的关系。他们答辩说：真正的一夫一妻制，应该"树立在两性关系完全自由的基础上"，"绝不能像现在通行的以妻为夫的占有物，弥补虚伪的道德，奖励黑暗的罪恶"。所以，新性道德是立足于爱他和利己的性的解放，不能与旧式一夫多妻制相提并论。对于新性道德有纵欲倾向的指责，社会中人们的纵欲一直存在，并不因新性道德则更加泛滥，但只有真正理解并实践新性道德的人们才能完全身体力行一夫一妻制。所以新性道德并未提倡多妻、纵欲，恰恰相反，提倡的是真正意义上的一夫一妻制。

后来，论战的范围不断扩大。上海《晶报》及《时事新报》副刊《青光》等报刊，陆续出现了拥护陈百年而批判章、周"新性道德"的文

① 唐弢：《印象——关于章锡琛先生》，《出版史料》1988 年第 1 期。

章。而拥护章、周二人的也不少，顾均正撰写了《读〈一夫多妻的新护符〉》、许言午撰写了《新性道德的讨论：读陈百年先生的〈一夫多妻的新护符〉》，声援章、周二人。

今天来看这场论战，陈百年抓住章锡琛极而言之的特例，断章取义、简单粗暴地指责章、周二人提倡纵欲、多妻，其浅陋自不待言。问题是，陈百年不是封建士绅，他也是新文化运动阵营中的一员，也是五四知识分子之一。那么，既然大家来自同一阵营，何以有如许大规模的论战？

有论者认为，新文化运动文化，也可以五四运动为界，划为两个不同的阵营，而这两个阵营的五四知识分子对于妇女解放运动的理解，存在着巨大的分歧。陈百年、陈独秀、胡适等属于五四运动前的阵营，以章、周二人为代表则属于五四运动后的阵营。其区别在于，陈百年、陈独秀、胡适等人，均属于自身饱受旧式婚姻之苦的男性，因此他们对女权的鼓吹，只是这些男性反叛"父权大家庭"的行动之一，其最终目的，还是在男性主导下建立一夫一妻的现代家庭；章、周二人则接受了爱伦凯等国外妇女解放学说，试图探求导致男女不平等的真正根源，并以"恋爱自由"为解决一切妇女问题的根本方法和总的钥匙。[①]

笔者认为，上述两类知识分子，在对待妇女解放问题上的确有区别。主要区别在于，陈百年、陈独秀、胡适等人，是觉醒的男性在代表妇女发言，是男性在帮助妇女寻求平等地位；而章、周二人虽是男性，却是从女性角度出发，发出了妇女自己的声音，指出不需要男性

---

① 邱雪松：《"新性道德论争"始末及影响》，《中国现代文学研究丛刊》2011 年第 5 期。

帮助，妇女可以自发自觉地寻求平等地位。

其实，章、周二人也处于旧式包办婚姻之中，章锡琛是和包办婚姻的妻子白头偕老的；周建人的第一次婚姻则类似包办婚姻，后来离了婚。所以，在妇女问题上，他们二人一方面在鼓吹最先进的理论，另一方面自己却是最落后的实践。出现这种现象，也很容易解释：章、周二人实践落后，是时代使然；理论先进，则完全是出于工作需要。章锡琛就是"工作需要"的典型："但一向对这问题没有研究，只得临时抱佛脚，到东方图书馆里找出几本日文书籍来，生吞活剥地来介绍一点。"[①]

到了 1925 年 8 月，鉴于章锡琛渐渐出格，王云五开始采取措施，将章锡琛从《妇女杂志》调到国文部编章学诚的《文史通义》选注。[②]周建人呢，则调去主编一个即将于 1926 年 1 月创刊的新杂志——《自然界》杂志。《妇女杂志》改由杜亚泉的堂弟杜就田接棒主编。[③]

# 五、为何被商务印书馆辞退？

大约在 1925 年 12 月底，王云五代表商务高层，正式辞退了章锡琛。章锡琛在商务印书馆"十五年的职位，就此断送"[④]。

---

[①] 章锡琛：《从商人到商人》，《中学生》1931 年第 11 期。
[②] 振甫：《鲁迅和章锡琛》，《读书》1979 年第 1 期。
[③] 章锡琛：《漫谈商务印书馆》，载《商务印书馆九十年》，商务印书馆 1987 年版，第 117 页。
[④] 章锡琛：《一个最平凡的人》，载王知伊著：《开明书店纪事》，书海出版社 1991 年版，第 217 页。

那么，王云五究竟为何辞退章锡琛？有以下几种说法。

（一）因为"猥亵"。据赵景深回忆："据说商务为了该刊登了性知识，认为猥亵，批评了他，他就辞职出来，自己办了《新女性》，又开了开明书店。"①

（二）因为"赤化"。就在1925年5月30日，上海发生了震惊中外的五卅惨案。惨案中，英国巡捕开枪射击，打死13人，重伤数十人，逮捕150余人。惨案发生后，消息迅速传遍全国，各大、中城市纷纷罢工罢课，声援上海人民的反帝斗争。身在上海的章锡琛激于爱国义愤，以妇女问题研究会代表身份参加了上海学术团体对外联合会，积极声援爱国群众运动。章锡琛的这一个人举动，已经在一定程度上背离了商务"在商言商"、不主动介入政治的立场。

章锡琛的三公子章士敫持此说，"这一年5月，上海发生'五卅惨案'，先生以'妇女问题研究会'名义参加'上海学术团体对外联合会'，声援群众运动，更使王云五吓破了胆，遂以审查杂志清样为借口，无理干涉编辑工作，先生被迫提出辞职表示抗议，于8月底脱离《妇女杂志》，同年12月底，被商务当局借故辞退"②。

章锡琛本人也认为有这方面因素："有人并且以为我去年所以被商务印书馆辞退，也因为那些大老板把我当作共产党看的缘故。"③

但在笔者看来，"赤化"、声援五卅惨案，只是章锡琛与商务高层渐行渐远的表现之一，但不是直接导火索。

① 赵景深：《鲁迅给我的指导、教育和支持》，《新文学史料》1978年第1辑。
② 章士敫：《章锡琛先生传略》，载中国出版工作者协会编：《我与开明》，中国青年出版社1985年版，第173页。
③ 锡琛：《章锡球章锡珍与章锡琛》，《新女性》1926年第1卷第3期。

可以举出一个反例。当时和章锡琛一起同在商务印书馆的叶圣陶，也曾于 1925 年 5 月 31 日，"'满腔愤怒'地来到血案的发生地"。事后，叶圣陶挥笔写下《五月卅一日急雨中》，发表在《文学周报》、《小说月报》上。章锡琛只是参加声援大会，叶圣陶可是直接留下了文字证据，公开地表明了自己的政治立场。但却未闻商务高层以此为由，将叶圣陶开除。[①]

另一个反例是，沈雁冰、陈云、杨贤江在 1925 年，已经是中国共产党党员。同时，在 1925 年 5 月，更是成立了中共上海商务印书馆支部，董亦湘任第一任党支部书记。虽然这些党员及组织，商务高层未必完全知情，但是以沈雁冰、陈云与张元济等的终生友好关系，其身份或活动不可能完全保密。所以，要开除"赤化"分子，首当其冲的人，还轮不到章锡琛。

事实上，章锡琛对于政治并不热衷，这一点从他身边同事加入中国共产党或中国国民党，频频参与政治活动，而他则一生未加入中国共产党、也未加入中国国民党，却热衷于参加学术性团体，分别于 1921 年参加文学研究会、1922 年发起妇女问题研究会、1925 年参加立达学会等，可以看出。在笔者看来，章锡琛出面声援五卅惨案，不是为了哪个党哪个派，只是坚守一个中国人、一个文化人的本分。终其一生，都是如此。

（三）因为"声援罢工"。章士敩也赞同这一原因，即指章锡琛声援商务印书馆的内部罢工，"当时商务印书馆发行所和印刷所在党的领导下成立的职工会和工会，于 1925 年 8 月和 12 月先后两次举行罢

---

[①] 叶小沫、叶永和：《爷爷不该被忽略的方面》，《出版史料》2009 年第 4 期。

工，要求改善待遇，父亲虽然是编译所的职员，却积极加以支援。罢工取得了胜利，但父亲的行动引起了商务当局的注意，这可能也是他在这一年年底被商务辞退的原因之一"[1]。

但是，此说几乎不成立。章锡琛声援商务印书馆的内部罢工，只是章锡琛与商务高层渐行渐远的又一个表现罢了，但却也不是他被辞退的原因。要知道，这两次罢工都是由陈云和沈雁冰直接领导的。既然未闻罢工领导者陈云、沈雁冰被辞退，何来罢工声援者章锡琛被辞退之说？

（四）因为违反"竞业限制"规定。所谓竞业限制，是指用人单位对负有保守用人单位商业秘密义务的劳动者，在劳动合同、知识产权权利归属协议或技术保密协议中约定的竞业限制条款，即：劳动者在终止或解除劳动合同后的一定期限内不得在生产同类产品、经营同类业务或有其他竞争关系的用人单位任职，也不得自己生产与原单位有竞争关系的同类产品或经营同类业务。民国时期的商务印书馆，其企业管理当然没有先进到与核心员工签订《竞业限制协议》的地步。要是签过，陆费逵不可能于1912年刚刚离职商务之际就创办中华书局，章锡琛本人就更不可能于1925年刚刚被辞退就于1926年创办开明书店了。但当时的商务，对于还在职的员工，不能在外从事与本企业业务相冲突、相竞争的业务，还是有所规定和限制的。而章锡琛所触犯的，恰恰就是这一条。

1925年8月，刚刚由《妇女杂志》主编调动岗位到国文部，但仍然在商务印书馆任职的章锡琛，在胡愈之、郑振铎、周建人等人的

---

[1] 章士敫、章士敢、章士文：《章锡琛略传》，载出版史料编辑部编：《章锡琛先生诞辰一百周年纪念文集》，1990年10月，第221页。

鼓励下，在商务印书馆之外，私自创办了《新女性》杂志。也有论者认为，章锡琛之所以能这样做，不仅仅是因为朋友的鼓励，还有吴文化中的"反抗精神"在起作用：

> 在此种情况下，一般的知识分子也就忍气吞声接受王云五的安排，但积淀有吴文化反抗精神基因的章锡琛、胡愈之（浙江上虞人），对此"很不满意。于是我们商量另外办个杂志，叫《新女性》"。①

从《妇女杂志》调岗，是章锡琛人生中的重要关口之一。在这个时候，我们可以看到章锡琛好友胡愈之的身影："愈之首先创议另外自己来办一个讨论妇女问题的期刊，仍请章锡琛、周建人主编。这个期刊就是一九二六年一月份创刊的《新女性》杂志。因愈之、振铎、锡琛等都在商务工作，所以决定由我出面，《新女性》创刊号发行人署名吴觉农。"这也是《新女性》杂志的发行地址在吴觉农家里（上海宝山路三德里 A19 号）的原因。②

这里的吴觉农（1897—1989），是胡愈之和章锡琛共同的老乡和朋友，是知名的爱国民主人士和社会活动家，著名农学家、农业经济学家，现代茶叶事业复兴和发展的奠基人。新中国成立后，曾任首任农业部副部长、全国政协副秘书长等职。③

---

① 陈辽：《吴文化与"开明人"》，《江苏社会科学》2002 年第 2 期。
② 吴觉农：《我和开明书店的关系》，载中国出版工作者协会编：《我与开明》，中国青年出版社 1985 年版，第 81—82 页。
③ 王旭烽：《茶者圣——吴觉农传》，浙江人民出版社 2003 年版。

关于创办《新女性》的建议，胡愈之本人后来是这样回忆的："我同章锡琛差不多同时进商务印书馆，大约在一九一四年，两个人同住在一间房间里，关系很好。章锡琛为了写妇女问题的文章而被解职，我感到很不满意。于是我们商量另外办个杂志，叫《新女性》。《新女性》就是我和章锡琛他们几个人办起来的，钱也是大家凑起来的。开头很困难，大家都不是有钱的人，印刷费都是大家凑起来付的。"①

支持的朋友中，还有鲁迅，"鲁迅先生还答应经常写稿来尽力支持"②，胡愈之、吴觉农等则"鼓励章锡琛公开主编《新女性》，他果然专心致志地办起杂志来。章锡琛的事业心很强，对出版业务相当有经验，他一个人从编辑、校对、付印到发行，什么都干。这样就为这个杂志撑起了场面"③，《新女性》就这样办起来了。

值得一提的是"新女性"这个杂志名称。章锡琛为何将自己创办的新型妇女刊物命名为《新女性》？什么叫"新女性"？

所谓"新女性"，是指五四以后，从封建家庭里走出来，接受新式教育，有学识、有才能、有志向，独立择业，进而具备独立人格的新式女性。这一新式女性群体，最早由女性作家陈学昭于 1923 年在《时报》上撰写的《我之理想的新女性》所命名，并逐渐为广大五四知识分子和全社会所接受。

毫无疑问，"新女性"是五四运动和妇女解放运动的产物，与中国当时的历史背景、文化思潮有着极为密切的关系，代表着当时中国

---

① 胡愈之：《纪念开明书店创建六十周年》，载中国出版工作者协会编：《我与开明》，中国青年出版社 1985 年版，第 39 页。

② 王湜华：《开明书店章老板——追怀章锡琛先生》，《人物》1995 年第 1 期。

③ 吴觉农：《我和开明书店的关系》，载中国出版工作者协会编：《我与开明》，中国青年出版社 1985 年版，第 82 页。

社会在妇女问题上的先进群体，也是中国妇女解放运动的标志性名词。因此，被章锡琛拿来做与《妇女杂志》相比肩的新型妇女刊物的名称，就顺理成章了。

《新女性》"原想在第二年一月出刊的，为了及早回击这帮封建卫道者，结果提前了两周，在 1925 年 12 月中即刊出了 1926 年 1 月的创刊号"[1]。"然而，《新女性》创刊号刚印出，商务当局还是把章锡琛辞退了。"[2]

所以，直接导致章锡琛被辞退的导火索，是他在商务印书馆之外，私自创办了《新女性》，从事了与商务印书馆相同的竞争性业务。章锡琛的朋友中，多人在回忆中证实了这一点。

唐锡光说："商务当时有一条规定，凡是商务的职员不能自己经营和商务性质相同的业务；《新女性》杂志和《妇女杂志》性质相同，显然违反规定。商务知道章锡琛在筹备《新女性》，就在一九二五年底把他解职了。"[3]

周振甫持同样观点："商务里有一个规定，商务里的职工不准在外搞有损于商务业务的事。商务要章或者停办《新女性》，或者离开商务。"[4]

叶至善也如是回忆："商务当局得知了这个消息，就以章先生违反聘书的规定为借口，把章先生辞退了。"[5]

① 王湜华：《开明书店章老板——追怀章锡琛先生》，《人物》1995 年第 1 期。
② 吴觉农：《怀念老友章锡琛》，《出版史料》1988 年第 1 期。
③ 唐锡光：《开明的历程》，载中国出版工作者协会编：《我与开明》，中国青年出版社 1985 年版，第 290 页。
④ 振甫：《鲁迅和章锡琛》，《读书》1979 年第 1 期。
⑤ 叶至善：《胡愈之先生和开明书店》，《出版史料》第 6 辑，1986 年 12 月。

让人十分意外的是，向商务当局提出解聘章锡琛的，是他在《东方杂志》的引路人和老领导杜亚泉。而杜亚泉这样做的主要原因，也是对章锡琛在馆外编辑《新女性》杂志不满，"杜亚泉认为这是严重违反纪律的不道德的行为，要求王云五把我解雇"①。

因此，王云五之所以辞退章锡琛，主要还是因为他私自创办《新女性》，违反"竞业限制"规定。但是，矛盾的爆发，有一个积累的过程，章锡琛首先是因为在《妇女杂志》"猥亵"风波引发商务高层不满，继而在声援五卅惨案和内部罢工的问题上与商务高层离心离德、渐行渐远，等到私自创办《新女性》，违反"竞业限制"规定的导火索一点燃，王云五终于辞退了章锡琛。章锡琛晚年忆及此事，不无惋惜，"我的将近十五年的饭碗便因此敲破了！"②

章锡琛被商务辞退，虽然拿到了一笔约两三千元退俸金，但却陷入了失业的境地。章锡琛本人，一度打算回绍兴老家，靠教书和译文来度日。然而，他被商务辞退一事，却为他赢得了"一名善于冲锋陷阵的骁勇的白袍小将"③的美誉。其实，章锡琛这一年已是 37 岁，亦未闻平日爱穿白袍，至于"面如冠玉、目若朗星"云云，似乎也和他不大挨边，不知为何，竟有"白袍小将"之称。可能主要是指他在《妇女杂志》时敢于创新、"善于冲锋陷阵"而言的吧。然而，有此美誉，却使得他新办的《新女性》"读者居然很多，销行数也达到了三五千"，以至于胡愈之等朋友们不让章锡琛离开了。但办杂志是亏

① 章锡琛：《漫谈商务印书馆》，载《商务印书馆九十年》，商务印书馆 1987 年版，第 118 页。
② 章锡琛：《从商人到商人》，《中学生》1931 年第 11 期。
③ 唐弢：《印象——关于章锡琛先生》，《出版史料》总第 11 期。

本的生意，是不可能养活章锡琛一大家子人的。于是在商务印书馆同事谢六逸的好心介绍下，章锡琛兼任了私立神州女校的国文教员，这样可以得到一点生活费。但在此后不久，章锡琛还是辞掉了神州女校的教职。因为，新的事业和形势，让他越来越忙了。

章锡琛（1889—1969）

章锡琛伏案工作

民国时期的书摊

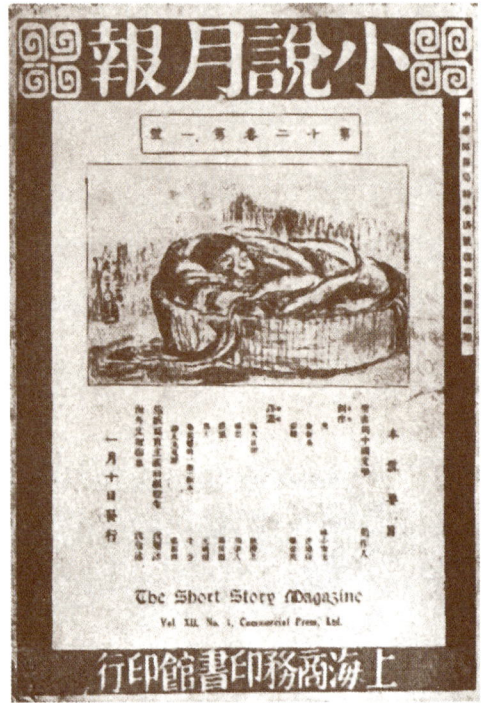

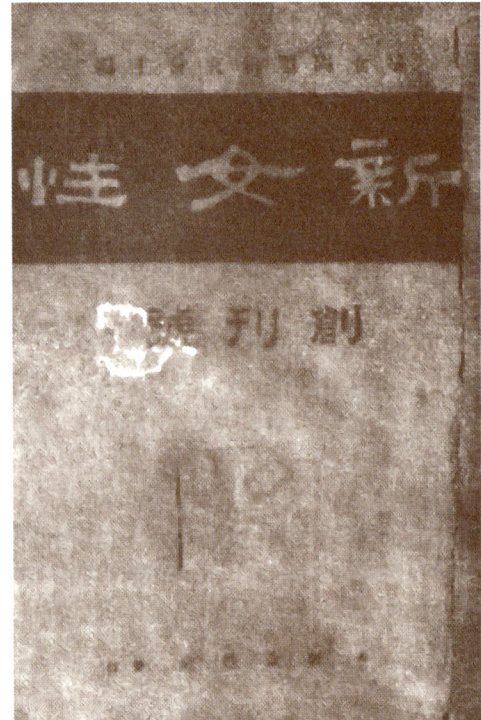

《东方杂志》、《小说月报》、《妇女杂志》、《新女性》

开明书店标志

开明书店营业部

开明书店版《爱的教育》

《中学生》杂志

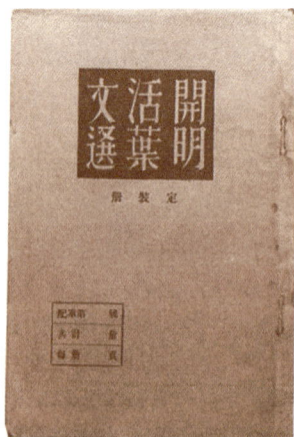

"开明三大教本"

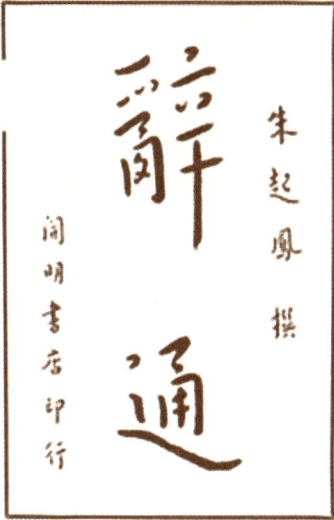
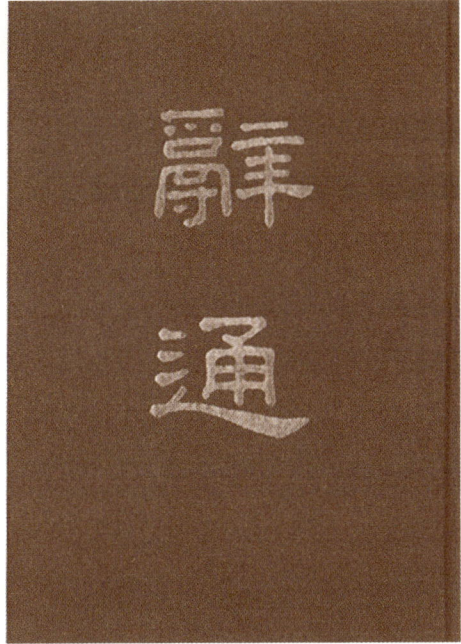

开明书店印行的《辞通》

《开明国文讲义》

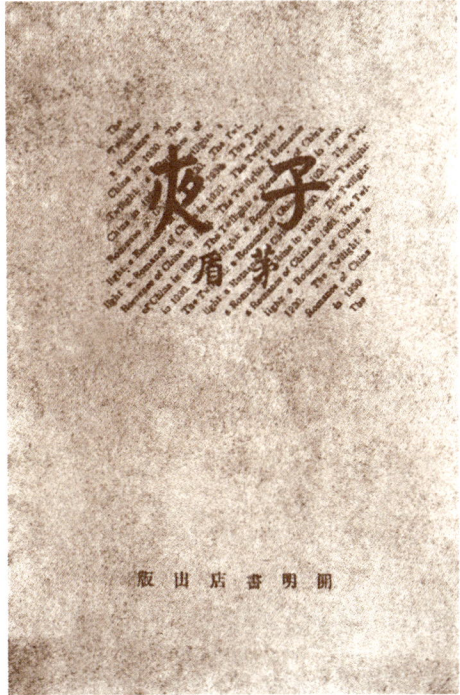

开明书店版《子夜》

开明书店辑印的《二十五史》系列

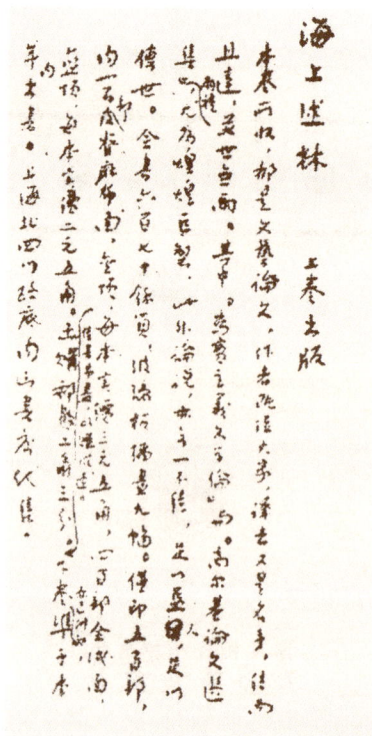

章锡琛等秘密排印的瞿秋白遗著《海上述林》及鲁迅手书广告词

# 第三章

## 书林张一军[①]

开明书店，和商务印书馆、中华书局、世界书局、大东书局、正中书局、贵阳文通书局等一起，被称为民国七大出版机构。而民国时期的出版界，一向有"五大"、"六大"、"七大"出版机构之说。"五大"是 20 世纪 30 年代中期以前的说法，指当时总部均在上海的商务印书馆、中华书局、世界书局、大东书局、开明书店；到了抗战前，南京正中书局崛起，遂有"六大"之说；抗战爆发后，国民政府教育部为了推行国定本教科书，指定上述"六大"书

---

① 1946 年，叶圣陶题开明书店 20 周年纪念碑辞："书林张一军，及今二十岁。欣兹初度辰，镂金联同辈。开明夙有风，思不出其位。朴实而无华，求进弗欲锐。惟愿文教敷，遑顾心力瘁。此风永发扬，厥绩宜炳蔚。以是交勉焉，各致功一篑。堂堂开明人，俯仰两无愧。"此处借用第一句。

局，再加上贵阳的文通书局等七家出版机构，在重庆联合组成"国定本中小学教科书七家联合供应处"（简称"七联处"），"七大"由此而来。可以看出，无论"五大"、"六大"还是"七大"，开明书店始终名列其中。而这里所谓的"大"，是官方根据当时这些书局在全国教科书市场上的份额来排名的。开明书店在民国时期教科书出版中的地位乃至在民国出版业中的地位，由此可见一斑。①

官方评价之外，近代文化名人们对于开明书店的评价，则几乎是一致的。冰心说："我早就知道开明书店一直刊行了许许多多很有影响的图书杂志，至于他们严谨的编辑作风和与作者的密切关系，我都亲身体验过了！"陈原表示："我从心里感谢这家书店和它的从业员们。"丁玲评价说："开明书店一直是一个严肃的书店，负责编辑的先生们是有思想的，对读者是负责任的。他们不趋时，不务利，只是要为祖国的文化事业贡献力量。"戴文葆说："该店是一群文人学者办企业，具有事业心，编辑很精干，和作者处得好，出版了若干好书，培养出不少人才，经营管理上也有一套办法，几十年兢兢业业，对中国现代文化作出了贡献。"戈宝权感激"开明书店当年在我的生活中对我的启示和教益！"胡愈之说："开明书店是新民主主义革命中诞生的一个进步的书店。它为青年、少年和儿童出版了许多好书，还出版了许多中小学教科书，对于教育青年、少年和儿童起了很好的作用。"胡绳回忆，周恩来同志把上海出版界和杂志分成第一线、第二线、第三线三类，认为《中学生》和开明书店属于第三线，应该尽可能存在下去。恩来同志这个安排，我和叶

---

① 吴永贵：《民国出版史》，福建人民出版社 2011 年版，第 109 页。

圣老谈过，请圣老尽力维持开明书店。"楼适夷说："'开明书店'这个名字深藏于过去作者与读者的心头，而且在中国的出版史上将永远是光辉的存在。"黄裳认为其"亲切"："在青少年时代，给了我这样那样的影响，至今不能忘记并始终保留着亲切的感情的出版社，开明书店要算是一个。"秦牧指出其"高尚"："开明书店是一家著有声誉的书店，它作风高尚正派，严肃认真。"吴祖光表示"依恋"："我对开明书店的怀念和感激却是永远也不会结束的。结合全国解放后我和一些发表文章或出版著作的报纸、杂志、出版社作个对比，开明书店特别引起我的依恋。"萧乾表达"敬重"："在乱糟糟的上海四马路上，开明一直是我所敬重的一家出版社。它质朴严肃，不尚时髦；在传播文化知识上，它是不遗余力的，对青年尤其满腔热忱。"臧克家视开明书店为"老朋友"。[1] 茅盾则称开明书店为"个人事务的代办处"[2]。丰子恺的幼女丰一吟深情地说："提起开明书店，我就感到亲切，好比提起了外婆家！"[3]

以上这些名家，说起开明书店，都是"高尚"、"正派"、"严肃"、"光辉"等字眼，说起自己与开明书店的关系，则是"感激"、"依恋"、"老朋友"、"代办处"、"外婆家"等字眼。要知道，在解放前的大上海，其兴也勃焉、其亡也忽焉的出版机构多如牛毛，而能在出版史上留下字号的，则少之又少，不过上十家。但是，开明书店不仅青史留名，而且留下的，是以上这些褒义字眼，是几乎没有出过一本坏书、善待

---

[1] 以上分见于中国出版工作者协会编：《我与开明》，中国青年出版社1985年版，第3、5、17、27、38、40、43、44、54、56、79、90、104页。

[2] 黄源：《纪念夏师丏尊》，《出版史料》1987年第1期。

[3] 叶瑜荪：《丰子恺与开明书店》，《出版史料》2008年第4期。

作者、长于经营管理等等的美誉名声。这对于一家出版社而言，绝非幸致。就算是客气的赞扬，也难得如此众口一词。

对于今天的读者，要准确理解新中国成立前开明书店的风格和地位，用曾在开明书店短暂工作过的张明养的话来表述，似乎更为准确和透彻："在三十年代前后的出版界中，除国民党的正中书局外，一般来说，商务印书馆和中华书局等是老牌书店，代表比较保守的立场，而生活书店、新知书店、读书出版社以及其他一些左翼书店则代表比较激进的和革命的立场。开明书店在我的印象中，似乎处于两者之间，既不是保守的，也不是非常激进的，而是进步的、'开明'的。"①

其实，以上不仅是在赞美开明书店，更是在赞美章锡琛。因为，开明书店在当时及以后的官方和整整一代读者、作者的心中，能有如此地位，能有如此美誉，其中既有夏丏尊、叶圣陶等全体开明书店同人的功劳，更是和章锡琛个人的贡献分不开。

# 一、创办开明书店

## （一）开明书店正式诞生

事实上，在办《新女性》杂志的同时，章锡琛就已经开始从事出版图书的工作了，虽然为时非常短暂。那么，在此期间，章锡琛有没

---

① 张明养：《从我与开明的关系谈到开明精神》，载中国出版工作者协会编：《我与开明》，中国青年出版社 1985 年版，第 227 页。

有挂过"新女性出版社"的牌子？据许杰回忆是挂过的，而且就在后来大名鼎鼎的创造社隔壁不远。"记得当时，'新女性出版社'的牌子，就挂在宝山路三德里几号门牌的门口。"①

就在这时，郑振铎为了帮助章锡琛，又把文学研究会的《文学周报》和"文学研究会丛书"拿来，打算交给新女性杂志社印行。但是，如此一来，由新女性杂志社印行"文学研究会丛书"，显得有些不伦不类。大家感觉到，这些书刊的内容，"超出了新女性社出版的范围，有必要另定一个书店的名义了"②。

时势逼人。不知不觉地，章锡琛又站在人生的一个重要关口上了。

在这个时候，我们又一次看到了章锡琛好友胡愈之的身影。"那时主张创办最力的，是胡愈之、吴觉农两先生，尽力帮助创办的有钱经宇、郑振铎诸先生。"③胡愈之，又一次扮演了章锡琛人生指路人的角色。叶至善的回忆也证明了这一点："其中出力最多的，要数胡愈之先生了"，"在筹备过程中，胡愈之先生为制定编辑方针汇集书稿出了不少力；可是他谦逊地说，他只在印刷和发行方面帮过一些事务性的忙"。④

新书店取一个什么名字？章锡琛颇费思量。最后，还是朋友们帮了忙，"孙伏园据'开宗明义'之意，取名'开明书店'，并书写了招

① 许杰：《章锡琛诞生一百周年纪念》，《出版史料》1989年第1期。

② 章士敫、章士敢、章士文：《章锡琛略传》，载出版史料编辑部编：《章锡琛先生诞辰一百周年纪念文集》，1990年10月，第209页。

③ 章锡琛：《关于店史的报告》，载《开明书店二十周年讲演录》，《出版史料》第4辑，1985年12月。

④ 叶至善：《胡愈之先生和开明书店》，《出版史料》第6辑，1986年12月。

牌。丰子恺设计了店徽"①。章锡琛自己在1946年双十节举行开明书店20周年纪念会时，作《关于店史的报告》时说："至于开明这个店名，是孙伏园先生取的，第一块招牌也是孙先生写的。"他还提及给新书店取名时的一个小插曲："在取名的时候，不晓得四五十年前已有一家书店名叫开明，好在那家书店早已停办，虽店名和它暗合也无关系。"原来，章锡琛的开明书店，只是历史上的第二家，当然，也是历史上最为著名的开明书店。

关于孙伏园书写店招，开明书店当时的员工之一王燕棠回忆当时的情景是这样的："孙伏园从汉口来，章先生请他写开明书店门市部招牌字（店名也是孙取的），次晨他铺纸挥毫，其运笔神速，围观的几为咋舌。"②

孙伏园（1894—1966），原名福源，字养泉。系章锡琛的绍兴老乡。现代散文作家、著名副刊编辑，在新闻学上有民国"副刊大王"之称。早年曾在绍兴山会师范学堂学习，这也是他和章锡琛最早的交集之一。同时，孙伏园和章锡琛一样，也是文学研究会成员，是鲁迅兄弟的好友。这样的交谊，使得孙伏园愿意为章锡琛创办书店出力，也使得章锡琛能够听从孙伏园的建议。

孙伏园当时正应厦门大学文学院院长林语堂之邀，赴该校出任编辑部干事，兼任厦门南普陀寺附设南佛学院教职。当时，鲁迅也在厦门大学任教。孙伏园并非以书法驰名，章锡琛之所以请他来题写店名，当然是因为创意在彼的缘故。

---

① 叶瑜荪：《丰子恺与开明书店》，《出版史料》2008年第4期。

② 王燕棠：《为出版事业一往无私的锡琛先生》，载出版史料编辑部编：《章锡琛先生诞辰一百周年纪念文集》，1990年10月，第112页。

　　然而，也有回忆文章指出，"开明"是鲁迅取的名。吴觉农作为开明书店的创办人之一，就回忆说："关于用'开明'二字作为书店的名称，一说是孙伏园起的名，据我记忆，章锡琛曾同我说，是鲁迅先生给取的名，有待再考证。"①章家后辈章士宋也持此说："开明书店的名称由来，有不同的说法，据绍兴鲁迅纪念馆的史料记载，是鲁迅取的名。"②

　　书店的招牌有了，那办书店的资金从哪里来？

　　主要来自于章锡琛的积蓄，包括他从商务印书馆离职时的补偿金，他本人拥有的"十几股的商务印书馆股票，也卖掉了作为资本"。离职补偿金占了大头，但具体数目是多少，并无准确数字，莫志恒说有"近两千元"③，唐锡光说有"二千元左右"④，王知伊说"大概拿了一、二千元"⑤。章锡琛自己也未说明数目，总是用"一点退奉金"⑥来含糊其辞。总的来看，估计其离职补偿金应为 2000 元左右。

　　其次来自于章氏家族的支持，特别是章锡琛的亲兄弟们的积蓄，比如其二弟章锡珊就拿出了自己家的全部积蓄。章锡珊，原名锡汕，字雪山，生于 1891 年，小章锡琛一岁半。1917 年，时年 26 岁的章

---

① 吴觉农：《怀念老友章锡琛》，《出版史料》1988 年第 1 期。

② 章士宋：《章锡琛和开明书店》，《出版史料》2007 年第 2 期。

③ 莫志恒：《说说开明书店及其出版物的装潢艺术》，载中国出版工作者协会编：《我与开明》，中国青年出版社 1985 年版，第 236 页。

④ 唐锡光：《开明的历程》，载中国出版工作者协会编：《我与开明》，中国青年出版社 1985 年版，第 291 页。

⑤ 王知伊：《开明书店纪事》，《出版史料》第 4 辑，1985 年 12 月。

⑥ 章锡琛：《一个最平凡的人》，载王知伊著：《开明书店纪事》，书海出版社 1991 年版，第 217 页。

锡珊经章锡琛介绍，参加商务印书馆的入职考试。"我去投考，结果被录取了，我便在中秋节相近进了商务。待遇是月薪二十六元。"一年后，章锡珊受商务委派，到商务印务馆奉天分馆从事司账兼出纳的工作。章锡珊在奉天分馆干得很好，不仅有了收入，还把妻子和小孩接到了奉天。[①] 章锡琛创立开明书店缺钱，章锡珊就把所有的积蓄拿出来；缺人，"营业上没人主持，我终于决然辞职，携了妻和五个儿女回到上海"，章锡珊放弃了个人的职业前途，拿出了个人的全部积蓄，全心全意地来帮助章锡琛和开明书店。三弟章锡淦"在开明也投有股份"，就连其妻的嫁奁首饰也卖掉了。果然是打仗亲兄弟。事实上，章氏家族几乎是举全族之人力财力，合族支持章锡琛创业。二弟章锡珊、三弟章锡淦之外，四弟章锡瀛、五妹章懿、六弟章锡洲等纷纷以自己的方式支持或加入开明书店，"叔伯们早年背井离乡，都在大伯创办的开明书店任职"，"大凡章氏宗族以及三亲六戚，至朋好友，或多或少的都投资入股，而且又大都进开明供职服务，成为同心协力的同仁。"所以，说开明书店在创办初期，是"兄弟书店"或家族企业，恰如其分。

第三个资金来源，则是朋友们的帮助。帮助的方式也有多种，一种是直接出现金，"少的五块十块，多的也只有几十上百块"[②]。钱歌川是天字第一号股东，因为他是第一个赞助的人。他投入了 500 元，恐怕也是朋友们中投入现金最多的一位："我是第一个赞助的人。这样

---

① 章锡珊：《我是幸运者》，载王知伊著：《开明书店纪事》，书海出版社 1991 年版，第 225 页。

② 叶圣陶：《邵力子先生和开明书店》，载中国出版工作者协会编：《我与开明》，中国青年出版社 1985 年版，第 106 页。

说并不是我妄自夸口，而是有真凭实据的。因为我拿到的是开明书店股份有限公司天字第一号的股票"[1]；一种是不要稿酬，将稿酬作为入股资金：比如汪静之，"我就把反封建礼教的小说《耶稣的吩咐》交开明书店出版，随后又交了诗集《寂寞的国》，两书都不马上支稿费，出版后也不取版税，而把版税全部入股，算是表示支援"，"这是我第一次当股东"。[2] 比如章克标，"就以稿酬版税移作投资股金，也算书店开初的赞助人之一了"[3]。在开明书店创立时，出钱出力帮助章锡琛的朋友，主要来自三个方面：一是商务印书馆的老同事，如胡愈之、周建人、王伯祥、周予同、徐调孚、顾均正等；二是文学研究会的会员，如郑振铎、沈雁冰、叶圣陶、赵景深等；三是立达学会的会员，如夏丏尊、匡互生、朱自清、朱光潜、刘薰宇、刘叔琴、丰子恺等。当然，其中有些朋友，以上三种身份兼而有之，比如叶圣陶，再比如章锡琛自己，既是立达学会会员，也是文学研究会会员，也是商务印书馆的编辑。也正因为如此，他才能联络这三个方面的朋友，来帮助他创办开明书店。上述的朋友中，在开明书店创办时期，只是从旁相助，此后则或早或晚亲身加入开明书店，成为编辑，如赵景深、徐调孚、顾均正；甚至成为其中的灵魂人物、中坚人物，如夏丏尊、叶圣陶。

创办开明书店时的资金总额，未见准确记录。肯定不多，大致在几千元左右。当时或以后各人的回忆也众说纷纭。叶圣陶"听说资金

---

① 钱歌川：《回梦六十年——纪念章锡琛先生生辰百年祭》，《出版史料》1988 年第 1 期。

② 汪静之：《我怎样从拥护女权当上了股东》，载中国出版工作者协会编：《我与开明》，中国青年出版社 1985 年版，第 88 页。

③ 章克标：《缅怀章锡琛先生》，《出版史料》1989 年第 2 期。

只有两千来块钱"①，唐锡光回忆"当时的资本大约五千元"②，章士敫说
"筹集2000元资金"③，宋云彬说资本"不过四五千元"④。如今，学术界
基本认同的结论是5000元。⑤

当时各大出版机构初创时的资本总额，大致也在这个水平上下。
商务印书馆于1897年创立时，资本为3750元，与29年之后才创办
的开明书店的资本总额大致相当；亚东图书馆于1913年成立时，启
动资金只有2000元；世界书局于1917年创办时，启动资金也只有
3000元；正中书局由国民党中央党部拨款开办，这么大的来头，其
开办费也只有5000元。当然也有例外，中华书局于1912年创办之初
时十分阔气，股本为25000元，是开明书店的5倍；大东书局则更进
一步，1916年由吕子泉、王幼堂、王均卿、沈骏声创立时，资金为
30000元。但商务印书馆、亚东图书馆、世界书局、正中书局的启动
资金额不大足以说明，小本钱也可以办成大书店，5000元资金对于
刚刚开办的开明书店来说，基本够了。

这5000元中，到底是由哪些人凑起来的现金？可以大致
列出一个股东名单：章锡琛（出资约2000元）、章锡珊及章氏

① 叶圣陶：《邵力子先生和开明书店》，载中国出版工作者协会编：《我与开明》，中国
青年出版社1985年版，第106页。
② 唐锡光：《开明的历程》，载中国出版工作者协会编：《我与开明》，中国青年出版社
1985年版，第292页。
③ 章士敫：《章锡琛与开明书店》，《出版史料》2003年第3期。
④ 宋云彬：《开明旧事——我所知道的开明书店》，载出版史料编辑部编：《章锡琛先
生诞辰一百周年纪念文集》，1990年10月，第179页。
⑤ 王知伊：《开明书店纪事》，书海出版社1991年版，第6页；王建辉：《开明创始人
章锡琛先生》，《出版广角》1999年第3期；吴永贵：《民国出版史》，福建人民出版社2011
年版，第134页。

家族（出资额不详，但应不少于1000元）、钱歌川（出资500元），还有夏丏尊、刘叔琴、丰子恺、吴觉农、郑振铎、周建人等人，出资额均不详，"少的五块十块，多的也只有几十上百块。"章锡琛，是此时开明书店当然的大股东，开始被人称为"章老板"。

钱君匋回忆，当时"章锡琛自任经理，其实是个独资老板，所以后来凡和他相熟的人，都戏称他为'章老板'"①。而据说，"章老板"这个称呼，是郑振铎在一次朋友聚会时第一个戏称的，从此就叫出了名。②

1926年8月1日，章锡琛在宝山路宝山里60号家中挂出了"开明书店"的招牌，开明书店从此正式创立。这一天，同时也成为中国出版史上一个值得纪念的重要日子。

上海宝山路宝山里60号，成为"开明书店创业的第一个店址。因自办发行，所以它还是第一个书店门市部"③。

"章老板"在开明书店的初创时期，麾下的员工不多，不到十个人。在这一时期，先后进入开明书店工作的人分别有：赵景深、钱君匋、王蘧史、王燕棠、陈云裳、吴似鸿、汪曼之、索非、韩希贤、赏祥麟、郑××。"大家融和在一起，亲如一家，干劲很足。编校人员和发行人员连在一起，也不到十个人。"④

---

① 钱君匋：《我在开明的七年》，载中国出版工作者协会编：《我与开明》，中国青年出版社1985年版，第59页。
② 章士敫、章士敢、章士文：《章锡琛略传》，载出版史料编辑部编：《章锡琛先生诞辰一百周年纪念文集》，1990年10月，第209页。
③ 王湜华：《开明书店章老板——追怀章锡琛先生》，《人物》1995年第1期。
④ 唐锡光：《开明的历程》，载中国出版工作者协会编：《我与开明》，中国青年出版社1985年版，第292页。

"那时候，郑振铎、赵景深、钱君匋、索非、孙怡生几位先生帮助编辑、校对、装帧、发行等业务工作，一起住在我家，一同吃饭。人少事杂，生活艰苦，朋友来了也不分彼此，都把开明当成自己的事业，大家干得挺有劲。"[1] 章锡琛子女们这一回忆场景，可以看作开明书店在初创时期，类似家庭作坊式工作状态的一个缩影。

据钱君匋回忆，初创时期的员工，具体分工是："章老板总管一切业务，兼编《新女性》月刊，赵景深分管来稿的审阅，索非分管出版印刷，王蔼史分管校对，我除分管音乐美术外，还要设计书面，王燕棠稍后进店，代替了去南洋教书的王蔼史，陈云裳协助他，郑××协助索非。我们这几个人配合得很好，出版发行了很多受读者欢迎的好书。开明书店也从一粒小小的种子，发芽生长，一帆风顺地成为一家中型的进步书店。"[2]

创业初期的员工中，最为重要的是赵景深。赵景深（1902—1985），浙江丽水人，是文学研究会主要成员，著名作家、戏曲家、小说史家、现代文学史家、编辑家、翻译家和语文教育家。"喜欢用紫色墨水写稿的赵景深"[3]，是开明书店的第一任总编辑，任职时间是1927年秋到年底，时间不长。赵景深在任总编辑期间，除了编辑书籍以外，还"受总经理章锡琛之托，约友人徐调孚、顾均正、钱君匋

---

[1] 章士敦、章士敔、章士文：《章锡琛略传》，载出版史料编辑部编：《章锡琛先生诞辰一百周年纪念文集》，1990年10月，第215页。

[2] 钱君匋：《我在开明的七年》，载中国出版工作者协会编：《我与开明》，中国青年出版社1985年版，第59—60页。

[3] 钱君匋：《我在开明的七年》，载中国出版工作者协会编：《我与开明》，中国青年出版社1985年版，第59页。

等也到开明来任编辑"①。这些人，后来都成了开明书店的骨干。赵景深这一任总编辑在挖人方面出力不少，但在出书方面贡献不多。由于任职时间短，他甚至没有提出一个开明书店编辑出版的指导方针出来。而且，他不久就因个人计划专译柴霍甫短篇小说，在年底辞职，结束了总编辑任期。后来，他翻译出来的柴霍甫短篇小说集共八卷，于1929年由开明书店出版。

钱君匋是开明书店的第一位美术编辑。钱君匋（1907—1998），浙江桐乡人，著名书法家、画家、篆刻家、书籍装帧家。钱君匋从上海艺术师范毕业以后，先是担任教师，与章锡琛并不相识。钱君匋经常向《新女性》投稿，"由于投寄音乐稿件的关系，我和章锡琛经常书信往来，成了极熟的朋友"②，"章锡琛从其投稿看到他有才能，就去信从浙江把这位从未谋面的人请来上海开明书店做美术、音乐编辑"③。钱君匋"除装帧书籍之外，还编辑音乐读物"，"他设计的封面别具一格，很新颖，也很美观，不但有助于开明的出版物打开销路，而且也促使各书店都重视起书籍装帧来"。④七年之后，钱君匋到澄衷中学等学校重执教鞭，离开了开明书店。

关于索非，唐锡光回忆："索非在开明的时间比较长，在抗战胜利后才离开。他很能干，编校、出版、发行等工作都做过。他会世界语，

---

① 赵景深：《夏丏尊》，载中国出版工作者协会编：《我与开明》，中国青年出版社1985年版，第162页。
② 钱君匋：《我在开明的七年》，载中国出版工作者协会编：《我与开明》，中国青年出版社1985年版，第59页。
③ 徐柏容：《重视人才、网罗人才、依靠人才——近现代出版事业的一个优良传统》，《出版史料》1992年第2期。
④ 唐锡光：《开明的历程》，载中国出版工作者协会编：《我与开明》，中国青年出版社1985年版，第292页。

开明出版的世界语书籍是他编校的，稿子也是他介绍来的。他和巴金很熟悉，巴金的作品，也是他介绍给开明出版的。后来他自学成了个西医大夫，写过三四本医药卫生的小品集在开明出版。用文学的笔法，写医药卫生方面的科普读物，索非也许是第一个吧。在抗日战争胜利之后，他迁居台湾"①，由此离开了开明书店。同事宋云彬对索非的记忆则是："索非是个无政府主义者，思想不健康，但年青力壮，干劲十足。他除了看稿、校稿；还要跑印刷厂，有时候还帮助做饭。"②

王燕棠进入开明书店的时间稍晚一些，是在 1927 年 5 月 21 日。其亲笔记录当时进店的情形是，"当时另有韩希贤（章先生的中学同学，后结儿女亲）为校对，和会计章雪舟同在前厢房工作。客堂间发行部，由孙怡生带二个学徒，打包很忙，确已出书不少。是年秋，辟客堂楼为编辑部，同来的赵景深、钱君匋、索非、王蔼史，其中王和韩及我一起校对，章先生自在里间前厢楼。同年冬，王蔼史、赵景深先生离去，陈云裳接替校对"③。

创业时期的员工，总共不到十位，而其中的赵景深、钱君匋后来都卓然成家，索非也成就不菲。其余诸人，亦未闻有败德败业者。由此可见章锡琛善于识人、善于用人。章锡琛个人的这一特点，在开明书店以后的发展中会更加明显地体现出来，此时只是小试身手而已。其实，直到今天，企业管理者最大的本领，仍然是识人、用人。章锡

---

① 唐锡光：《开明的历程》，载中国出版工作者协会编：《我与开明》，中国青年出版社 1985 年版，第 292 页。
② 宋云彬：《开明旧事——我所知道的开明书店》，载出版史料编辑部编：《章锡琛先生诞辰一百周年纪念文集》，1990 年 10 月，第 179 页。
③ 王燕棠：《为出版事业一往无私的锡琛先生》，载出版史料编辑部编：《章锡琛先生诞辰一百周年纪念文集》，1990 年 10 月，第 111 页。

琛作为开明书店的"老板",有了这个本领,使得企业的健康发展有了更大的保障。

这一年,章锡琛37周岁,正当盛年。此时,初步具备了创业基础的章锡琛本人,完成了自己的一次人生蜕变。这个蜕变如此之大,以至于朋友们都感受到了:据叶圣陶的观察,"雪村先生在商务的时候非常拘谨,几乎不苟言笑;离了商务性格突然一变,生活上颇有点儿放浪形骸,事业上好胜心极强,处处刻意创新,想方设法挤进商务、中华等大出版家的行列"①。回想14年前,章锡琛还是一个怯生生地敲开杜亚泉办公室大门求职的绍兴乡下小伙子;而14年后,职业的历练、岁月的磨砺,章锡琛变成了一个颇有追求的中年人,一个颇具条件的企业管理者。

巧合的是,章锡琛出生在8月,他一生最大的事业——开明书店也是在他人生第37年的8月起步。而且,在这一年,章锡琛的女儿章士文出生了。人到中年,立家立业,喜事频传,兆头极好。在这样的氛围下,开明书店,扬帆起航了。

在中国出版史上,商务印书馆创立于戊戌变法时期,中华书局创立于辛亥革命时期。而开明书店,则是五四运动的产物。虽然开明书店成立于1926年,距离五四运动的1919年已达7年之久,但仍然可以断言,如果没有1919年的五四运动,就不会有1926年的章锡琛,更不会有章锡琛创办的开明书店。

这也是包括章锡琛本人在内的开明书店同人的共识。章锡琛自己就指出:"五四运动以后,商务的几种杂志,被'新青年'派骂得

---

① 叶至善:《纪念雪村先生》,《出版史料》1989年第2期。

体无完肤","在新思想运动中，妇女问题也成为当时热烈讨论的一个部门"。正是在这个热烈的讨论中，章锡琛的思想得到了洗礼和革新，他"急来抱佛脚，不得不从图书馆里找出几部日本书阅读，东抄西撮写一点文章来应市"，结果是"居然也博得一般读者的好评，甚至于有人当面把我捧做妇女问题的专家"。① 可见，五四运动，让章锡琛脱胎换骨，从思想上完全变成了另外一个人，这才使得他由《东方杂志》到《妇女杂志》，再到《新女性》，最后创办了开明书店。

王知伊指出："开明书店立店于商务、中华之后，她诞生的历史背景不同于商、中，她是 1919 年'五四'运动的产物。"② 章锡琛的同事宋云彬把这种因果关系表述得更加直白："开明的产生，完全受五四运动的影响。没有五四运动就不会有人提出妇女问题来讨论，那么开明书店的创办人章锡琛先生，就不会因为谈新性道德和办《新女性》杂志而被商务印书馆解职，他将一辈子在商务当个编辑；而同时在五四以前，像开明这样的新型书店根本办不起来，即使办起来了，也不可能发展，更不可能长期存在。"③

五四运动，造就了章锡琛，也造就了开明书店。

## （二）兄弟书店

1926 年 8 月 29 日晨 7 时，正在由北平赴厦门的鲁迅抵达上海。

---

① 章锡琛：《一个最平凡的人》，载王知伊著：《开明书店纪事》，书海出版社 1991 年版，第 216 页。
② 王知伊：《开明书店纪事》，书海出版社 1991 年版，第 77 页。
③ 宋云彬：《开明旧事——我所知道的开明书店》，载出版史料编辑部编：《章锡琛先生诞辰一百周年纪念文集》，1990 年 10 月，第 176—177 页。

当晚即造访开明书店，陪同他的是周建人。① 鲁迅此行，是在周建人的要求下，为新开张不到一个月的开明书店捧场来了。

9月5日，立达学会创办《一般》杂志，交开明书店印行。朱光潜回忆说："立达学会同人还筹办了开明书店。我们的目的是争取青年中学生，因为他们是社会中坚。所以开明书店从开办之日起就以青年为主要对象。我们首先出版了一种刊物，先叫《一般》，后改称《中学生》。"② 这是立达学会中章锡琛的朋友们，夏丏尊、丰子恺、朱自清、朱光潜等人，为开明书店捧场来了。

立达学会来源于夏丏尊、匡互生等人创立的中学——"立达学园"。"立达"二字，出自《论语》"己欲立而立人，己欲达而达人"。"立达学园"主张"自由是教育的必要条件，因为立达是主张个性发展教育的"。在"立达学园"的基础上，夏丏尊、匡互生又联络一帮志同道合者，如丰子恺、叶圣陶、朱光潜、章锡琛等57人，成立了立达学会。立达学会在1925年6月创办只出了一期的《立达》季刊，发表了《立达学会会约》，足以表明该会是一个什么样的组织：

一、本会以修养人格，研究学术，发展教育，改造社会为宗旨。

二、凡品格纯洁，信仰本会宗旨者，经会员三人介绍及全体会员三分之二同意，得为本会会员。

三、本会兴办以下事业：（1）学校（2）丛书及定期刊物（3）各种学术研究会。

---

① 周国伟：《略述鲁迅与书局（店）的关系》，《出版史料》1987年第2期。
② 朱光潜：《回忆上海立达学园和开明书店》，《出版史料》第4辑，1985年12月。

四、本会会员义务如下：（1）直接供职于本会所办之事业（2）规划本会发展事宜（3）以经济或其他方法援助本会。

五、本会会员互选八人为常务委员，任期三年，得连选连任。委员会推举一人为主席，任期一年，亦得连任。

六、本会每年举行常会二次（在八月及二月），临时会由主席随时召集。

1925年前后，还是一个军阀混战、国家民族命运前途未明的年代，一帮手中既无枪杆也无金钱的文化人，聚集在一起成立的立达学会，却志存高远地以"修养人格，研究学术，发展教育，改造社会"为宗旨，不能不让人看到黑暗中的一丝亮色。而章锡琛就是这个立达学会中的会员。立达学会出了一期《立达》之后，于1926年9月5日创办《一般》，由夏丏尊主编、丰子恺负责装帧设计。办了杂志，自然要印刷和发行。身为立达学会会员的章锡琛，此时已经有了一家出版机构——开明书店，所以《一般》交由开明书店印行，顺理成章。

和商务印书馆由印刷起家，中华书局以教科书起家不同，章锡琛的开明书店由办杂志起家。而且此后，杂志一直是开明书店出版物中的一个重要门类。"开明书店出版的第一个刊物是《新女性》月刊，它把《妇女杂志》的读者全拉了过来。……《一般》是开明书店的第二个刊物。"[1]

那么，立达学会为何将自己的同人刊物名称由《立达》改为《一般》？在《一般》的发刊词中，夏丏尊们说得明白："就叫做一般……

---

[1]　施蛰存：《缅怀开明》，载中国出版工作者协会编：《我与开明》，中国青年出版社1985年版，第63—64页。

我们无甚特别，只是一般的人，这杂志又是预备给一般人看的，所说的也只是一般的话罢了。"[①] 同年 9 月 4 日的《申报》刊登了《一般》杂志创办的消息，介绍了《一般》杂志宗旨及其诞生号内容："立达学会夏丏尊编辑之《一般》杂志，归宝山路宝山里开明书店发行，其第一期诞生号已于近日出版，内容极为精美丰富，有夏丏尊、叶圣陶、孙福熙创作小说及范寿康、刘叔琴、刘薰宇、匡互生诸人论文，其中书报评林一栏尤为该志唯一特色。对于新出之书籍杂志，均有极详细之批评介绍。该志发刊宣言，自称对于各种主义，都用平心比较研究，给一般人作指导，救济思想界混沌的现状，介绍学术，努力于学术的生活化，用清新的问题力避平板的陈套，替杂志界开个新面，询堪无愧。"[②] 当然，以上内容是开明书店在《申报》刊登的广告，属于自卖自夸。

《一般》杂志到底如何，还可以找到一个第三方评价。《语丝》在 1926 年 10 月 16 日的第 101 期中如此评价《一般》杂志："这杂志有三个好处：第一，是能批示青年生活的迷路；第二，是能安慰青年生活的寂寞；第三，是文笔篇篇有一种特别的风趣，使人百读不厌……如圣陶的《遗腹子》，丏尊的《长闲》，沈本权的《学生杂志批评》，都是极深刻而有价值的文章。"当然，《一般》杂志内容办得好，和章锡琛关系不大。但章锡琛和开明书店将《一般》杂志精心印制、尽力扩大发行，以便使更多读者发现、受益于它的优点，也算略有微功。

《一般》杂志从 1926 年 9 月到 1929 年 12 月，出版至第 9 卷第 4 期后停刊，共存在了三年多时间，出刊 9 卷，每卷 4 期，共 36 期。

① 《一般的诞生》（对话），《一般》1926 年第 1 期。
② 《申报》1926 年 9 月 4 日（申报本埠增刊）。

章克标对这本杂志很了解，曾撰文记录其艰辛历程：创办之初，"大家劲头十足，气象万千，但过了一年之后，就叫苦连天，说出了'开头是人拼命要办杂志，后来是杂志办得人要拼命'的妙语来。原因是人力物力不够。为《一般》写稿的，大都是立达学会会员，不取稿酬，当编辑也是义务的。由开明发行后，书店方面每月付100元给编辑方包干。杂志发行数不大，稿源也枯窘，而编辑又竭力要维持这本杂志的相当水平，的确困难重重"[1]。三年后，《一般》终于由于时代的发展，走到了停刊的尽头。

但在1926年，开明书店印行的《新女性》和《一般》，还正处于如日中天的状态，"这两份杂志好像两只轮盘，由它们的转动，开明书店，滚滚向前"[2]。

开明书店在1926年出版的第一本图书，未见当事人的准确记载。据《开明书店图书目录（1926—1952)》，在1926年开明书店出版了两本书：一本是夏丏尊、刘薰宇所著的《文章作法》，一本是顾颉刚编著的《古史辨》（第一册）。

从时间上看，《古史辨》（第一册）的出版时间是1926年6月。这是一本有着巨大影响并且形成了以顾颉刚为首的"古史辨派"（又称"疑古派"）的图书。但是，它并非是开明书店在1926年的第一本书。

《文章作法》则出版于1926年8月。这本作文法专著原来是夏丏尊讲课用的讲义稿，前五章是他在湖南第一师范和毛泽东共事时编的，第六章则是1922年他在春晖中学时编的。后来，刘薰宇在立达

---

[1]　陈福康、蒋山青编：《章克标文集》，上海社会科学院出版社2003年版，第536页。

[2]　陈福康、蒋山青编：《章克标文集》，上海社会科学院出版社2003年版，第536页。

学园教国文，想借用夏丏尊的讲稿，夏丏尊趁机请他修改完善。一年的教学实践后，刘薰宇也已将该讲义稿修改完毕。该讲义稿详细讲述了记事文、叙事文、说明文、议论文、小品文等各种文体的内涵、性质、条件及写作心诀，是一本不可多得的关于文章作法的好书。章锡琛就劝他们二人联合署名，将此书在刚刚开张的开明书店出版。于是，此书于1926年8月这个开明书店正式挂牌成立的时间里出版了。但是，据有关资料来看，《文章作法》仍然不是开明书店的第一本图书。

因为，夏丏尊的另一本书《爱的教育》，于1926年3月在开明书店出版。[①] 从出版时间来看，《爱的教育》才极有可能是开明书店的第一本图书。当然，此时的开明书店还没有挂牌，但章锡琛已经通过多年的老友夏丏尊，为新生的书店准备好了一本超级畅销书。换言之，《爱的教育》是开明书店开张后的当头炮，并且一炮打响、一炮而红。

《爱的教育》是19世纪意大利作家埃德蒙多·德·亚米契斯的代表作。《爱的教育》原名 Cuore，在意大利语中是"心"的意思。该书一出，即风靡意大利，到1904年已出到了不可思议的300版之多，其影响也逐渐传播到中国。该书最早的中译本是包天笑翻译的，名为《馨儿就学记》，1910年即由商务印书馆出版。但包天笑的版本为节译本。1923年夏季，夏丏尊决定利用课余时间，对照该书的英译本和日译本，将其翻译为中文全译本。

夏丏尊手上的英译本为《考莱——一个意大利小学生的日记》，日译本有两种，一种译为《真心》，一种译为《爱的学校》。夏丏尊斟

---

① 徐丽芳、吴永贵、孙强、陈幼华、汪涛：《中国百年畅销书》，陕西师范大学出版社2001年版，第186页。

酌再三，考虑到书中所叙述不仅限于学校，也涉及了社会和家庭，遂定书名为《爱的教育》。书名决定之后，夏丏尊即着手翻译，边译边在《东方杂志》上连载。在翻译过程中，朱自清、刘薰宇一直很关心进展，是这本书最早的读者。每期稿成，夏丏尊也分别请这二人阅读和校对。

《爱的教育》一书的内容，是通过一个意大利三年级小学生安利柯的日记，朴实无华地描写了小学生们的学习和生活，同时也表现了该国中下层人民的艰辛，反映了亲子之情、师生之情和爱国之情。

全书译完后，因受到各方面的关注和好评，商务印书馆遂将其印成单行本进行销售，但只印了 2000 本。当夏丏尊看到出版发售的广告，兴冲冲地跑到商务印书馆门市部去买，却看不到书。于是夏丏尊问店员，为什么报上已经见到了广告却买不到书？店员傲慢地说："我们这里的书可多哩，谁知道。"言下之意，我商务销售的图书千万种，《爱的教育》这本小书有没有卖的，无伤大雅。小店员不知道，他这么一句傲慢的话和店大欺客的态度，让商务得罪了一位作者，同时也失掉了一本超级畅销书。

夏丏尊受此冷遇，同时也知道了自己的书在商务不会受到重视，就开始琢磨如何与商务解除出版合同。直接提出解约恐怕商务不答应，于是夏丏尊提出出让著作权的要求，并故意把价格提高到每千字 20 元。商务果然不答应，于是双方商定，待此书初版卖完后，解除出版合同。《爱的教育》这本超级畅销书，由此花落开明书店。

章锡琛对此书高度重视，亲自校对全稿，还专门为《爱的教育》

撰写了《校毕赘言》，作广告宣传之用：

> 从前的古文批评家说："读诸葛亮《出师表》而不下泪者，非忠臣也；读李密《陈情表》而不下泪者，非孝子也。"……夏先生曾把这书流了泪三日夜读毕，翻译的时候也常常流泪，我知道这话是十分真确的。就是我在校对的时候，也流了不少次的泪；像夏先生这样感情丰富的人，他所流的泪当然要比我多。他说他的流泪是为了惭愧自己为父为师的态度。然而凡是和夏先生相接，受过夏先生的教育的人，没有一人不深深地受他的感动，而他自己还总觉得惭愧：像我这样不及夏先生的人，读了这书又该惭愧到什么地步呢？

开明书店对此书也是精心操作，请丰子恺绘制了封面和十幅插图，同时辅以相当力度的宣传，终于使得此书一炮而红，成为新文学以来最畅销的儿童文学译作，几乎成为所有高小和初中的教材或课外读物。1926 年 3 月，在开明书店正式挂牌成立之前，《爱的教育》由开明书店初版，十个月后就再版，两年半的时间里重印了五版，1935 年 11 月编入开明书店"世界少年文学丛刊"时已达 20 版之多。[1]"二年之内，重版五次"[2]，销量迅速达到数十万册，而且畅销几十年，"迄1949 年 3 月止，《爱的教育》已印到 30 版以上，成为开明书店的'吃饭书'之一。"夏丏尊曾说："我靠《爱的教育》吃饭。"就连鲁迅都

---

① 徐丽芳、吴永贵、孙强、陈幼华、汪涛：《中国百年畅销书》，陕西师范大学出版社 2001 年版，第 187 页。

② 盛巽昌：《〈爱的教育〉的几种版本》，《出版史料》第 4 辑，1985 年 12 月。

曾在 1936 年对夏丏尊开玩笑说:"这本书卖得好,你可是当财神老爷了。"①

创业之初的开明书店和章锡琛,一开张就能碰上夏丏尊这样好的作者和《爱的教育》这样的超级畅销书,不能不说有那么一点运气。在开明书店内部,像《爱的教育》这样的畅销书,又被称为"吃饭书",意思是这些书是开明书店真正赚钱的书,开明书店靠这些书吃饭。

当然,《爱的教育》的畅销,对于 1926 年 9—12 月的开明书店,经济效益还体现得不明显。而据目前资料,开业初期的开明书店,经营状况到底如何也不得而知。但至少可以确认的一点是,开明书店开局还算顺利。具体表现在:

在编辑方面,章锡琛以个人的魅力和诚意,联络了文学研究会、妇女研究会、立达学会甚至包括老东家商务印书馆在内的一批作者,同时也招聘了一批具有较高编校水平的专业编辑人员,初步具备了出版机构的核心竞争力,在部分领域如妇女问题研究等形成了内容资源相对优势的地位。在印刷方面,章锡琛"对于书商粗制滥造、唯利是图的作风深恶痛绝,因此,从《新女性》创刊,先生在书刊编印上就力求提高质量,举凡编审、校对、印刷、装订,以至纸张选用、封面装帧等,都十分考究。特别是要求书刊中尽力做到消灭错字,有的书已经印好,因发现了一个错字,也要返工重印"②。章锡琛这样的严格要求,后来形成了开明书店的一脉相承的优良传统,以致印制精美竟成

---

① 王利民:《平屋主人——夏丏尊传》,浙江人民出版社 2005 年版,第 134 页。
② 章士敫:《章锡琛先生传略》,载中国出版工作者协会编:《我与开明》,中国青年出版社 1985 年版,第 173 页。

了开明书店出版物的重要特征之一。在发行方面，由于开明书店在创办时只是"专印朋友里面比较好一点的书"①，比如"妇女问题研究会丛书"或"文学周刊社丛书"等。这些图书，本来就自有销路，再加上开明书店1926年在宝山路宝山里60号，1927年在望平街165号，直到1932年在福州路，一步步地通过自办发行门店，扩大了自己的发行能力。

总之，1926年的开明书店，在"章老板"的带领下，在编辑、印刷、发行方面都打下了很好的基础，开局顺利。

### （三）中国正直知识分子的大无畏壮举

1927年4月12日，就在开明书店所在的上海宝山路，章锡琛亲眼目睹了国民党反动派发动的震惊中外的四一二反革命政变场面，看到了工人纠察队、普通居民群众被反动派军队殴打、屠杀的惨状，"禁不住愤火中烧，对共产党抱深切的同情"②。4月13日，章锡琛抱着义愤在报上发表"青天白日满地红，白日青天杀劳工"的打油诗。4月14日，章锡琛与胡愈之、郑振铎、周予同、吴觉农、李石岑、冯次行联名写信向国民党提出抗议，并在15日的上海《商报》上公开发表，率先向社会揭露事实真相，被周恩来誉为"中国正直知识分子的大无畏壮举"。此信全文如下：

① 章锡琛：《从商人到商人》，《中学生》1931年第11期。
② 章锡琛：《历史思想自传》，未刊稿。转引自章士敭、章士敫、章士文：《章锡琛略传》，载出版史料编辑部编：《章锡琛先生诞辰一百周年纪念文集》，1990年10月，第221页。

子民、稚晖、石曾先生：

自北伐军攻克江浙，上海市民方自庆幸得从奉鲁土匪军队下解放，不图昨日闸北，竟演空前之屠杀惨剧。受三民主义洗礼之军队，竟向徒手群众开枪轰击，伤毙至百余人。三一八案之段祺瑞卫队，无此横暴，五卅案之英国刽子手，无此凶残，而我神圣之革命军人，乃竟忍心出之！此次事变，报纸记载，因有所顾忌，语焉不详。弟等寓居闸北，目击其事，敢为先生等述之。

四月十三日午后一时半闸北青云路市民大会散会后，群众排队游行，经由宝山路。当时群众秩序极佳，且杂有妇女童工。工会纠察队于先一日解除武装，足证是日并未携有武器。群众行至鸿兴路口，正欲前进至虬江路，即被鸿兴路口二十六军第二师司令部门前卫兵拦住去路。正在此时，司令部守兵即开放步枪，嗣又用机关枪向密集宝山路之群众，瞄准扫射，历时约十五六分钟，枪弹当有五六百发。群众因大队拥挤，不及退避，伤毙甚众。宝山路一带百余丈之马路，立时变为血海。群众所持青天白日旗，遍染鲜血，弃置满地。据兵士自述，游行群众倒毙路上者五六十人，而兵士则无一伤亡。事后兵士又闯入对面义品里居户，捕得青布短衣之工人，即在路旁枪毙。

以上为昨日午后弟等在宝山路所目睹之实况。弟等愿以人格保证无一字之虚妄。弟等尤愿证明，群众在当时并无袭击司令部之意，军队开枪绝非必要。国民革命军为人民之军队，为民族解放自由而奋斗，在吾国革命史上，已有光荣之地位，今乃演此灭绝人道之暴行，实为吾人始料之所不及，革命可以不讲，主义可以不问，若并正义人道而不顾，如此次闸北之屠杀惨剧，则凡一切三民主义、共产主义、无政府主义甚或帝国主义之信徒，皆当为之痛心。先生等以主持正义人道，负一时物望，且又为上海政治分会委员，负上海治安之最高责任，对于日前闸北军队所演成之恐怖状态，当不能超然置之。弟等以为对于此次四一三惨案，目前应有下列之措置：

（1）国民革命军最高军事当局应立即交出对于此次暴行直接负责之官长兵士，组织人民审判委员会加以裁判。

（2）当局应保证以后不向徒手群众开枪，并不干涉集会游行。

（3）在中国国民党统辖下之武装革命同志，应立即宣告不与屠杀民众之军队合作。

党国大计，纷纭万端，非弟等所愿过问，惟目睹此率兽食人之惨剧，则万难苟安缄默。弟等诚不忍见闸北数十万居民于遭李宝章、毕庶澄残杀之余，复在青天白日旗下，遭革命军队之屠戮，望先生等鉴而谅之，涕泣陈词，顺祝革命成功！

郑振铎　冯次行　章锡琛　胡愈之

周予同　吴觉农　李石岑　同启

四月十四日

章锡琛在此信中列名第三，而这封信的执笔者是胡愈之。亲历者吴觉农回忆证实了这一点："4月14日，由愈之执笔。"[①]叶至善的回

---

① 吴觉农：《怀念老友章锡琛》，《出版史料》1988 年第 1 期。

忆则多了一些当时的细节："国民党反动派发动了'四·一二'事变。那一天，胡愈之先生正好在开明书店跟朋友们闲谈，听到枪声出门去看，宝山路上已经尸横遍地，淌满鲜血。胡先生气愤之极，折回开明书店，和朋友们写了一封信给国民党的中央委员蔡元培、李石曾、吴稚晖，抗议当局制造事端，屠杀工人和群众。在这封信上签名的，全是开明书店的同人和朋友。"①

无论抗议信由谁执笔，章锡琛等人敢在那样一个尸横遍地、血雨腥风的时刻，没有"苟安缄默"，而是以书面署名的方式，公开地对当时尚处于屠刀之下的中国共产党人表示同情，向国民党提出抗议，勇气可嘉，无怪乎周恩来称章锡琛等为"中国正直知识分子"。

在此期间，章锡琛还尽己所能，为革命青年提供保护。据夏衍回忆："那是在'四·一二'事件之后不久，杨虎、陈群在上海杀人如麻的时候"，夏衍走投无路之际，向章锡琛求助，"可是完全出于我的意外，锡琛、丏尊先生丝毫没有芥蒂，爽快地决定要我给开明书店译书"，"特别使我难忘的是几天之后，锡琛先生又对我说，现在的稿费微薄，单靠译书是不能养家糊口的，我介绍你到立达学园去教书，我已经和匡互生先生说好了。"②

从上述夏衍的回忆中可以看到，此时的"丏尊先生"已经俨然是开明书店的一员，参与开明书店的有关决定了。夏衍的回忆是准确的，正是在这前后，章锡琛邀请夏丏尊正式进入开明书店，从事编辑工作。

其实，对于章锡琛而言，前期与夏丏尊合作印行《一般》、出版

① 叶至善：《胡愈之先生和开明书店》，《出版史料》第6辑，1986年12月。
② 夏衍：《怀念章锡琛先生》，《出版史料》1988年第1期。

《爱的教育》的最大收获，不在于扩大了开明书店的影响，也不在于收获了多少经济利益，而在于通过这些合作进一步密切了与夏丏尊的工作联系和个人友谊，最终正式邀请他进入开明书店并就任书店总编辑，从而为开明书店收获了这样一位灵魂人物。开明书店老职工欧阳文彬指出过这一点：《一般》"这个刊物可说是《中学生》的前身，也可说是夏先生从办学校转向办刊物的转折点"[①]。而夏丏尊此后办刊物，全部是在开明书店办的。

夏丏尊是开明书店前期的灵魂人物，也是开明书店史上值得大书特书的中心人物之一。夏丏尊（1886—1946），名铸，字勉旃，号闷庵，别号丏尊，浙江上虞人。我国著名文学家、教育家、出版家。早年曾入上海中西书院、绍兴府学堂学习。1902年中秀才，1905年赴日本留学，1907年辍学回国，开始其教书和编辑生涯。1908年应聘任浙江两级师范通译助教，曾与鲁迅等人一起参加反对尊孔复古的"木瓜之役"，在浙一师积极支持校长经亨颐提倡新文化，被誉为"四大金刚"之一。"一师风潮"后离开一师，先后在湖南第一师范、春晖中学任教，曾在湖南第一师范与毛泽东同志共事。1946年病逝于上海。夏丏尊人生的最后一个工作岗位，就是开明书店的总编辑，任职长达19年。

夏丏尊在这一年还向章锡琛引见了一位终生挚友——弘一法师。弘一法师（1880—1942）就是大名鼎鼎的李叔同，我国著名音乐家、美术教育家、书法家、戏剧活动家，中国话剧的开拓者之一。他曾在日本留学，回国后担任过教师、编辑等职，于1918年39岁时剃度为

---

① 欧阳文彬：《文苑梦忆》，学林出版社1999年版，第105页。

僧，法名演音，号弘一，后被人尊称为弘一法师。1929 年 2 月，在夏丏尊介绍下，弘一法师的《护生画集》第一集由上海开明书店出版。书中 50 幅护生画皆由大师配诗并题写，大师在跋中曰："我依画意，为白话诗；意在导俗，不尚文词。普愿众生，承斯功德；同发菩提，往生乐国。"并云："盖以艺术作方便，人道主义为宗趣。"同时，夏丏尊还将所藏大师在俗时所临各种碑帖由开明书店出版，名为《李息翁临古法书》。为了出版这些图书，弘一法师曾亲到开明书店，并留下了下面这段美好的记忆：

> 弘一法师到上海，有时会住在章锡琛家里。一天黄昏后，弘一睡觉了，而夏丏尊和章锡琛却在厢房里偷偷吃螃蟹，他们互相警告："嚼轻些，不要给法师听见了！"后来大家每在一起持蟹饮酒时，夏、章两先生常常提起，引为笑话。①

在夏丏尊之前，开明书店的总编辑是赵景深。1927 年夏天，施蛰存和戴望舒一起去开明书店送译稿，见到了赵景深在开明书店的工作状态：他们找到上海闸北宝山路宝山里一幢半西式的屋子，见到门口挂着一块小招牌："开明书店"。两人推门进去，却看不出是一个书店的样子。"一位青年来接待我们。互相请教了尊姓大名，从此定下了一辈子的友谊。原来这位青年就是赵景深。他当时是开明书店的编辑，专管审阅文稿，也兼做校对工作。"②1927 年秋，章锡琛正式聘

---

① 王利民：《平屋主人——夏丏尊传》，浙江人民出版社 2005 年版，第 238 页。

② 施蛰存：《缅怀开明》，载中国出版工作者协会编：《我与开明》，中国青年出版社 1985 年版，第 64 页。

请赵景深为开明书店第一任总编辑。由于赵景深与鲁迅的文学交往很深,通过赵景深,当然也通过周建人,章锡琛与鲁迅的交往在这一年频繁起来。鲁迅就分别在这一年的 10 月 12 日和 10 月 18 日的日记里写道:"访章锡琛,遇赵景深、夏丏尊","夜章雪村招饮于共乐春,同席江绍原及其夫人、樊仲云、赵景深、叶圣陶、胡愈之及三弟、广平"。①

这年 9 月,开明书店发行所迁往望平街 165 号。也就是在这一年,尚处于草创时期的章锡琛,借鉴商务印书馆的成功经验,开始着手建设开明书店的内部图书馆:"在创办开明书店后,立刻在有限的资金中,拨出专款作为购买图书资料之用。"② 年底,赵景深因别有怀抱辞去了开明书店总编辑的职务。

1927 年的开明书店,年度出版图书达 100 多种。这个数据的统计口径可能不确,可能包括同一时期出版的杂志。因为据《开明书店图书目录(1926—1952)》统计,1927 年仅出版图书 5 种:分别是《山中杂记》(郑振铎著)、《鸽与轻梦》(席涤尘、赵宋庆合译)、《法国名家小说集》(徐蔚南译)、《西洋美术史》(丰子恺著)、《子恺漫画》(丰子恺画)。假定算上同期出版的杂志,前说的年度出版图书 100 多种为确的话,那么根据《民国时期总书目》统计,商务印书馆、中华书局、世界书局在 1927 年三家共出版图书 1323 种,全国出版界共出版图书 2035 种。换句话说,刚刚诞生一年多的开明书店,其 1927 年出版图书品种,已可约占商务印书馆等三家的 7.6%,全国总量的 4.9%。开明书店在成立的第二年,就已开始步入发展正轨。

---

① 《鲁迅全集》第 11 卷,人民文学出版社 2005 年版,第 674—675 页。
② 王久安:《回忆王伯祥和开明书店图书馆及其他》,《出版史料》2011 年第 4 期。

### （四）夏丏尊确立开明书店出版方针

1928 年初，在章锡琛的邀请下，夏丏尊成为开明书店第二任总编辑，同时也是在开明书店史上第一位产生重大影响的总编辑。因为，他第一个明确提出了开明书店的出版方针：以青少年学生读物为出版重点。此后，开明书店的经营工作即按此次第展开，比如《中学生》的创刊、开明版教科书的出版等等，一直到开明书店的招牌摘下，从未改变过。夏丏尊本人，也因为这一出版方针而成为开明书店的灵魂人物，被誉为"从事编辑工作的教育家"[①]。

这一出版方针的制定，对于开明书店有着非比寻常的意义。首先，这一方针适应了开明书店的经济实力。开明书店经济实力较弱，不适合在所有出版门类全面出击，否则轻则资金捉襟见肘，重则资金链断裂。这在当时出版业是有先例的。商务印书馆在创业初就曾极度缺少流动资金，"起初一二年中接到生意，最感困难的事，是临时添办材料……（商务）没有现钱由余担保。……又得各方之信用，经济逐渐宽裕"[②]；亚东图书馆的汪孟邹也曾被流动资金短缺压得喘不过气来。日记中常有"社务乏款，焦急之至"、"暂借到五百元，真正可感"、"芜款未到，焦灼万分"之类的记载[③]；中华书局则表现得更加严重，"开支均现款，财产增加均非现款，故结果财产日增，现款

---

① 叶至善：《从事编辑工作的教育家》，《出版史料》总第 7 期。

② 高凤池：《本馆创业史》，载《商务印书馆九十五年》，商务印书馆 1992 年版，第 3—4 页。

③ 王余光、吴永贵、阮阳：《中国新图书出版业的文化贡献》，武汉大学出版社 1998 年版，第 110 页。

日少"[1]。在此情况下，中华书局在编辑环节，"编辑进行太骤，现存各稿非二三年不能出完，稿费不下十万。"创刊 8 种杂志后，又因财力不够而停刊 7 种，仅剩《中华教育界》。在印刷环节，1916 年底的中华书局华文制版印书规模，仅亚于商务印务馆。[2] 在发行环节，中华书局在 1916 年的分店已增至 40 处，遍及全国各地。种种因素叠加，终于酿成中华书局史上被陆费逵称之为"绝大之恐慌"[3] 的"民六危机"，几乎破产。经济实力相对薄弱很多的开明书店，在创办初期，就制定明确的出版方针，确定自己的目标读者和细分市场，更有利于集中力量，重拳出击，从而避免了摊子铺得过大、战线拉得太长的破产陷阱。

其次，这一方针发挥了开明书店在作者和编辑方面的天然优势。章锡琛本人办过学校、教过书，在青少年学生读物方面驾轻就熟。而其所在的立达学会，原本就根基于"立达学园"这样一所中学。其中以夏丏尊为代表的会员们，或亲身参与开明书店工作，或边执教边帮助开明书店。对于这些会员们而言，为了加强对自己学生即青少年学生的教育，为学生们准备更好的更具针对性的读物，他们既有思考，也有实践。至于后来由商务印书馆转到开明书店工作的叶圣陶、周予同、王伯祥、宋云彬、郭绍虞、顾均正等，几乎都有过早年在小学、中学或大学执教，后转入出版机构编写教材教辅的相同经历，这些人出入活跃于教育、出版两界，既能写，又能编，对于贯彻开明书店"青少年学生读物为出版重点"的方针俨然如虎添翼。所以说，夏丏

---

① 钱炳寰：《中华书局大事纪要》，中华书局 2002 年版，第 34 页。
② 钱炳寰：《中华书局大事纪要》，中华书局 2002 年版，第 27 页。
③ 陆费逵：《中华书局二十年之回顾》，《中华书局图书月刊》1931 年第 1 期。

尊"以青少年学生读物为出版重点"的方针，迎合和放大了开明书店在作者和编辑方面的天然优势，奠定了开明书店形成市场竞争优势，进而独立成为大书店的基础。

第三，也是最为重要的一点，这一方针契合中国教育在当年的实际情况，契合当年的市场实际。统计数据表明，到1930年，全国中等学生数为515000人左右，中等教育普及程度约为每万人口11人，约1‰强。相比较而言，高等教育普及程度约为每万人口0.9人，不足0.1‰。[1] 可见，在20世纪二三十年代，中国教育的现状是，中等教育的学生数量规模超过高等教育10倍以上，而且中等教育的发展速度也大大高于高等教育。这一现状，为夏丏尊为开明书店制定的出版方针，提供了广阔的市场。

于是，在以"青少年学生读物为出版重点"方针指引下，开明书店开始涉足中小学教科书出版。这也是夏丏尊影响开明书店发展历程的重大决策之一。没有进军中小学教科书出版市场这一决策，开明书店不太可能进入大书店行列。因为无论后来的"五大"、"六大"还是"七大"，都是官方根据当时这些书局在全国教科书市场上的份额来排名的。而出版中小学教科书能够为出版机构带来丰厚的利润，也是行业共识。开明书店就是依靠这些中小学教科书的畅销，积累了足够的经济实力。据《民国时期总书目·中小学教科书》统计，自1926—1949年，开明书店共出版中小学教科书117种，占开明书店总出书量1500余种的9%左右。[2] 开明书店的中小学教科书虽然品种不多，但其所占总营业额的比例却非常之大，"据1949年统计，教科书的营

---

① 国民政府教育部：《第一次中国教育年鉴》，开明书店1934年版。
② 魏本貌：《开明书店与教科书出版》，《山东图书馆学刊》2009年第4期。

业额占全部营业额的 62%，所以只要春销或秋销一季的营业，就可坐吃半年"①。可见，中小学教科书后来也成为开明书店的"吃饭书"。而开明书店最初进入中小学教科书市场，是在 1928 年左右，由夏丏尊和章锡琛共同决策的。

文学图书方面，开明书店在这一年初版了朱自清的散文集《背影》，新中国成立后进入中小学教材的、脍炙人口、传诵一时的散文名篇《背影》和《荷塘月色》均出自此集。此书初版之后，又陆续印行了十余版，亦成开明书店的畅销书之一。

1928 年 7 月，为了进一步加强产品宣传，开明书店还创刊了一个业务宣传月刊——《开明》。创刊这个刊物的目的，是为了加强图书宣传，同时加强与读者的交流。因为开明书店每出版一本新书，都会附一张给读者的"调查表"，征求读者对书籍的批评和意见。而读者们的反映也很踊跃，寄回的调查表为数甚多，同时还寄来很多很好的读后感。开明书店为了答谢读者，就不定期地印刷单张的《开明》，发表这些文字。后来干脆扩大为 32 开本，用小五号字及六号字印刷的，每期可容纳五六万字的月刊。新中国成立初期曾主持上海图书发行公司后任上海新华书店副经理、在工作经历上与开明书店并无多少瓜葛的毕青，对于这份《开明》有一个第三方评价："看过去的开明书店怎样编这种业务性刊物的。现在的出版社不出这类业务性宣传刊物，有，也是千篇一律，一张单页的书目广告，看了使人生厌。"②

《开明》作为一份业务宣传刊物，能够办得不使人生厌，主要还在于内容和形式的创新。在内容上，只用约 1/3 的版面刊登开明版图

---

① 王知伊：《开明书店纪事》，书海出版社 1991 年版，第 100 页。
② 王知伊：《开明书店纪事》，书海出版社 1991 年版，第 171 页。

书广告，而 2/3 的版面，则刊登以下几个方面的内容：一是刊登学术性很强的有分量的大家论文，如丰子恺的《艺术的亲和力》、钱钟书的《中国诗与中国画》、孙福熙的《艺术的态度》；二是刊登人物评传或作者自述，如郑振铎的《耿济之先生传》、朱光潜的《记朱佩弦先生》、赵景深的《我写诗的经过》；三是刊登大量的书评，不仅评介推荐开明书店的本版书，还介绍、批评其他出版社的外版图书，如吴晗的《读〈二千年间〉》、叶圣陶的《读〈石榴树〉》；四是刊登有关出版业的信息知识，比如《从写稿到出书》、《世界各国出版图书统计表》、《书价贵贱审别法》等；五是刊登读者对开明版图书从内容到形式各方面的意见，其中有些还是相当火辣的意见。

《开明》在开明书店的同人们口中，"习惯于称之为'小《开明》'"①。早期的编者是索非一个人，出了 38 期之后，于 1932 年淞沪战争爆发后停刊；1947 年由徐调孚主持复刊，欧阳文彬协助编辑。

### （五）开明三大教本

开明书店决定进军国内教科书市场时，市场上有商务印书馆、中华书局和世界书局三大巨头。开明书店要从中分一杯羹，绝非易事。但开明书店有自己的优势，即虽然在教科书的数量和规模上无法和那些大书局竞争，但可以"质"取胜。所以开明书店出版的教科书，虽然种数不多，却有着特色鲜明、质量优异的竞争优势。有着"开明三大教本"之称的《开明活页文选》、《开明英文读本》、《开明算学教本》

---

① 欧阳文彬：《广告中的学问》，载中国出版工作者协会编：《我与开明》，中国青年出版社 1985 年版，第 274 页。

就是这其中的代表之作。而第一本教科书，就是被誉为"章锡琛先生的一个创举"①的《开明活页文选》。

《开明活页文选》的出版策划，来自于章锡琛自身的教学实践。他自己当过国文教师，知道在当时国文教学实践中，大量的国文教师由于对已出版的国语教科书不满意，往往仅仅从中选用三五篇进行教学，不足部分则自己另行选定，由学校用钢版蜡纸刻写，油印成讲义再分发给学生。但是，刻写油印费时费力，油印的讲义模糊不清，往往又多错字脱句。对于学生也增加了负担，因为他们要承担国文教科书和油印讲义的双重费用。

此书最初的缘起，据章锡珊回忆："开始在 1927 年，上海有几位在大学教语文的朋友，嫌讲授的油印讲义太坏，抄写又多错误，希望开明书店替他们排印，认为各学校都有此需要，不妨多印点可以出卖。我们接受了这个建议，请他们选文章、分段、标点，我们担任校对。"②

章锡琛及时发现了这个商机。他从这一国文教学的实践出发，考虑出版一种"单篇文章独立成页，事先不进行统一装订，待每个学校的教师任意选购组装成册后再行装订"的国文教科书，以减轻学校、教师和学生在国文教学方面的负担，这就是《开明活页文选》。"到了1937 年抗日战争时期，已有两千篇选文，成为大中学校普遍采用的国文教材了。"古文类如龚自珍的《病梅馆记》，韩愈的《祭十二郎文》，

---

① 金韵锵：《〈开明活页文选〉和它"为读者"的业务思想》，载中国出版工作者协会编：《我与开明》，中国青年出版社 1985 年版，第 252 页。

② 章锡珊：《开明活页文选》，载王知伊著：《开明书店纪事》，书海出版社 1991 年版，第 207 页。

白居易的《长恨歌》等等，白话文有鲁迅的《呐喊》，朱自清的《背影》《桨声灯影里的秦淮河》等，还有议论文、记叙文、小说、诗歌，以及戏曲等各种文体，取材十分丰富，完全契合教学实际需要。

《开明活页文选》的出版，的确减轻了学校、教师和学生的负担，但这却是以增加出版机构的负担为前提的。其中特别是关于印刷和装订上的麻烦，竟成了章锡琛在不久以后自办一家印刷厂的动因。出版《开明活页文选》，出版机构所增加的主要负担有：

一是编辑上，古文类的各篇著作，都要划分段落和添加标点，为教师讲授、学生自学提供方便；二是校对上，力求校对仔细，不出差错，达到教材要求；三是印刷上，由于选文每篇另页，不相衔接，教师自然可以任意选购，取用自由，但为节约纸张成本，在印刷上又要尽量凑成印张，这是一件既要求技术又相对烦琐的工作；四是在发行上，当学校选购以后，要代为装订成册，同时配上封面、目录。再送去装订、包封面、切边，一般费时两三天才能交货；对于一时不拟装订成册的客户，还特地定做了一批布面的弹簧夹子，以方便读者使用。

后来，经过若干个学期之后，该书的发行人员与各个学校教师们的接触也多了，对于学校选用的篇目、范围都有了进一步的了解，于是又出版了分级和分类两种合装册，以便发行工作更为迅速。分级合装册分为甲、乙、丙、丁四种：甲级适用于初中一、二年级，乙级适用于初中二、三年级，丙级适用于高中一、二年级，丁级适用于高中二、三年级。分类合装册分古文选和语体文选两大类：古文选有论说文、记叙文、抒情文、文论、学术文；语体文选有论说文、小品文、小说、文艺论、学术文。

　　该书"是用报纸二十五开两面印的，因为文章长短不一，短篇的只占每页的一面，长篇的有二十页。每页售价为一厘，每百页只卖银元二角，比普通书价便宜，比油印讲义价廉物美，用一个铜元可以买一页"①，可见采取的是薄利多销的营销政策。在售后服务上，开明书店也力求完美："一位同学的活叶文选本缺少了一页，将原书寄到上海开明书店，要求补上一页。为时不久，开明不仅补上了一页，并重新装订了一本更美观的寄来。同时，还给这位同学一封信，表示歉意，并希望他以后多提意见，以便改进工作。"②

　　《开明活页文选》在课堂上的实际教学效果如何？作为当年学习过《开明活页文选》的学生，田世英回忆它是"活教材"，比当时"教育部"审定的教材好得多，对比得如此鲜明："我又想起了高中时代的一位语文老师。他对于当时采用的国文课本很有意见，但又不敢不采用，因为它是经过国民党教育部审查过的'法'定课本……'法'定的国文课本不到半年期就结束了。下半学期怎么办？他笑嘻嘻的对我们说：'我给你们编一本活教材，开明的教材。'……发下书来一看，原来是老师在开明书店印行的活叶文选中，选了二十多篇文章，由开明书店装订成册的。对外的名称是课外读物、补充教材，实际上是作为正式教材使用的。由于活叶文选的注释详细，段落分明，再加上老师的得意讲解，同学们都感到容易学，有兴趣，'活教材'确实比教

---

　　①　章锡珊：《开明活页文选》，载王知伊著：《开明书店纪事》，书海出版社 1991 年版，第 207 页。

　　②　田世英：《敬怀锡琛先生》，载出版史料编辑部编：《章锡琛先生诞辰一百周年纪念文集》，1990 年 10 月，第 69 页。

育部审定的课本教材好得多。如此进行了两个学年，我们那一班同学的语文成绩，显然比较同年级只讲课本教材的那一班进步的快。"①

《开明活页文选》是开明书店的又一本"吃饭书"、超级畅销书。出版以后，许多学校都来选购作为讲义或课本，"销路极好"。好到了什么程度？"那时候，开明栈房里专有一间楼屋，放置《活页文选》，同人戏呼之为'文选楼'。"②

《开明活页文选》的成功推出，坚定了章锡琛和开明书店进军教科书市场的信心。而章锡琛创意开发《开明活页文选》，并能将其打造成为开明书店的超级畅销书，再一次证明了本书第一章所述的这一结论：从事出版业的人，如果有一段教育业的一线任职经历，更有利于他们从事出版工作，更有利于他们策划切合教育实际的图书产品。

章锡琛的好运气还在继续。在《开明活页文选》之后推出的《开明英文读本》，又是一本"吃饭书"、超级畅销书，"几乎成了开明书店的命根"③，也是章锡琛从事出版工作的另一杰作。本来，对于英文教材的编辑，章锡琛原来打算邀请立达学园的英文教师方光焘编辑。"方光焘是最热心的吹鼓手，他自告奋勇要编《英语课本》。但是实际他担任了好几个学校的功课，没有多余的时间做这件工作的"④，结果迟迟没有动手。正在这时，1927年还在武汉政府当外交部秘书的林语堂，因武汉政府倒台寓居上海，他也有编纂中学英文教材的打算，

---

① 田世英：《敬怀锡琛先生》，载出版史料编辑部编：《章锡琛先生诞辰一百周年纪念文集》，1990年10月，第68页。

② 王知伊：《开明书店纪事》，书海出版社1991年版，第94页。

③ 宋云彬：《开明旧事——我所知道的开明书店》，载出版史料编辑部编：《章锡琛先生诞辰一百周年纪念文集》，1990年10月，第187页。

④ 章克标：《缅怀章锡琛先生》，《出版史料》1989年第2期。

于是委托孙伏园向出版界联系。孙伏园先找了北新书局，但北新书局因为林语堂需要每月预支 300 元版税作为生活费而拒绝。此路不通，孙伏园再找开明书店。章锡琛魄力却大，一口答应。开明书店在初创时期，资本不过 5000 元，每月营业额也仅四五万元，对于每月预支300 元版税这一要求，虽然当时开明书店内部不无异议，"听说为了这件事，锡琛的老弟还跟他闹过一场呢"[①]，但章锡琛却一口答应，足见章老板的眼光与魄力。至此，林语堂有了稳定的经济来源，就开始着手编辑工作。

在正式编纂之前，林语堂先做了一番铺垫工作：一是在上海的英文报纸《字林西报》每周发表文章，批评现行各家的英语教材，打压竞争对手，为将来自己编辑出版的英语教材扫清障碍。二是为了教材能够图文并茂，特与章锡琛商定，从自己的版税中分出百分之二给丰子恺，请丰子恺这样的大手笔绘制插图，助力装帧。以漫画融入英语教材，在当时也属首创。丰子恺的插图，运用白描手法，虽然数量不多，却如画龙点睛，其笔下的田野清新、稚子活泼，平添师生学习情趣，的确为这本教材增色不少。

在内容上，林语堂贯穿了自己独有的外语教学理念，并很好地将语法学习融入课文之中，使得《开明英文读本》实现了语法学习和英文读物的有机结合。《开明英文读本》共三册，内容和体裁都十分丰富，书信、对话、剧本、儿歌、民间故事等应有尽有。其中，对话、书信等可以供学生进行应用文体的操练；民间故事、儿歌等在激发学习兴趣的同时，可以让学生熟悉英语国家的生活场景，从而进一步了解语

---

① 宋云彬：《开明旧事——我所知道的开明书店》，载出版史料编辑部编：《章锡琛先生诞辰一百周年纪念文集》，1990 年 10 月，第 186 页。

言背后所承载的文化。林语堂早年先后在美国哈佛大学和德国莱比锡大学专修文学和语言学，多年的苦学使得他的英语纯正地道，教材内所编课文，短小精悍、选词精当，形成了自然而不粗糙、圆熟而不造作的语言风格，全无"中式英语"痕迹，读来令人感觉妙趣横生，兴致盎然。

《开明英文读本》出版前，市场上最畅销的是商务印书馆出版的、周越然编辑的《模范英文读本》。然而高质量的《开明英文读本》一出，"全国中学纷纷采用，把当时畅销的商务周越然编的《模范英文读本》压倒了"①，"几乎把原商务周编《模范英文读本》的市场蚕食殆尽了"②。郁达夫评价此书说："我觉得是看过及用过的各种教本中最完善的东西。"③《开明英文读本》对于当年的学生们帮助甚巨，许多后来颇有建树的学者、教授，谈及年少时的英语学习时，无不坦言受益于该书：北京外国语大学薄冰教授 20 世纪 40 年代在国立浙江大学外文系学习时，因久慕《开明英文读本》盛名，辗转托友人从上海购得一本，此后便时常翻阅、研读，到了晚年此书仍常伴其左右；上海外国语大学章振邦教授对《开明英文读本》记忆犹新，他说："我的英语学习在初中阶段取得很大的进步"，"当时用的是林语堂编写的《开明英文读本》。这部教材我认为是当时编得最好的，也是我从中得益最大的中学英语读本"。河南大学外语学院刘炳善教授在回忆自己的英语学习时说："林语堂编的《开明英文读本》，课文里采用《天方夜谭》

① 王知伊：《开明书店纪事》，书海出版社 1991 年版，第 100 页。
② 张沛：《开明书店教科书出版探析》，《福建师范大学福清分校学报》2011 年第 3 期。
③ 传新：《开明版的"吃饭书"》，《出版史料》2004 年第 4 期。

中的故事《渔夫和妖怪》,《希腊神话》(普罗米修斯,潘朵拉的盒子)以及安徒生童话《卖火柴的小女孩》,还配有丰子恺的插图。这本教材很能吸引我们的兴趣。书后还附有五十条 Synopsis of English Grammar, 简明扼要。我对英语语法的基本概念就是从这短短五十条打下基础的。"①

《开明英文读本》是开明书店最畅销的一本书,一直畅销了 20 多年,林语堂本人则由此致富,从开明书店所获得的版税收入就约有 30 万元之巨。

《开明算学教本》是章锡琛请立达学园的一线数学教师刘薰宇、周为群、章克标、仲光然等人编纂的一套数学教本,包括算术、代数、几何、三角四种。章克标作为当年《开明算学教本》的编者之一,回忆此事时说:"我同刘薰宇、周为群三个合编数学教本,三人分工合作,分头进行,因为要求迅速完成,我们不采取当时流行的混合编制方式,而仍旧照算术、代数、几何三门自成体系的老式方法。后来为了符合部颁课程标准的要有些简易三角知识,由仲光然兄编写了一本三角来给补充了,成了整套的中学数学教科书","出版的结果,我们的数学教科书,也能立得住脚……得到了许多人的赞同而有了销路"。② 这套教材由于延请一线教师编辑,教授科学、编辑新颖,也得到了相当多的学校采用,为开明书店教科书出版又增添了一个成功案例。

开明书店教科书之所以能够迅速地在市场上占有一席之地,其主要的秘诀就在于以质量取胜。开明书店在激烈的教科书市场竞争中,

---

① 赵艳宏:《林语堂先生编纂的英语教科书》,《出版史料》2012 年第 4 期。
② 章克标:《缅怀章锡琛先生》,《出版史料》1989 年第 2 期。

专注于质量而不是专注于营销手段，是由章锡琛本人的教科书竞争理念所决定的。章锡琛在商务印书馆，曾亲身亲历过商务印书馆与中华书局乃至世界书局的教科书营销手段，"除削减定价、加给贩卖商回佣外，更不择手段地联络学校校长、教员、事务员和教育行政官吏等作为重要的战术。"章锡琛在绍兴当过教员，商务印书馆就"要我代为拉拢当地视学……经过我的拉拢，聘他为绍兴县顾问，每月送薪十元，并送给他五股（每股一百元）股票。"作为商务印书馆的强劲对手，"中华方面当然也懂得这种手段，互相对垒，足见当时双方花费的资金大可惊人，赢利当然受到影响。"① 这还算是比较正当的竞争手段。不正当的竞争手段也有，比如世界书局的"分局经理为了大量推销，更比商务、中华不择手段。有的分局，对女教员赠送旗袍料、高跟皮鞋、丝袜；对男教员更进一步，假期里经常在大旅馆里包下房间，请他们日夜吃喝赌博，借给赌本，甚至叫妓女作乐。有的分局把教科书样本捆成一卷，送请各教育官吏、各校校长批评指教，包内却夹入银行礼券。"金钱美女一起上，这样的竞争手段，一是影响企业的赢利水平，二是超越了做企业甚至做人的底线，自然让身为正直知识分子的章锡琛所不齿。那开明书店的教科书拿什么去和商务印书馆、中华书局、世界书局竞争？

章锡琛的回答是：质量。他相信，总还会有不看重金钱美女而看重教材质量的校长和教师。竞争手段下作，章锡琛不屑去做；产品高质量，章锡琛却颇有心得。事实上，无论什么时代，以高质量的产品去赢得市场，都是企业竞争的不二法门，也是正道。而开明书店存在

---

① 章锡琛：《漫谈商务印书馆》，《出版史料》1989年第2期。

的 27 年间，共出版包括教科书在内的 1500 余种图书，均以高质量著称，"几乎找不到一本不够格的书来"①。高质量的出版物，也成为我们今天怀念章锡琛和开明书店的理由之一。

# 二、成立股份公司

## （一）章锡琛没有出任总经理

以《开明活页文选》、《开明英文读本》、《开明算学教本》为代表的"开明三大教本"出版，为刚刚成立不到两年的开明书店打开了局面。至此，章锡琛和他的一帮朋友们有理由相信，开明书店算是立住了，至少暂时是不会垮了。下一步应该考虑的是如何把开明书店做大做强的问题，即增资扩股，成立股份公司。

用章锡琛自己的话说，"便同几位朋友商量，改为股份有限公司，资本五万元。"于是在这年冬天，由夏丏尊、刘叔琴、杜海生、吴季候、丰子恺、夏贷均、胡仲持、吴仲盐共同发起，开始筹备将开明书店改为股份有限公司，开明书店的资本总额从最初的 5000 元增资到 5 万元。"不久居然溢额，我们把溢出来的数目，另外创办一所印刷公司"②，即同时筹建美成印刷所股份有限公司，定资金为 1 万元。

这时的章锡琛，显示出了办企业、做出版的能力和手段，尤其是

---

① 黄大岗：《我国第一个音乐出版社（下）——钱君匋和万叶书店》，《中央音乐学院学报》2007 年第 3 期。

② 章锡琛：《从商人到商人》，《中学生》1931 年第 11 期。

气魄较大、眼光长远。比如向林语堂每月预支 300 元版税这件事，有人就评价说："听说从前夏粹芳初搞商务的时候，资本很少，后来张菊老（张元济）为戊戌政变受牵连，避在上海，跟夏相识，夏就每月送三百元给张菊老，请他主持编译事务。你的魄力和眼光，倒跟夏粹芳一样大，一样远！"① 此言确有道理。

但出乎意料的是，在办企业、做出版方面渐入佳境的章锡琛，在自己一手创办的开明书店成立股份有限公司时，在众望所归的情况下，却并未就任总经理一职。其原因何在？

周振甫认为，这是因为章锡琛考虑到开明书店需要具备"调度经济能力"的人来掌舵："开明书店是章先生创办的，章先生自然是开明书店的总经理。不过书籍从排印出版到发行要经过一个相当的时期，这就需要经济调度，需要有能够调度经济能力的人来做这一工作。章先生曾请杜海生先生来担任这一工作，就把总经理的位置让给杜先生。杜先生走后，请范洗人先生来调度经济。"② 周振甫所谓的"调度经济能力"，应指筹集资金的能力。也就是说，章锡琛之所以先推荐杜海生后推荐范洗人担任开明书店的总经理，是认为自己缺乏商业经营能力特别是大额资金的筹集能力。但是，从杜、范二人此后担任总经理的实际效果来看，此说较为牵强。公认的结论是，开明书店 1926—1950 年的发展历程，"更多地依赖同人的支持，对融资持谨慎态度，方式比较单一"，开明书店在吸纳资金投资问题上"颇为谨慎，甚至略显保守"，"其主要资金来源为同人（不仅指开明书店的同事，

---

① 宋云彬：《开明旧事——我所知道的开明书店》，载出版史料编辑部编：《章锡琛先生诞辰一百周年纪念文集》，1990 年 10 月，第 187 页。

② 周振甫：《记章雪村先生的三件事》，《出版史料》1988 年第 2 期。

也包括那些与开明关系密切的文化界人士，如立达学会和文学研究会的部分成员）投资，对社会资金吸纳较少"。[①] 范洗人是 1934 年进入开明书店的，"范的主要职务是筹划'头寸'（资金），因范先生本是盐商，对于上海部分钱庄业较为熟悉"。然而，开明书店此后并未出现盐业或银行业的大额资金投入。

因此，开明书店"对社会资金吸纳较少"，充分说明章锡琛所期待于杜海生总经理或范洗人总经理的"调度经济能力"，这二位未能发挥，宋云彬就证明"范虽然有办法调点款子，但是不多"。[②] 否则，杜、范二人不管个人能力大小，一定也会采取像世界书局沈知方一样的融资手段，通过引入官僚资本、吸收社会各界投资甚至募集东南亚华侨资金等综合手段，使开明书店的资金总额增加。沈知方就是在上述一番操作之后，使世界书局在抗战前的资本总额达到了 73 万元之巨。对比世界书局，开明书店此后于 1930 年增资 5 万元，1931 年增资 10 万元，1933 年增资 5 万元，1936 年增资 5 万元，抗战前开明书店资本总额也就是 30 万元，不及前者的二分之一。

开明书店的资金总额不大，而且资金来源单一，证明杜海生、范洗人不是因为"调度经济能力"而当上开明书店总经理一职的。杜、范二人之所以能够担任此职，主要原因还在于章锡琛"功成不居的气度"。

著名出版史学者、武汉大学教授吴永贵先生指出："尽管章锡琛

---

① 刘积英、张新华：《同人书店与商人书局——从融资方式看开明书店与世界书局的发展》，《北京印刷学院学报》2000 年第 8 卷第 4 期。

② 宋云彬：《开明旧事——我所知道的开明书店》，载出版史料编辑部编：《章锡琛先生诞辰一百周年纪念文集》，1990 年 10 月，第 181 页。

是开明书店事实上的创办人，对于别人喊他老板，他也不峻拒，但在开明 27 年的历史中，他做第一把手经理的时间并不长"，真正计算起来，大致为初创时期 1926—1928 年两年多时间和股份公司时期 1934—1937 年不到四年的时间，合计不到六年。这在当时的民国出版机构中，是比较少有的特例。

夏瑞芳是商务印书馆的创办人。他从 1897 年创办商务起，到 1914 年 1 月 10 日遇刺身亡时止，一直是商务印书馆的总经理，任职约 17 年。陆费逵是中华书局的创办人。他从 1912 年创办中华起，一直到 1941 年 7 月 9 日病逝，除 1917 年因中华书局遭遇"民六危机"引咎短暂退职减薪以外，一直是中华书局的总经理，任职约 29 年。沈知方是世界书局的创始人。自 1917 年创办起，到 1934 年被逼退职止，沈知方也一直是世界书局的总经理，任职也有约 17 年。

造成这个特例，与章锡琛个人的性格和气质有关。"无论是在文章中还是在其他正式场合，章锡琛总是强调，他当初并不是有意要开办书店，而是由朋友们促成的"，正因为如此，章锡琛作为"一心做事业而又有一副平常心的人，自然就不会在乎职务之高低"。既然事业第一，职务自然不是他所关注的焦点，"他所关注的，是如何为开明引揽更多的人才，让他们各尽其能"。[1]当不当这个总经理，章锡琛并不在意。所以，章锡琛在 1929 年，为了表达尊师之意，更是为了报答杜海生当年把自己引入出版界的知遇之恩，推荐了杜担任开明书店总经理；在 1946 年，为了开明书店高层的团结，兼之为了尊重范

---

① 吴永贵：《章锡琛，可敬的精明与气度》，《光明日报》2006 年 12 月 20 日。

洗人在抗战八年中长期主持开明书店工作的客观事实，章锡琛又一次推荐了范担任总经理。

其实，章锡琛无论是否担任开明书店的总经理，始终都是开明书店的"老板"，始终是开明书店高层的核心人物之一。当然，章锡琛一直比较怕人叫他"章老板"。他说："人谓开店即是老板，可惜我'这版不是那板'，是为发展文化事业，不为牟利。我吸的是'老刀牌'香烟，又浓又辣，是黄包车夫吸的；抽屉里有白锡包，三炮台，是敬客的，谁看到过有这种穷老板。"① 以高档烟待客，以低档烟自用。这样的老板明显不太阔绰。

章锡琛既然没有担任开明书店的总经理，那他担任了什么职务呢？奇怪的是，对于这个问题出现了多种说法：

第一种说法是担任总务处长：曾任《申报》总经理并兼任过开明书店董事的马荫良说章锡琛是一个有自知之明的人，"1928年开明改组为股份有限公司之后……自己担任总务处长，甘愿打杂，为各部门服务而不干涉各部门的工作"②。密先所作的《章锡琛先生年表》中显示，"先生自任总务主任，从事出版事务，兼顾各方"③。章士敩的记忆中是"担任总务处长，专任出版事务工作，直到1934年，杜海生先生以年老体弱辞职，先生才被董事会推选为经理"④。

① 汪曼之：《励志创业，勉为完人——回忆章锡琛先生二三事》，载出版史料编辑部编：《章锡琛先生诞辰一百周年纪念文集》，1990年10月，第106—107页。
② 马荫良：《怀念雪村同志》，载出版史料编辑部编：《章锡琛先生诞辰一百周年纪念文集》，1990年10月，第50页。
③ 密先：《章锡琛先生年表》，载出版史料编辑部编：《章锡琛先生诞辰一百周年纪念文集》，1990年10月，第240页。
④ 章士敩：《章锡琛先生传略》，载宋应离、袁喜生、刘小敏编：《20世纪中国著名编辑出版家研究资料汇辑2》，河南大学出版社2005年版，第468页。

　　第二种说法是担任出版部主任：唐锡光回忆，"开明改成股份有限公司后章先生应该自任经理，但是他把经理的职位推荐给他的老师杜海生，自己仍作出版部主任"①。莫志恒于1931年八九月份考入开明书店工作，被分配到出版部工作："报到以后，就听说出版部主任雪村先生（那年他还不是经理）挑选、指定要我去他的部门工作"。②

　　第三种说法是担任协理，并有兼职：还是上述这位莫志恒，在1984年写就的一篇回忆文章《说说开明书店及其出版物的装潢艺术》中说："章锡琛为协理兼出版部主任"③。宋云彬记得："章锡琛自任协理"④。章锡琛老同事王伯祥的日记中记载："章锡琛任协理，章锡珊任营业处主任兼总务处主任"⑤。中华书局党委办公室的《章锡琛先生小传》中说："（1928年）开明书店改为股份有限公司，他先后被推选为协理、经理、常务董事，1949年7月辞职"⑥。汪家熔指出："章锡琛虽独立创业，对出版工作又素有经验，人都称他为'老板'，但不在不得已，实在无人时，他不当经理和编辑部长，总是请更合适的人担任。除开始和他弟弟章锡珊合营不计外，刚开始发展，就请杜海生担任经

<hr>

① 唐锡光：《我所知道的雪村先生》，《出版史料》1989年第3、4期。
② 莫志恒：《章锡琛老师是我做出版工作的带路人》，载出版史料编辑部编：《章锡琛先生诞辰一百周年纪念文集》，1990年10月，第77页。
③ 莫志恒：《说说开明书店及其出版物的装潢艺术》，载中国出版工作者协会编：《我与开明》，中国青年出版社1985年版，第236页。
④ 宋云彬：《开明旧事——我所知道的开明书店》，载出版史料编辑部编：《章锡琛先生诞辰一百周年纪念文集》，1990年10月，第180页。
⑤ 《王伯祥日记》1934年10月13日，转引自载商金林撰著：《叶圣陶年谱长编》第1卷，人民教育出版社2004年版，第532页。
⑥ 中华书局党委办公室特稿：《章锡琛先生小传》，《出版史料》1989年第1期。

理，章任协理"①。此时的章锡琛，应该还有推广部工作的兼职："当时的开明书店设有专门的推广部，最初的推广工作就是由章锡琛亲自担任的。作为'老板'的章锡琛对广告宣传相关制度的制定和落实是很值得后人借鉴的。"② 可见，章锡琛既是"老板"，又负责推广工作。

而章锡琛自己的回忆并没有明确说自己的职务："书店里各董事公举杜海生先生做经理，把出版和推广部分的事情，派我担任，印刷所的事务，也由我管理；编辑的事务，从前归我担任的，改公司之后，却另请了夏丏尊做编辑主任。"③

客观分析，按照第一种说法和第二种说法，如果章锡琛只是担任总务处长或出版部主任这样的相当于开明书店中层管理岗位的职务，则无法解释章锡琛在其后开明书店的发展历程中所发挥的主导作用。名不正则言不顺，一位中层管理人员，显然是无法影响开明书店董事会和高管层的经营决策的。而居于中层管理岗位，在事实上又发挥着经营管理的主导作用，显然也不合常理。所以，第三种说法较为符合实际，章锡琛只有担任类似"协理"这样相当于"副经理"的高管职位，才有可能进入开明书店高管层，才有可能在开明书店继续发挥主导作用。因此，章锡琛此时的职务，应是属于开明书店高层的"协理"，其分管的工作，就是章锡琛自己所说"出版和推广部分的事情，派我担任，印刷所的事务，也由我管理"。至于当时章锡琛是否明确兼职"总务处长"、"出版部主任"、"推广部主任"，暂时存疑。

---

① 汪家熔：《旧时出版社成功诸因素——史料杂录（之二）》，《出版发行研究》1994年第4期。

② 范军：《章锡琛的书刊广告艺术》，《中国编辑》2008年第4期。

③ 章锡琛：《从商人到商人》，《中学生》1931年第11期。

1929 年 3 月 1 日，开明书店股份有限公司正式成立，其高层管理人员的阵容如下：

邵力子任董事长，杜海生任总经理，章锡琛任协理，夏丏尊任编译所长，章锡珊任发行所长。

邵力子出任董事长，有绍兴同乡的情分。邵力子（1882—1967），中国近代著名政治家、教育家。早年加入同盟会，并与柳亚子发起组织南社，提倡革新文学。1921 年曾加入中国共产党，一直主张国共合作，后曾任国民党中宣部部长。1949 年国民党政府拒绝签订和平协定后，脱离国民党政府。新中国成立后，留驻大陆，任多届全国人大常委、政协常委，民革常委。不仅仅是同乡，章锡琛与邵力子二人早有交集：还是在章锡琛编辑《妇女杂志》时期，出于对章锡琛才华的欣赏，邵力子邀请他为《时事新报》编辑过《现代妇女》旬刊，为《民国日报》编辑过《妇女周报》副刊。同乡，又是朋友，邵力子当然不好拒绝章锡琛的邀请了。

邵力子从 1928 年开始担任开明书店的董事长，一直持续到 1953 年开明书店公私合营为止，董事长职务一任就是 25 年，任职时间甚至超过了章锡琛，是开明书店任职时间最长的高管。而且，邵力子在开明书店投入资金较多，持股不少，到 1948 年为 1331100 股。2012 年 8 月 1 日，江苏省吴江市档案馆征集到一张邵力子于 1948 年 5 月 24 日签署的《开明书店股份有限公司合立转股单》。内容为转让人邵仲辉（即邵力子）将自己所持有的开明书店 1331100 股份（计国币 2662.2 万元），自愿转让给自己的孙子邵美成。[1] 这 1331100 股，无论

---

① 范红明：《邵力子"开明书店转股单"现身吴江》，《兰台世界》2012 年第 25 期。

是逐渐增持，还是一次性购买，至少说明邵力子对开明书店投入资金较多。

章锡琛能邀请到邵力子担任董事长，所得到的并不仅仅是经济上的好处，关键还在于政治上的好处，尤其是在国民党统治时期。开明书店在国民党统治时期，既要生存，又不想投靠国民党，于是想出了请邵力子当董事长的高招。章锡琛等人也知道邵力子"在国民党内左右不了那些权势者"，但是仍然可以借助他的影响，"起保护色的作用"。叶圣陶记得"有时候遇到了麻烦，夏丏尊就赶到南京去找邵先生"。[①] 吴觉农指出：邵力子"对开明书店在经济上有过一定支持，在政治上也有所借力于他……遇到一些麻烦，锡琛和开明的其他负责人多次找邵老以解决一些麻烦。锡琛同我谈起过这方面的事，表示'有恃无恐'"[②]。

开明书店有了麻烦，就找邵董事长。大的麻烦，自然是开明书店的一种或几种图书被国民党当局所查禁，需要邵力子出面疏通，争取开禁或尽量减少损失。小的麻烦，比如搞点资金、弄套房子等等，不一而足。开明书店南京分店经理钟达轩就清楚地记得这样两件事，是由邵力子出面解决的：

一是邵力子为开明书店筹集周转资金。"当时总管理处为了向银行借款事，曾要求邵先生出面去信给上海银行界某知名人士。我拿了总管理处代邵写好的信请邵先生签名盖章，他在信上加了'既承厚爱，特赐成全'八个字。后来就借到了一笔款项。由于当时恶性通货

---

① 叶圣陶：《邵力子先生和开明书店》，载中国出版工作者协会编：《我与开明》，中国青年出版社1985年版，第106页。

② 吴觉农：《怀念老友章锡琛》，《出版史料》1988年第1期。

膨胀，这笔款项到偿还的时候已经不值什么钱了，这对开明自然是很有利的。"

二是邵力子为开明书店台湾分店解决办公场所。"总管理处准备在台湾开设开明分店，要在台北市闹市区买几间街面房屋，一时无法落实。命我到邵先生处请其致函给台湾省主席陈仪，要求帮助解决。后来就在台湾中山北路买进店屋一幢，设店营业。"①

事实上，直到新中国成立后，邵力子都还在为开明书店的事而亲力亲为、多方奔走。他这个董事长当得称职。

### （二）创办美成印刷所

美成印刷所，是开明书店的特约印刷所。所谓"特约"，就是美成印刷所基本上只接开明书店的印刷订单，相当于开明书店直接办的印刷厂。但是，美成印刷所与开明书店是两家不同的公司，美成印刷所并不属于开明书店的编制范围，开明书店只是派员参与管理，并不承担其经营管理责任。这在当时的出版机构中，也是比较特别的处理方式。

与开明书店不同，商务印书馆、中华书局都是自办印刷。商务印书馆的前身，就是一家印刷厂，其创办初期本身就以经营印刷业务为主，直到1901年张元济加入后，才逐步改变到以编辑出版为主。但是，印刷一直是其受到高度重视的主要业务之一，商务不断引进国外的先进印刷设备，甚至同时还具备自己制造石印机、铅印机和铸字机

---

① 钟达轩：《开明书店的经营方式和作风》，载中国出版工作者协会编：《我与开明》，中国青年出版社1985年版，第260页。

等多种印刷机械的能力。中华书局也在成立后不久就筹建自己的印刷所，对内印刷本版书刊，对外承接社会印件。到抗战前，中华书局已在上海、香港拥有三个印刷厂，职工两千余人，在印刷技术和设备上居于国内甚至东亚地区的领先地位。

自办印刷厂，好处多多，比如内部印件的质量、时间更有保障，比如稳定大宗的印刷订单可以带来丰厚利润等等。但自办印刷厂，自然也有其弊端。在经济上，要占用大量资金购买设备和纸张、支付人力成本，要承担盈亏风险，此非中小出版机构能力之所及；在人员上，由于印刷行业的劳动密集型特征，自办印刷厂的职工动辄上千人，在那样一个动荡的年代，极易发生罢工等事件，不仅直接造成经济损失，还可能要承担政治风险。比如商务印书馆在五卅运动之后的大罢工，参与职工约 4000 人，其中"印刷所三千余人"[1]。据《中华书局大事纪要（1912—1954）》粗略统计，中华书局的印刷所，就曾分别于 1917 年 3 月、1919 年 6 月、1925 年 6 月、1926 年 8 月、1927 年 3 月多次发生罢工事件，其中 1927 年还发生了印刷所职工被国民党枪击死难的流血事件。规模较大的印刷厂职工罢工，从管理方的角度看，着实令商务与中华的高管头痛不已，事实上也影响了两家在印刷业务方面的盈利能力。

不自办印刷厂，当然也有其问题。主要的问题就在于，出版机构对于印刷厂的控制力弱，无法保证本版图书的印制质量和工期。

章锡琛设计的美成印刷所，基本克服了"控制力弱"的问题。首先是加强了资本控制。美成印刷所的资本，来自于开明书店第一次

---

[1]　茅盾：《五卅运动与商务印书馆罢工——回忆录（七）》，《新文学史料》1980 年第 2 期。

招股的股东。"1928年开明第一次招股5万元，到1929年不但足额，而且已经超过。章锡琛征得部分股东的同意，将超额的资金另办了一家印刷厂，定名'美成'，由投资颇多的吴仲盐任经理，章锡琛兼任副经理，专门承接开明的印件。"[①] 如此一来，美成印刷所的股东一定同时也是开明书店的股东。所以，资本的制度设计决定了美成印刷所在重大经营决策上，其董事会乃至股东会都不太可能作出对开明书店不利的决策。其次是加强了日常控制。吴仲盐因为对美成印刷所投资最多，所以担任了经理，而他的另一个身份，则是章锡琛妻子吴耦庄的弟弟。即便已经如此，章锡琛和开明书店方面仍然不放心，再加上了一道保险，即章锡琛到美成印刷所担任副经理。股东是开明书店的自己人，经理、副经理也是自己人，如此的控制之下，美成印刷所虽然是另外一家独立的公司，但确已成为开明书店自己的印刷所。此后多年，两家公司亲密无间的合作实践，也证明了这一点。

这是章锡琛第一次任职于一家印刷厂。虽然他自从踏入出版界之日起，就与为数不少的大小印刷厂打过交道，但真正进入一家印刷厂参与具体印刷业务，这还是第一次。其实，章锡琛的一生中，几乎从事过出版业的每一项具体工作，参与过出版工作的每一个具体环节，负责过编辑、校对、印刷、装帧、发行、经营管理等等岗位，堪称出版界的全才。但是，如果要把章锡琛在出版业各方面的工作能力作一排序，依次应为印刷、编辑、经营管理、发行。

可见，章锡琛最擅长的，还是印刷。虽然他进入印刷厂工作的时间较晚，但他对于出版物的印刷还有过一些发明和创造："浇铸并

---

① 章士敫：《章锡琛与开明书店》，《出版史料》2003年第3期。

采用了对开、四开标点，使版面更加美观；首先要求纸商试制米色道林纸，后来成为常用的纸张；要求制造大尺寸报纸，创印大 32 开本，来代替印订困难的 25 开本书籍；试用铅版镀锌和锌版镀铜新工艺；设计硬纸面布脊平装，软布面精装等等装帧形式，并首先用缝纫机装订薄本书刊来代替容易生锈的铁丝装订等等。"①

章锡琛创制的对开、四开标点，被后人称之为"开明标点"，不仅可使版面美观，更重要的是，可以达到节约用纸、降低书刊成本的目的。在这方面，章锡琛等人还规定，除上引号、上括号外，标点不准出现在行首，只有一个字的不能占一行，只有一行的不准占一页等排版格式。这些格式，现在的出版业仍在遵循。

章锡琛创制的米色道林纸，又称"黄道林纸"。这是章锡琛出于出版物印刷的实际需要，对于当时所用的色泽较差的一种"次道林纸"的改造。他要求纸商在该纸的生产中加入颜料，改变其色泽，从而使得新生产出来的纸，不仅色泽美观，保护视力，而且质优价廉，成为新中国成立前各出版商竞相采用、风行一时的"黄道林纸"。

以上这些，虽然算不上什么了不起的伟大发明，但充分体现出章锡琛立足于出版物生产经营实际，为了提高书刊印制质量，为了节约人力物力，为了减轻读者负担而不断探索和创新的精神。

## （三）停刊《新女性》、《一般》，创刊《中学生》

1929 年 12 月，开明书店正式宣告停刊《新女性》。由章锡琛执

---

① 钟达轩：《题跋》，载出版史料编辑部编：《章锡琛先生诞辰一百周年纪念文集》，1990 年 10 月，第 341 页。

笔的废刊词将停刊原因说得很明确："废刊的原因是很单纯的，就是时代已经不需要我们了。"这是开明书店和章锡琛基于出版与时代关系的准确理解，而作出的判断。

《新女性》的停刊，对于开明书店和章锡琛，是一个意义重大的标志性事件。众所周知，开明书店和章锡琛均起家于《新女性》所代表、所阐述的妇女解放理论。而现在，妇女解放不再是时代的主流思潮，《新女性》的内容也不再为时代所需要。章锡琛敏锐地观察到了这一点，而且果断地进行了调整。这样的行为本身就需要勇气。

章锡琛对于《新女性》当然有着很深的感情。当他从商务印书馆被辞退而导致失业，除了几千元退职金以外一无所有时，迫切需要找到工作自谋生计。他本人一度打算回绍兴老家，靠教书和译文来度日。后来在朋友的帮助下，才创办起了《新女性》，进而创办开明书店，从此才有了一个固定的职业。章锡琛离开《妇女杂志》是被迫的；章锡琛停刊《新女性》却是主动的。这样的主动中，虽然有不舍，但却是企业经营中必要的扬弃，透露出章锡琛在经营开明书店把握时代脉搏并且与时俱进的经营作风。

无独有偶，《一般》也在这前后停刊。《一般》的停刊，与夏丏尊有很大的关系。夏丏尊在担任开明书店总编辑之后，实际上已无力去编辑《一般》了，虽也曾拜托刘叔琴、刘薰宇、方光焘、章克标等人帮忙编辑，但因对稿件的质量要求很高，撰稿人越来越少，外稿能入选的又不多，于是越办越感到吃力，最终酿成了"开头是人拼命要办杂志，后来是杂志办得人要拼命"的被动局面。更为重要的是，夏丏尊为开明书店确立了"以青少年学生读物为出版重点"的出版方针。这样一来，无论是《新女性》还是《一般》，都不再符合这个出版方针。

不仅时代已经不需要了，而且开明书店也不需要了。如此，这两个刊物只有停刊一途。

那么，章锡琛现在所在的这个时代和社会，需要什么刊物？

章锡琛和夏丏尊一起，以敏锐的眼光，发现了一个在全国总量达数十万的目标读者群体——中学生。在当时中国的局势和教育体制下，中学生这个群体在学校之外不能得到任何知识训练和职业训练，从学校出来后面临就业时，更是得不到任何指导和帮助。因此，有必要创刊这样一种刊物，一是为在校中学生提供知识上的补习，增加学识，开阔视野；二是为离校中学生提供就业上的帮助，提高职业技能；三是为所有中学生群体发表文章提供便利，以期发现文学、美术等方面的人才。

基于中学生群体以上三个方面的实际需求，章锡琛和开明书店认为：时代需要《中学生》，社会需要《中学生》。

1930年1月，《中学生》杂志正式创刊，为大32开综合性月刊，每年出10期，7、8月暑期休刊，每期约200页。总第6期以后的1月号（新年号）和6月号为内容更为丰富的特辑，约300页。

《中学生》杂志是为中学生服务的杂志，目标读者正如其刊名，是中学生群体，也就是夏丏尊在创刊号第一篇文章《你须知道自己》中所说"十三岁以上二十岁以下的志气旺盛的青年"。《中学生》的宗旨在于帮助青年学生，为青年学生提供平台，服务青年学生。这一点，在夏丏尊的《创刊辞》中说得清楚：

合数十万年龄悬殊趋向各异的男女青年于含混的"中学生"一名词之下，而除学校本身以外，未闻有人从旁关心于其近况与前途，一任其彷徨于纷叉的歧路，饥渴于寥廓的荒原，这不可谓国内的一件怪事和憾事了。

我们是有感于此而奋起。原借本刊对全国数十万的中学生诸君，有所贡献。本志的使命是：替中学生诸君补校的不足；供给多方面的趣味与知识；指导前途；解答疑问；且作便利的发表机关。

为贯彻以上宗旨，《中学生》先后开设了以下主要栏目：

1.文章病院：范文修改，目的是要提高中学生的写作技术。

2.问题讨论会：和中学生就自身相关的问题作专题讨论。

3.文艺竞赛会：发表中学生的文艺作品。

4.美术竞赛会：发表中学生的美术作品。

5.世界情报：刊登国际时事消息。

6.气象学讲话：发表科普文章。

7.书籍介绍：推荐、介绍书籍。

《中学生》杂志从创刊号到第 11 号，署名的编辑者为丰子恺、夏丏尊、章锡琛、顾均正。叶圣陶于《中学生》第 12 号从商务印书馆加入开明书店，此后署名的编辑者为夏丏尊、章锡琛、叶圣陶、顾均正等。

在开明书店旗下，《中学生》共经历了以下三个发展阶段：

第一个阶段（1930 年 1 月—1937 年 8 月）：这一阶段，《中学生》共出 76 期。直到 1937 年 8 月 13 日"八一三"日寇轰炸上海，正在排印中的本应在 9 月初出版的第 77 期《中学生》被毁停刊。这一阶段，是《中学生》编辑出版发行最为正常、平稳发展的时期，其后来的声誉和影响也主要来自于这一时期。

第二个阶段（1939 年 5 月—1946 年 2 月）：停刊 22 个月后，《中学生》于 1939 年 5 月，在叶圣陶、胡愈之、傅彬然、宋云彬、丰子恺等的努力下，复刊于桂林。为了适应战时需要，《中学生》封面加印"战时半月刊"，16 开本，每期 32 页。1944 年 7 月，日军逼近桂林，《中学生》迁往重庆。

第三个阶段（1946 年 2 月—1949 年 9 月）：抗战胜利，《中学生》随重庆开明书店总店迁往上海出版。

《中学生》从 1930 年 1 月创刊，到 1930 年第 4 期时，订户已突增至 8228 份。不到一年，总份数就达到两三万以上，短时间就超越了商务印书馆的老牌刊物《学生杂志》。《中学生》出版以后，成为"中学国文课的最理想的课外辅导读物"[1]，"被社会公认为青年的良师益友"[2]。直到五六十年后，当年作为《中学生》普通读者的孙源还记得，1930 年才 20 来岁的他，是"如何欣喜若狂地从同学手中看到它的创刊号，如何急急忙忙赶到四马路去订阅一份的情景"[3]。开创中国现代历史地理学的侯仁之院士当年在通州中学读书，为了到北京城内购买一本《中学生》杂志，花了星期日一天的时间，来回走了百来里地而丝毫不觉得辛苦。[4]诺贝尔物理学奖获得者杨振宁在 1995 年 7 月 22 日的《文汇报》上回忆道："当时有一本杂志，叫《中学生》，每个月厚厚一本，我每期都看。从文学、历史、社会到自然科学，都有些

---

① 李杏保、顾黄初：《中国现代语文教育史》，四川教育出版社 2000 年版，第 159 页。
② 林治金：《著名语文教育家评介》，青岛出版社 2001 年版，第 60 页。
③ 孙源：《怀念一个真正的出版家》，载出版史料编辑部编：《章锡琛先生诞辰一百周年纪念文集》，1990 年 10 月，第 86 页。
④ 王利民：《平屋主人——夏丏尊传》，浙江人民出版社 2005 年版，第 180 页。

文章，我记得特别清楚的，是有一篇文章，讲排列与组合。我第一次接触到排列与组合概念，就是在这本杂志上。"①

鉴于《中学生》如此受到读者欢迎，所以在新中国成立后，从第216期开始，与北平的《进步青年》合并改为《进步青年》，并加印"原名《中学生》"五个字，在上海出版。1952年恢复原名。1964年秋，毛泽东同志为《中学生》题写了刊名。1966年到1979年停刊。1980年1月恢复出版，现由团中央主管、中国少年儿童新闻出版总社出版。对于这样一个断断续续办了半个多世纪的大刊名刊，在多篇提及其历史的文章中，却多写有该刊为夏丏尊、叶圣陶创办，未见一笔提及章锡琛的名字。所以，当今天的中学生们拿到散发着油墨香的一本本最新的《中学生》时，少有人能知道这是一本创办于半个多世纪以前的、几代出版人在漫天战火和颠沛流离中用生命延续的杂志；更少有人会知道，1930年章锡琛在创办这个杂志时，从他那厚厚如酒瓶底的近视眼镜后面射出的目光中，饱含着对这个国家一代又一代中学生们的殷切希望和深深热爱。

其实，夏丏尊固然是《中学生》的创办人之一，叶圣陶在杂志创办时仍在商务印书馆任职，并未参与创办，而章锡琛作为当时开明书店的主要负责人之一，却实实在在是《中学生》的主要创办人，夏丏尊只能算是次要创办人。换句话说，没有章锡琛和开明书店出资，何来资金创办《中学生》杂志？好在，杂志比人长寿，杂志甚至比创办它的开明书店还要长寿。只要《中学生》杂志仍然在办，仍然在为读者服务，想来章锡琛即使泉下有知，也会觉得于愿足矣，而以他之豁

---

① 蔡东彩：《办刊育人的光辉楷模——论开明版〈中学生〉杂志的先进性》，《新闻爱好者》2007年第1期。

达大度，不会介意是否提及个人吧。

如此受读者欢迎的一本《中学生》杂志，应该让章锡琛和开明书店财源滚滚了吧？20世纪30年代左翼文学评论家贺玉波曾向夏丏尊问及《中学生》的盈利问题，夏丏尊实话实说："办杂志哪能赚钱？《中学生》印刷纸张成本要一角三分，外加发行邮费，刚刚相等于定价一角五分。编辑费和稿费完全要亏本，每年需一万元。所以，中学生多销一份，书店方面便多亏损一份杂志的本钱。"[①] 也就是说，开明书店办《中学生》是亏本的。

章锡琛办书店、做出版，向来以精明著称。那他和夏丏尊为什么明知《中学生》亏损，还要坚持把杂志办下去？一言以概之，就是读者需要。鲁迅在分析当时出版界的现状时曾论及："在唯利是图的社会里，多几个呆子是好的。"章锡琛和夏丏尊在明知办《中学生》亏本的情况下，仍然为了读者需要而把杂志办下去，而且越办越好，正是鲁迅所说的"几个呆子"之一。

和《中学生》一样，开明书店出版《辞通》，也是章锡琛这个"呆子"干过的一件比较大的"呆事"。之所以是"呆事"，是当时的出版界对于《辞通》的出版均不看好，章锡琛自己也说："此书看来是要亏本的"，但是他决定"即使亏本也要出"。

《辞通》，取《汉书·东方朔传》"以管窥天，以蠡测海"之意，初名《蠡测编》，后两次改名为《读书通》、《新读书通》，至正式出版时命名《辞通》。朱起凤编著，共24卷300万字。《辞通》是一部解释古书中异体同义词语的辞典，其最大的特点是每一组词语之后几乎

---

① 贺玉波：《夏丏尊访问记》，载陈信元编：《夏丏尊代表作》，兰亭书店1986年版，第198页。

都加有按语，以声韵为枢纽，指出文字异同之间的关系。何者为假借字，何者为声近义通字，何者为同声通用，何者为形误，何者为别体，有时还刊正旧注的误解。

朱起凤之所以起意编著《辞通》，源于他自己闹的一个笑话：光绪二十一年（1895），朱起凤任海宁安澜书院教师。在一次阅改学生的课卷时，他把学生卷中"首施两端"错认为笔误，改批为："当作首鼠"。卷子发下后，众生大哗，讥笑说："《后汉书》都没有读过，怎能批阅文章！"原来"首施"、"首鼠"两个词是可以通假的。前者见于《后汉书·西羌传》，后者见于《史记》。朱起凤遭受到这样的奚落，深感学业上的不足，从此发愤，潜心于训诂学的研究。从1896年开始，朱起凤便广泛阅读古籍，收集其中的通假词和词组，记入读书笔记中。经过长期不懈的努力，直到1918年左右才完成全书300万字的编写工作。

编著《辞通》，需要在大量的经、史、子、集等典籍中查阅，仅仅依靠朱起凤一个人的手工劳动，搜集有通假现象的词，并一一地进行考订、辨析，工程是非常艰巨的。朱起凤总共花费了三十个春秋，在没有一个助手的情况下独立完成了这部《辞通》。这在我国辞书编纂史上是极其罕见的。朱起凤的治学态度是严谨的，在浩如瀚海的古书中，从搜集资料到研究、抄录，往往是"一字之征，博及万卷"。他对一些沿讹已久的词，不厌其烦地考订、校正，对一些解释含糊的词，经过他的类比辨析，获得明确含义。有些词一时委决不下的，就把它写在小纸条上贴起来，以供时时考核、审订，把书斋内的墙上、窗户上都贴满了，甚至在火车上也没有停止过编写。他就这样三十年如一日地工作着，终于完成了这部巨著。

编著完成，接下来就是出版问题。作者于 1918 年开始联系出版事宜，直到 12 年后的 1930 年，该书才得以出版，可见此书出版之难。一是难在 300 万字的大部头，需要投入的编校力量巨大，拉高编校成本，二是难在此书古字太多，均需重刻铜模，印刷成本也由此推高。所以众多出版商明知其学术价值很高，但出于经济考虑，都望而却步。该书的出版历程，先后经历了长达 12 年共计 9 次的波折。

第一次：1918 年，作者朱起凤先找了商务印书馆。商务印书馆拒绝的理由很独特，因为不是考虑成本问题：商务的编译所长高凤谦因为该馆的《辞源》刚刚出版三年，而且正在着手编写《辞源续编》。此时如果再出版《辞通》，恐怕会影响《辞源》及《辞源续编》的销路。

第二次：再找中华书局。中华书局的陆费逵倒是有意出版此书，但考虑到经济成本高，打算采取影印出版的办法来降低成本。但用晒图纸试印数页之后，发现原稿的笔画太细，影印不太清晰，不能达到出版要求。于是，中华书局就此作罢。

第三次：再找文明书局。文明书局经理李子泉愿意购买版权，但是其提出的稿酬过低，仅仅 1800 元。

第四次：八年之后的 1926 年，作者朱起凤的儿子吴文祺趁任职于商务印书馆之机，再度携稿至馆，并委托郑振铎介绍给时任编译所长的王云五。然而王云五当时正热衷于他的"四百万"计划（四角号码检字法、《百科全书》、"万有文库"）。他拿到稿子后，不到一小时即将原稿退回，显然连翻阅一下都没空。

第五次：1928 年，吴文祺委托胡适再次向商务印书馆王云五介绍，又遭婉言谢绝。

第六次：同年，胡适再将此稿介绍至中央研究院历史语言研究所，所长傅斯年表示可以先购稿本。但未来何时出版，要看经费的情况。双方又未谈妥。

第七次：同年冬天，经国学讲习会许啸天介绍给群学社。但是群学社没有印刷厂，又付不起重建古字铜模的成本，迁延到1929年夏季，双方解约。

第八次：1930年，吴文祺委托徐志摩再次向中华书局推荐。这次是舒新城，他对此稿颇感兴趣，但仍然沿着12年前陆费逵的思路，希望通过影印来降低成本。于是舒新城致函徐志摩，要求作者将原稿笔画加粗，然后再予以影印出版。于是再度作罢。

第九次：同时，委托朱宇苍介绍给丁福保的医学书局，未果。

第十次：开明书店职工宋云彬是作者朱起凤的门生，他和徐调孚一起，终于将此稿介绍给了开明书店。其实，章锡琛一开始也非常犹豫，和夏丏尊商量再三。促使章锡琛没有过多考虑成本问题而下定决心出版此书，主要是这样两个考虑：一是他周围的同事和朋友一致看好。如刘大白等人读稿之后，认为如此巨著，不应任其埋没，而王伯祥、叶圣陶、周予同、郑振铎等均极力赞成。这些人属于章锡琛的核心朋友圈子，章锡琛一贯尊重他们的意见；二是当时商务印书馆有《辞源》，中华书局有《辞海》，开明书店在这方面还没有什么拿得出手的大部头巨著。出版《辞通》，正好弥补开明书店这一不足。因为在章锡琛心中，一直有让开明书店跻身大书局，与商务、中华相比肩的理想。拿什么来与商务、中华比肩？自然是有价值的图书产品，《辞源》正是这样的图书产品。

于是，"呆子"章锡琛决定，冒着亏本的风险，用千字二元的稿酬，全书共6000元买下书稿，并定名《辞通》，聘请宋云彬主持编辑，由周振甫、卢芷芬协助，正式进入编辑出版流程，尽快出版此书。

宋云彬曾在海宁米业学堂受教于朱起凤先生，是其得意门生之一，由他来主持编辑此书，可谓得人。作者原书本分72卷，宋云彬将其重新厘定为24卷，并调整了很多条目次序。宋云彬编辑此书，投入了很大的精力，既一丝不苟、精编精校，又充分尊重作者意见。正如他自己后来在《辞通·跋》中所说："每遇疑难，辄商之先生，三四年，往返函牍，亦既盈尺。"

此书经过三年的编辑校对方得出版，时论认为是"中国出版界的一件大事"。夏丏尊评价说："写本稍出，士林交誉。"章太炎称赞《辞通》填补了语言文字学的空白，"朱公之书，方以类聚，辨物当名，其度越《韵府》，奚翅什佰"。胡适认为"朱先生是一个有方法、有创见的学者，他著此书，不仅仅给了我们一部连语辞典而已，同时又给了我们许多训诂学方法的教材。这是此书的最大功用"。钱玄同指出："前代关于语言文字学的著作，创见最多的不过是黄扶孟（生）的《字诂》与《义府》、方密之（以智）的《通雅》、王石臞（念孙）的《广雅疏证》、朱允倩（骏声）的《说文通训定声》数书而已。朱先生的《辞通》，创见之多不亚于他们，或且过之。"弘一法师欣然为此书题写了书名，且主动写了"智慧如海"四字横幅赠送作者。

更加出乎意料的是，此书在获得巨大社会效益的同时，在经济效益上，章锡琛也是"呆子"有"呆福"：正式出版前，开明书店发出的一万张预约券，居然在两个月内售罄，于是又加印了数万张，仍然供不应求。[①] 一本预期要亏本的大书，居然赚钱了！

---

① 吴文祺：《〈辞通〉与开明书店》，载中国出版工作者协会编：《我与开明》，中国青年出版社1985年版，第215页。

特别值得一提的是，章锡琛还亲自为《辞通》设计了封面："《辞通》的精装封面也是他自己设计的：几根粗线条，两个隶体字，充皮硬纸面，又包角——这种设计具有实用性，使读者久翻不会破角，合乎工具书的装帧要求。"①

连《辞通》这样的高风险图书都能赚钱时的开明书店，正处于蒸蒸日上的上升时期。截至 1930 年 6 月，开明书店资本额达 30 万元，职工人数达 240 人。此时，我国出版业资本额达到 10 万元以上的只有 10 家，职工人数达 200 人以上的只有 6 家。② 仅就数据来看，开明书店仅用短短的 4 年时间，已跻身于当时中国出版业的第一方阵。

开明书店内部，也是一派团结合作的景象。老职工汪曼之回忆说："当时职员是供伙制，七人一桌，四荤两素一汤，碗又大又深，盛得满满，厨司是绍兴带来的先生同乡，手艺很高，初一十五加白鸡、白鸭，一壶酒；过年过节整桌席，天天像上馆子。"③

这一年，已经 41 岁的章锡琛有了最小的儿子——章士敬。只是遗憾，此子未得永年，于 1933 年因肺炎不治而夭亡。

这时的章锡琛，办公桌上长年累月堆着稿子，他都要一一抽空审阅，不过这个工作，一般是晚上做。白天则忙于接待众多的来客，有同业，有送稿和借稿费者，亦有因退稿而问责者，当然还有朋友如丰子恺、郁达夫、夏衍、茅盾、叶圣陶、周建人、顾颉刚等的来访。从早到晚，川流不息。到了晚间，章锡琛就一支烟、一杯茶相伴，开始

---

① 莫志恒：《章锡琛老师是我做出版工作的带路人》，载出版史料编辑部编：《章锡琛先生诞辰一百周年纪念文集》，1990 年 10 月，第 79 页。

② 《民国时期的我国出版业统计》（民国十九年六月统计），《出版史料》1987 年第 4 期。

③ 汪曼之：《励志创业，勉为完人——回忆章锡琛先生二三事》，载出版史料编辑部编：《章锡琛先生诞辰一百周年纪念文集》，1990 年 10 月，第 107 页。

独自审稿到深夜。他是高度近视，看稿时鼻尖几乎要碰到纸面，近视眼镜宛如瓶底。如此审稿，可见辛苦。同事们次晨来上班，总能见到他的桌上烟蒂一缸，淡茶半杯。而规定要轮流打扫的办公室，早就被章锡琛打扫得干干净净。

章锡琛睡得晚，起得早，但有午睡习惯，自己常说："我饭吃三顿，午睡一觉，文思不竭。"已是货真价实"章老板"的他，自奉甚简，家中吃饭多是一碗绍兴黄酒、半碟花生。章锡琛由于不讲究营养，一直很瘦，加之穿着也不大修边幅，显得有点未老先衰。

### （四）与世界书局打官司

1930 年，开明书店成立后的第一个官司，找上门来。引起官司的原因是，林语堂为开明书店编写的畅销教材、"命根"、"吃饭书"——《开明英文读本》被世界书局《标准英语读本》侵犯著作权。

世界书局的《标准英语读本》，是其老板沈知方邀请林汉达编写的。林汉达（1900—1972），浙江宁波人。1924 年从之江大学毕业，在宁波四明中学任教，1928 年才进入世界书局任编辑，后任世界书局英文编辑部主任、出版部主任。沈知方一直眼热开明书店《开明英文读本》的畅销，早想分一杯羹。林汉达名牌大学毕业，专业对口，又有从事教师的经历。在沈知方看来，正是编写英语教材的恰当人选。

1930 年 2 月，林汉达所编《标准英语读本》正式推出。为扩大宣传，世界书局在多家大报打出广告，称自己的教材"采取直接教授法，注重表演，学习者既循自然，又有兴味"。另外"取材精审，体裁活泼，生字平均，成语丰富，文法简易，会话自然，语音准确，插图新颖"等等，尽力宣传自己教材的优点。

竞争对手突然出现，开明书店自然极为重视，马上派人买来研究。这一研究，就发现问题了：林语堂认为，世界书局的《标准英语读本》，不仅形式上与《开明英文读本》相同，而且一些课文都是直接从《开明英文读本》抄袭的，其他的类似和雷同处也不少。属于明显的侵犯著作权行为。

当然，林语堂主要是另一番担心：《标准英语读本》模仿自己的《开明英文读本》如此之像，必然也会畅销，必然会抢占自己已有的市场份额，从而影响个人的版税收入。因此，必须迅速出手，将其打压下去。

林语堂与章锡琛商量后，便将《标准英语读本》中的抄袭、雷同处一一列出，致函世界书局，希望立即停止出版，并在对有问题的地方进行改编后再行出版。岂知将这本教材从内容到形式都编写得与开明书店的版本相像，以坐收跟风、搭船之利，正是世界书局的竞争策略之一，怎能修改？所以世界书局对开明书店的来函，根本不予理会。

致函不理，开明书店只好进一步升级，让本店的法律顾问袁希濂起草律师函，诉诸法律手段。沈知方接到律师函，仍然觉得是小事情。于是将此律师函交给林汉达，让他想办法妥善处理。林汉达是年刚刚30岁，大学毕业才仅仅六年，一个初出茅庐的年轻小伙子，面对法律官司，能有什么办法？于是向自己的顶头上司、世界书局编辑所长范云六求助。范云六为林汉达写了一封介绍信，希望他能与老板章锡琛谈谈解决方法。因范章二人曾在商务印书馆同事，有些交情，介绍信就写得较为直接："贵处营业非常发展，甚佩甚佩。兹启者，鄙局出版'标准英语'，闻与贵处出版'开明英语'有相似之嫌疑，刻由鄙处原编辑人员林汉达君来声明一切，希望免除误会……"

林汉达求见章锡琛之后，豁达大度的章锡琛本有和解之意，但还要看林语堂的态度，于是请林汉达直接找林语堂当面协商。林汉达两次登门拜访林语堂，但却没有见到面。无奈之下，林汉达只好于7月29日，留下一张名片，并在背后略微转述自己的意思："语堂先生，今为和平解决英语读本，讨教如何修改，以便答复三条办法，请于下午四时半在府上一叙，望勿外出。"第三次，二林终于见面之后，林语堂才将自己的意见一一向林汉达提出。事实上，林语堂的意见较为苛刻，如按此执行，《标准英语读本》就不必出版了。世界书局见协商不成，便想以拖的法子，试图将此事拖延过去。在对开明书店律师函的回复中，世界书局只承认第三册有一首诗是从林语堂所编教材中直接摘取，其他部分则系"不谋而合"、"智者所见略同"。总之，还是打算敷衍了事。

开明书店对于世界书局的"拖"字诀心知肚明，也很恼火，施压手段进一步升级，将世界书局抄袭自己教材之事，捅到了报界，率先引燃了战火。世界书局当然也不甘示弱，也委托律师在报上刊登了对开明书店的"警告"："此据当事人世界书局声称，本书局出版之'标准英语读本'与开明书店出版之'英文读本'，完全不同，绝无抄袭情事……该书店……忽登报散布文字，淆惑听闻，公然毁损本书局名誉，实属有意妨碍本书局营业。除请贵律师等，代为依法救济外，并请登报警告该书店等语，委任前来为此代为登报警告……"于是，此事由私下协商转为公开骂战。

世界书局态度如此强硬，不但不对自己的侵权教材进行修订，反而强硬"警告"开明书店，事件进一步恶化：开明书店随即将世界书局编辑所长范云六致章锡琛的介绍函，林汉达致章锡琛的来函，林汉达留在林语堂名片后的文字等等，一一照相制版，以"世界书局承认《标准英语读本》抄袭《开明英文读本》之铁证"这样的显著标题，在多家大报的头版刊出。

至此，事情彻底闹大了。

世界书局以开明书店刊出的往来信件涉嫌"诽谤"为由，将开明书店告上了上海租界的特区地方法院。为打这场官司，世界书局下了大本钱，花了三千两银子的律师费，抢先一步请来了打赢官司的制胜武器——律师郑毓秀。

这位郑毓秀律师，就是前文第二章已提及的那位在 1919 年拿着"玫瑰枪"威胁外交总长陆征祥的女学生郑毓秀。她学成回国后，活跃于中华民国司法界。到 1928 年，郑毓秀已经是国民党立法委员、建设委员会委员，并负责为南京国民政府立法院起草民法。昔日手无寸铁的女留学生，而今成了呼风唤雨的司法一霸。所以，到 1930 年章锡琛与这位头上光环闪闪的女性大律师发生人生交集时，而且对方还是作为他打官司的对手，实在是毫无胜算。撇开郑毓秀与国民党高官如司法部长王宠惠的亲密私人关系不谈，就是双方打官司所依据的民法法条，就几乎是郑毓秀主持编写的。

事实上，当时上海的法官都不愿得罪这位大律师，凡是郑毓秀打的官司，不论是非曲直，不论合法非法，几乎场场胜诉。开明书店的官司，一开始也是如此。更要命的是，此案的主审法官周志明，曾是郑毓秀的学生。所以在 1932 年 11 月上旬的一天，案子第一次开审时，虽然开明书店的证据颇为有力，但法官周志明一开始就偏袒原告，致使代表开明书店出庭的袁希濂律师，几乎没有申辩的余地。每次开口没讲几句话，就被周志明以种种莫须有的理由叫停。周志明如此露骨地偏袒，被告方的袁希濂律师气得目瞪口呆，"甚至连旁听的社会人士和记者也觉得太过分了，以致台下两次嘘声四起，乱哄哄的嚷成一片"①。一审下来，袁希濂律师垂头丧气地回到开明书店，他把皮包往桌子上一扔，对章锡琛说："这案子没办法，办不了！毫无把握，请你另请高明！"

看来，这场官司开明书店要输了。

但章锡琛却另有绝地反击的高招。你有司法界的关系，我有教育界的路子。毕竟当时教科书的专业鉴定之权，还是在当时的教育部手里。只要教育部作出对开明书店有利的鉴定，法院就不得不采信这样的专业鉴定结论。因此，章锡琛的高招就是申请南京教育部的鉴定。他将两本教材的雷同、相似、抄袭之处，加以对照说明，送交此前曾为《开明英文读本》颁发过执照的南京教育部鉴定（此时世界书局的《标准英语读本》还在申请教育部执照的过程中），希望能保障开明书店的著作权。

另一方面，开明书店继续在报纸上发表文章进行辩论，希望获得舆论支持。并且还别出心裁地刊登了一则"笑话"，来讽刺世界书局：

> 艾子宿于逆旅，晨兴，亡其狐裘。艾子大索于逆旅，得诸一旅客之箧。客曰："是子物乎？余偶假焉耳，非窃也。愿以返诸

---

① 彭这华：《开明书店与世界书局英文课本版权纠纷》，《检察风云》2003 年第 1 期。

子。"艾子曰："尔既自承窃吾裘，吾将诉诸有司。"客曰："余不既言非窃乎？何措词之荒谬，事实之不符也！余返子之裘，为顾全同舍睦谊，免伤和气耳。诬人以窃，毁损余之名誉信用，子罪大矣！吾将诉诸有司。"

——开明书店录自《世界奇谈》

笑话中的小偷，偷了东西被抓现行，不仅不理亏，还反过来要因名誉受损而状告"艾子"。开明书店录自《世界奇谈》的这则笑话，正是讽刺世界书局贼喊捉贼，做了坏事不认账还倒打一耙的行为。这则笑话连续在报纸上登了几天，出版界的圈内人士，一看就明白。世界书局更是气急败坏，又将其作为开明书店"诽谤"自己的证据之一，呈交法庭。

正当上海闹得不可开交之际，在南京，教育部对于此事的鉴定意见，一开始也并不一致。有人甚至认为，二书的资料均为外文，谁都可以引录，何来抄袭之说？何况林汉达的教材编写得很有特点，不宜就此埋没。这样的意见，当然对开明书店不利。好在，当时教育部部长蒋梦麟与林语堂交情匪浅，教育部常务次长刘大白与章锡琛更是老朋友，鉴定意见才向着开明书店有利的方向发展：南京教育部最终鉴定，《标准英文读本》确系抄袭《开明英文读本》，决定对世界书局的《标准英文读本》不予审定，并禁止发行。

险极的是，教育部这个鉴定意见在上海租界法院宣判的前一天才由上海市教育局转令开明书店。章锡琛见到结果之后，连夜将其制成照相锌版，在沪上各大报遍登广告。法官看到这个鉴定意见后，当然不能再宣判开明书店在报纸上宣传世界书局抄袭为"诽谤"，但又要维护大律师郑毓秀的面子，于是煞费苦心地修改了判决词：一、开明书店发表在报纸上的文章里有"以后编辑图书，务望多聘通人，慎重将事"，这是指斥世界书局编辑皆为不通的"公然侵慢之辞"；二、开明书店在报纸上登载《世界奇谈》"笑话"，公然将世界书局"譬诸窃盗"。以上两条，"应构成侮辱罪"，判处罚金30元。

法院的判决书，寻章摘句地找出开明书店报纸文章的个别不妥文字，象征性地处以罚金30元，等于在事实上承认了世界书局《标准英文读本》抄袭开明书店《开明英文读本》。判决宣布后，开明书店一方面对法院声明要上诉，一方面又在各大报纸头版登出"开明书店为英文读本讼案答垂询诸君并谢各界"，原件刊出法院的判决书和南京教育部的鉴定意见，以向社会争取舆论支持。

这样一来，许多已经采用了世界书局《标准英语读本》的学校，纷纷要求退书还款，甚至还殃及了世界书局的其他相关书籍。而开明书店，则获利甚丰，一场官司下来，频频的报纸广告，社会公众的持续关注，等于为开明书店、为《开明英文读本》进行了一场证明自身企业实力和产品质量的立体广告战。从此之后，《开明英文读本》销路再度直线上升，连商务印书馆、中华书局的同类教材，也都望尘莫及。

所以，这场官司，开明书店是名败实胜，世界书局是名胜实败。

据上海市书业同业公会1930年6月的统计，世界书局1930年的资本额是60万元，在商务印书馆、中华书局之后名列第三名，1929年的营业额是222.7万元，拥有员工300人；而开明书店在1930年的资本额仅为30万元，只有世界书局的一半，在上海市书业中与正中书局一起并列第四名，营业额不详，拥有职工240人。开明书店在企业规模、经济实力均落后于世界书局的情况下，一场官司打下来，居然战而胜之，老四打败老三，章锡琛的勇气和手腕，实在令人佩服。

到了这一步，世界书局终于服软了。沈知方出面请南京教育部常务次长刘大白来上海代为疏通。疏通的结果，世界书局同意赔偿开明书店的损失，并把《标准英语读本》纸型交开明书店销毁。为了向外界表明双方已经和解，两家书店还联合在报纸上发表声明："窃开明书店与世界书局因英文读本交涉一案，兹经友人调处，双方均已谅解，恢复同业情感，特此声明。"该"声明"在几家大报连续刊登三天，并采取一天"开明书店"打头，一天"世界书局"打头的方式，表达双方确已"恢复同业情感"，从此哥俩好了，不愉快已经过去。

按说，这场官司到此已算结束了，不意还有尾声和花絮。

尾声是官司结束一年多后，上海开明书店突然接到厦门分店的来信，告知当地世界书局分店仍在发行《标准英语读本》。接信后，章锡琛立即请厦门方面设法购买一套《标准英语读本》并且将发票一并寄来上海。书和发票寄到，章锡琛又将其照相制版印刷后，致函世界书局，严词指责对方不遵守约定。①世界书局此次倒非有意违规，接函立即查明原因，声明当地分店销售的系库存旧书，并保证立即下柜，不再印刷和销售。至此，这场官司，才算真正结束。

花絮是当开明书店与世界书局官司正酣时，南京教育部次长朱经农当面训斥林汉达不自量力，与林语堂较量："人家是博士，你是什么？一个大学毕业生竟敢顶撞林博士！"林汉达受此刺激，于1937年赴美国留学，考入科罗拉多州立大学研究生院民众教育系，也获得了

---

① 金越人：《关于〈开明英文读本〉的一则往事》，《出版发行研究》1992年第5期。

博士学位。新中国成立后，更是一路干到教育部副部长的高位，不仅桃李满天下，而且著作等身，其人生成就与林语堂、朱经农相比，毫不逊色。这口气，争得很到位。

在开明书店内部，对于这场官司的意见，也并非铁板一块。章锡琛的同事宋云彬就认为，章锡琛如此兴致勃勃地打这场官司，如此为难林汉达这样一个刚刚从大学毕业而且富于才华的大学生，没有从爱护青年的角度出发，没有去鼓励赞赏林汉达，体现了"绍兴师爷"的尖刻。[1] 其实，《开明英文读本》是开明书店的命根子，这场官司事关企业竞争，其结果事关企业生死，世界书局要拿掉开明书店的命根子，正如围棋上所说的"生死劫"，在所必争，章锡琛不得不迎战。试想，无论《标准英语读本》是否抄袭，如果章锡琛和林语堂不闻不问，听任其坐大后来抢占畅销教材的市场份额，就会从根本上动摇开明书店的经济基础，进而影响企业发展。到那时，会不会有人出来再次指责章锡琛听任竞争对手坐大的"妇人之仁"呢？恐怕极有可能。在这场正常的企业竞争中，章锡琛要对付的是世界书局，不是针对林汉达，这个时候拿"尖刻"、"不爱护青年"来指责章锡琛，实在有点求全责备了。


### （五）叶圣陶加入开明书店

1931 年，《中学生》2 月号刊出编辑后记：

---

① 宋云彬：《开明旧事——我所知道的开明书店》，载出版史料编辑部编：《章锡琛先生诞辰一百周年纪念文集》，1990 年 10 月，第 191 页。

新年号声誉大好，初版立刻售完，现已再版五千册了。我们为欲使本志更完善起见，已拉得叶绍钧先生加入本志的主干，从三月号（即总第十三号）起就由叶先生负责编辑。

这是继夏丏尊之后，开明书店后期的灵魂人物叶圣陶（叶绍钧）正式进入开明书店的时刻。

叶圣陶（1894—1988），原名叶绍钧，字秉臣、圣陶，江苏苏州人，现代作家、教育家、出版家和社会活动家，有"优秀的语言艺术家"之称。先后担任教师、商务印书馆编辑、开明书店编辑，新中国成立后出任教育部副部长、人民教育出版社社长和总编、全国政协副主席、民进中央主席。

享年 94 岁高寿的叶圣陶"在长长的一生中，做编辑工作的时间最长，超过了 60 年"[1]。60 年中，叶圣陶在开明书店的编辑岗位任职约有 18 年之久，占比三分之一弱。叶圣陶能来开明书店，据他自己说，"因为开明老朋友多，共同作事，兴趣好些"，也就是志同道合的意思。事实上，自开明书店创立之日起，叶圣陶就一直是开明书店的作者、编外编辑和赞助者。只是到了此时，叶圣陶由编外人员成为编制内人员，正式加盟开明书店。从 1931 年开始，直到 1949 年，无论叶圣陶在开明书店是以什么名义在工作，都是开明书店编辑工作的实际主持人。[2] 如果说开明书店的图书和杂志，在前期都留下了夏丏尊

---

① 叶至善：《叶圣陶出版文集·序》，载《叶圣陶出版文集》，中国书籍出版社 1996 年版。

② 刘增人：《商务·立达·开明——〈叶圣陶传〉选载》，《新文学史料》1994 年第 3 期。

的印记的话，那么自 1937 年到 1949 年，都深深地打上了叶圣陶的烙印。相比之下，后者的烙印更为深刻和持久。夏丏尊和叶圣陶，这对儿女亲家，也一前一后地成为章锡琛的得力助手，成为开明书店的灵魂人物。

说夏丏尊是开明书店的灵魂人物，是因为他是开明书店 27 年历史中第一个也是唯一一个出版方针的制定者。而说叶圣陶是开明书店的灵魂人物，则大致要基于以下的三种理由：

第一，叶圣陶是夏丏尊"以青少年学生读物为出版重点"出版方针的忠实履行者。无论是前期参与，还是后期主持，叶圣陶对于夏丏尊这一出版方针，真正做到了萧规曹随。开明书店这一出版方针得以贯穿始终，正是由于叶圣陶的坚持和践行。叶圣陶在开明书店，把主要精力和大量时间花在了主编《中学生》杂志，编著如《开明古文选类编》、《开明语体文选编》等多种国文课本等工作之上，而这些工作，正是"以青少年学生读物为出版重点"出版方针的具体体现。叶圣陶对于开明书店出版方针也有着自己深切的体悟。他曾于 1946 年 8 月在《中学生》杂志当年 8 月号上撰文《开明书店二十周年》指出：

> 书店有各种的做法。兼收并蓄，无所不包，是一个做法。规定范围，不出限度，是一个做法。漫无标的，唯利是图，又是一个做法。我们以为前一个需要大力量，不但财务要大，智力也要大，我们担当不了。后一个呢，与我们的意趣不相容，当然不取。与我们相宜的只有中间一个，就是规定范围的做法。我们把我们的读者规定为中等教育程度的青年。

叶圣陶在这里所说的"规定范围，不出限度"，就是现代出版业所说的"细分市场"。换句话说，开明书店由于经济实力有限，编辑力量有限，不能像大型出版企业商务印书馆、中华书局那样"兼收并蓄，无所不包"，向所有的出版物细分市场出击。同时，由于开明书店是由一群有良知、有追求的知识分子所办，也不能像世界书局、正中书局那样"漫无标的，唯利是图"，甚至出一些内容低俗的书。所以，开明书店只能利用有限的财力和人力，瞄准既定的细分市场，"把我们的读者规定为中等教育程度的青年"，精耕细作，深度开发，从而在一个或几个细分市场上形成产品优势和品牌优势。这才是开明书店等中小出版机构的生存之道。从这一角度来看，叶圣陶实在是章锡琛、夏丏尊的志同道合者，他们能够成为一生的朋友和同事，确非偶然。

第二，叶圣陶是"开明夙有风"的集中体现者。那么，什么是开明风？作为开明书店的老员工，有过切身体会的王知伊，曾有一个总结和归纳：

（1）开明书店不把出版图书仅仅看作是人类文化财富的积累和传播，而是作为一种有效的教育工具、教育事业来对待的。"惟愿文教敷，遑顾心力瘁"，正确无误地表达了同人的意志。

（2）开明同人的工作态度比较严肃认真，把出书工作当作一种事业来办，"思不出其位"，从来不搞投机，以求非分之财。

（3）无论在编辑业务和经营作风上，"稳"字当头，因此，遇到突然发生的重大事件，往往感到一时难以应付，处于被动地位。

（4）店风比较朴实，无论在约稿、审稿，以及在撰写图书广告、经营、管理等方面，均力求实事求是，无哗众取宠之意。同人的生活作风，一般也比较朴实。

（5）在政治上不敏感，趋向温和，但在事实面前能明辨是非，有正义感，对国民党蒋家王朝是憎恶的。

具体来说，开明书店的"开明风"，在政治立场上是温和的、开明的、进步的，但并不激进、不趋时、不务利；对待作者永远是热情周到、体贴备至的，而且发现和培养了一批新作者，即使战乱期间也仍然坚持寄送稿费，甚至对于生活困难的作者主动预支稿费；对于作者的稿件，既充分尊重作者的意见，也亲切友好地指出不足，帮助修改；编辑校对图书一丝不苟、精编精校，图书产品以编校严谨、印装精良为特色；从来没有出版过一本思想和内容上有问题的坏书，着眼于多出对中国文化有益的好书；对于读者总是热情周到地服务，以读者得到有益的精神食粮、受到教育为终极目标。

所以，在作者和读者眼里，"开明凤有风"，开明书店就是"高尚"、"正派"、"严肃"、"光辉"的代名词，就是"感激"、"依恋"的"老朋友"。这个"风"，就是企业精神、企业形象。企业精神和企业形象是由企业员工塑造的。能够代表开明书店、向作者和读者塑造上述企业形象的员工，固然有章锡琛、夏丏尊、徐调孚、顾均正、叶圣陶等人，但叶圣陶是集中体现者。或者换成时尚一点的说法，叶圣陶是开明书店的形象代言人。甚至有很多作者，一想到开明书店，就只会想到叶圣陶，比如冰心、丁玲。

第三，叶圣陶是开明书店历史的概括提炼者。叶圣陶在诸如开明书店成立 20 周年等时刻，曾多次对"开明人"、"开明风"、开明书店历史、开明书店出版方针进行过精确的概括和提炼。他对"开明人"是如此概括提炼的：

开明书店是一些同志的结合体。这所谓同志，并不是信奉什么主义，也不是参加什么党派，在党派方面的同志。只是说我们这些人在意趣上互相理解，在感情上彼此融洽，大家愿意认认真真做点事，不求名，不图利，却不敢忽略对于社会的贡献。是这么样的同志：这些同志能够读些书，写些文字，又懂得些校对印刷等技术方面的事，于是相约开起书店来，于是开明书店成立了。

他对"开明风"是如此概括提炼的：

开明风，开明风，好处在稳重，所惜太从容，处常绰有余，应变有时穷。我们要互助，合作，加强阵容，敏捷，活泼，增进事功。开明风，开明风，我们要创造新的开明风。

关于开明同人的作风，他还总结说：

是"有所爱"，爱真理，爱一切公认为正当的道理。反过来是"有所恨"，因为无恨则爱不坚，恨的是反真理。再则是"有所为，有所不为"，合乎真理的才做，反乎真理的就不做。

他对开明书店的历史是如此概括提炼的：

书林张一军，及今二十岁。欣兹初度辰，镂金联同辈。开明
凤有风，思不出其位。朴实而无华，求进弗欲锐。惟愿文教敷，
遑顾心力瘁。此风永发扬，厥绩宜炳蔚。以是交勉焉，各致功一
篑。堂堂开明人，俯仰两无愧。

对开明书店各方面的情况进行如此全面、精辟的概括和提炼，章
锡琛作为开明书店的"老板"和创办人，没有做到过；夏丏尊作为开
明书店前期的灵魂人物，也没有做到过。只有叶圣陶作为开明书店后
期的灵魂人物，做到了。所以，萧乾说"叶老是开明书店的灵魂"①。

能够为开明书店招致叶圣陶这样一位灵魂人物，章锡琛一定会深
感庆幸，一定会在每周例行的"开明酒会"上开怀畅饮。

"开明酒会"是在大约开明书店经营走上正轨时，即形成的不成
文惯例：一般每逢星期六晚上举行，地点一般都选在开明书店附近的
酒店，不是二马路上的"马上侯"酒店，就是四马路上的"王宝和"
酒店，或者干脆就在参与酒会的某一位家里，菜式方面则没有什么山
珍海味，也没有大鱼大肉，只有咸烤花生、清煮发芽豆等几样家常
菜，但是酒呢，一定要是上好的绍兴黄酒。其实，叶圣陶还在商务印
书馆工作时期，就一直是这个酒会的成员。而进入开明书店工作后，
参加酒会就更加名正言顺、逸兴横飞。经常参加这个酒会的人还有章
锡琛、夏丏尊、郑振铎、王伯祥、周予同、丁孝先、丰子恺、范洗
人、章锡珊。有时，也临时邀请几个人来参加。

但是，参加"开明酒会"有个门槛：参加人的酒量，要求能饮绍

① 萧乾：《向叶老致敬》，载中国出版工作者协会编：《我与开明》，中国青年出版社
1985年版，第91页。

兴黄酒五斤以上。钱君匋酒量不行，只能饮三斤半左右。最后还是章锡琛为他说情："君匋可以参加，放宽一些尺寸请他来"，钱君匋这才参加了酒会。

参加酒会的众人之间，不敬酒、不劝酒、不闹酒，畅饮畅聊，聊生活、聊工作、聊人生。有时，一些图书选题的策划，就在席间碰撞、谋划；有时，店里重大工作安排，就在席间商量、落实。既促进了书店的工作，也增进了同人之间的感情。有一次，酒会上还出现了章锡琛和郑振铎打赌请茅盾背诵《红楼梦》的高潮：

某次酒会前的一天，郑振铎来开明书店找章锡琛，谈到了茅盾。章锡琛顺便对郑振铎说，茅盾可以背诵整部《红楼梦》。郑振铎不信，章锡琛就和他赌一场酒。请当时正好在场的钱君匋做证。

到了周六酒会时，共有十人参加：章锡琛、郑振铎、茅盾、钱君匋、章锡珊、徐调孚、周予同、索非、汪曼之、陈云裳。打赌的双方章锡琛、郑振铎到场了，证人钱君匋也到场了，唯独当事人茅盾虽到场了却还不知情。

酒过三巡的说笑之间，章锡琛对茅盾说："今天酒菜都不错，又都是熟人，已经喝了两杯，是不是再来个助酒兴的节目。我想到一个，请雁冰背一段《红楼梦》，如何？"说完扫视众人，看有无意见。正好，当时茅盾兴致很高，就没有拒绝章锡琛的提议，欣然应命："你怎么知道我会背《红楼梦》？你既然点到我来背，就背一回吧，不知你想听哪一回？"章锡琛对郑振铎说："请振铎指定如何？"于是郑振铎从书架上取出早已备好的《红楼梦》，随便指定了一回请茅盾背诵，同时由他自己紧盯着书本进行检查。章锡琛则说："大家仔细听着，看雁冰背得有没有漏句漏字，若有漏句漏字，还要罚酒。"顿时大家鸦雀无声，都竖起耳朵听茅盾背诵。章锡琛看看背了好长一段了，就过去附耳对郑振铎说："你看怎样，随点随背，他都不慌不忙背出来，不错一字一句，你可服帖了吧！要他背完这一回还是停背了？"郑振铎非常惊异地说："我倒不知雁冰有这一手，背得实在好，一字不错，你问我要不要把这一回背完了，我看可以停止了。我已经认输，今天这席酒由我请客出钱。"到了这时，章锡琛才对茅盾说："雁冰，背得真漂亮，我和振铎打赌你能否背《红楼梦》，今晚你帮我胜了振铎，请停止背吧，谢谢你！"茅盾这才知道自己居然成为二人打赌的赌具，说："原来你们借我来打赌，我竟被你们利用了，只怪我答应得太快。"当晚众人尽欢而散。

若干年后，鉴于这场酒会的美好记忆，章锡琛还戏赠郑振铎打油诗一首，再忆此事：

三岛归来近脱曼，西装革履帽遮颜。
《红楼》赌酒全输却，疝疾在身立久难。

这时的章锡琛，有事业，有梦想，有朋友，有欢乐，有美酒，意气风发，人生美好。

### （六）开明发"才"

在"开明酒会"频频举行的时节，施蛰存回忆说："开明书店已在福州路上有了宽敞的门市部。编辑部也迁往门市部附近的一个里弄内。"开明书店在福州路成立门市部，是1932年1月的事，章锡琛聘谢家崧为门市部主任。

施蛰存当时在现代书局当编辑，工作地点距离开明书店很近，与章锡琛、叶圣陶等人经常互相来往："当时开明书店的编辑部，是我很羡慕的。一大间，前后有窗，每一位编辑有一只靠窗口的写字桌，比起我那间又小又黑暗的阁楼编辑室来，真有天渊之别。"①

开明书店编辑部让施蛰存羡慕不已的硬件设施，的确是提档升级了。但宽敞明亮的编辑部却没有几位大编辑在里面工作，自书店创办以来的编辑人才问题，一直在困扰章锡琛。毕竟是新办的中小书店，在财力有限的情况下，难于吸引更多的高端人才。虽然先后引进了夏丏尊、叶圣陶，在编辑业务人才方面仍然时有捉襟见肘之感。

不过，不久以后，开明书店就有了引进人才的机会。

1932年1月28日晚，日军突然向闸北的国民党第十九路军发起了攻击，随后又进攻江湾和吴淞。第十九路军在军长蔡廷锴、总指挥蒋光鼐的率领下，奋起抵抗。这就是中国抗战史上的一·二八事变。

1月29日上午10时左右，日机投掷炸弹，处于主战区的商务印书馆总管理处、编译所、总厂、东方图书馆、尚公小学和函授学校被大火焚毁，与商务同时遭难的还有暨南大学、同济大学、持志大学、中央大学医学院。商务印书馆遭受巨创：号称世界最大的照相机被毁，东方图书馆片纸未留，除了先前为安全起见寄存在租界内金城银行保管库内的善本书籍500多种共5000多册外，全部藏书46万册（包括国外史书80000多册；善本古籍3700多种，共35000多册；全国最为齐备的各地地方志2600多种，共25000多册），悉

---

① 施蛰存：《缅怀开明》，载中国出版工作者协会编：《我与开明》，中国青年出版社1985年版，第65页。

数化为灰烬。纸灰飞达数十里之外，"甚至南市和徐家汇一带，上空的纸灰像白蝴蝶一样随风飞舞"[1]。此次商务印书馆全部资产损失达 1633 万元以上[2]，占商务总资产的 80% 以上，当年营业也从赢利转为亏损 347 万元。

据事后统计，包括商务印书馆的损失在内，此次事变中国财产损失约为 14 亿元，闸北华界的商号被毁达 4204 家，房屋被毁 1.97 万户，损失惨重。除商务印书馆以外，出版同业中还有新中国书局损失 35000 元以上，出版合作社和民治书店各损失 10000 元，学海书局损失 5000 元。相比之下，开明书店算是幸运的，因为既无庞大办公楼，也无图书馆，炸弹亦未命中美成印刷所，所以在战争中几乎没有什么损失。

商务印书馆经此一厄，机器厂房尽失，在沪约 4000 名职工同时失业。时任商务印书馆总经理的王云五于此时宣布了一个令人震惊的决定：商务印书馆总管理处、编译所、印刷所、发行所、研究所、虹口西门两分店被迫停业，所有员工在领取半个月工资后全部解雇。当然，王云五的这个决定遭到了被解雇员工的强烈反对，少数员工还为此与商务印书馆对簿公堂。但是，这在事实上也是一个无奈的决定。毕竟，商务作为一个企业，不可能在遭遇不可抗力导致机器厂房尽失的情况下，继续养活无法工作的员工。

当然，商务在渡过这个难关、艰难复业之后，又重新录用了 1000 余名员工，但仍然有约 3000 名员工在那个兵荒马乱的年代被抛

---

① 郑逸梅：《书报话旧》，学林出版社 1983 年版，第 11 页。

② 《一·二八商务印书馆总厂被毁记》，载张静庐编：《中国现代出版史料丁编（下）》，中华书局 1959 年版，第 423 页。

向了社会。这就为开明书店等出版同业带来了吸纳优秀人才的机会。在此前后，有不少优秀编辑离开商务印书馆进入开明书店工作，比如王伯祥、顾均正、宋云彬、金仲华、徐调孚、贾祖璋、傅彬然等。

王伯祥是在1932年一·二八事变后进店的，在开明书店工作约21年。王伯祥正式进入开明书店编译所上班的时间是1933年1月4日。他自己在这一天的日记中写道："晨九时，冒雨到开明编译所，正式就事。即在所中午饭，后以为常。看书选文，至下午五时乃归。"①王伯祥（1890—1975），江苏苏州人，著名出版人和文化学者。王伯祥在商务任编辑多年，此时离开商务到开明书店以后，一直在开明书店工作到新中国成立后，在开明书店与青年出版社合并成立中国青年出版社时，才应郑振铎之邀，到北京大学文学研究所（今中国社会科学院文学所）任研究员。王伯祥先后编著了《史记选》、《增订李太白年谱》，并参与了古籍《四库全书总目》的整理。此外，王伯祥还编辑了自己的题跋集《庋稼偶识》，校点过王夫之的《黄书》、《噩梦》、《思问录》、《俟解》和严衍的《资治通鉴补》，增补了范希曾的《书目答问补正》。

徐调孚是在1932年一·二八事变后进店的，在开明书店工作约21年。徐调孚（1901—1981），浙江平湖人，1921年考入商务印书馆。于一·二八事变后的5月转入开明书店负责出版部工作，先后担任开明书店出版部、编审部、推广部主任。新中国成立后，在中国青年出版社、古籍出版社、中华书局任编辑、编辑部主任，为中国新文学出版事业、古籍出版事业作出了贡献。著有《中国文学名著讲话》、《现

---

① 王湜华：《王伯祥传》，中华书局2008年版，第56页。

存元人杂剧书录》，译作有《木偶奇遇记》等。

贾祖璋在 1932 年一·二八事变后进店，在开明书店工作约 21 年。贾祖璋（1901—1988），浙江海宁人，1923 年进入商务印书馆，一·二八事变后进入开明书店工作。中华人民共和国成立后，历任中国青年出版社副总编辑兼编辑室主任、科学普及出版社副总编辑等职。贾祖璋是中国科学小品文的开拓者之一。

宋云彬 1928 年进入开明书店，在开明书店工作约 9 年。宋云彬（1897—1979），浙江海宁人，著名文史学者、杂文家、民主人士。曾任黄埔军校政治部编纂股长，四一二反革命政变后任武汉《民国日报》编辑，兼国民政府劳动部秘书，七一五反革命政变后遭到通缉。1928年冬任开明书店编辑，主持编辑校订大型辞书《辞通》，主编过《中学生》杂志。抗战期间在桂林参与创办文化供应社，编辑《野草》杂志。抗战胜利后到重庆主编民盟刊物《民主生活》。1949 年到北京，参加教科书编审工作。1952 年回浙江任文联主席、省文史馆馆长。1958年调北京任中华书局编辑，参与点校《二十四史》，并在北京大学古典文献专业任教。

顾均正 1928 年进入开明书店，在开明书店工作约 25 年。顾均正（1902—1980），浙江嘉兴人，于 1923 年考入商务印书馆编译所当编辑，后到开明书店工作。1953 年任中国青年出版社副社长和副总编辑。新中国成立后顾均正致力于青少年自然科学读物的出版工作，坚持写一些科学小品。历任全国科普创作协会第一届副理事长、中国出版工作者协会第一届理事等。

傅彬然 1931 年进入开明书店，在开明书店工作约 22 年。傅彬然（1899—1978），浙江萧山人，于 1931 年进入开明书店后，长期与叶圣陶一起担任《中学生》编辑。新中国成立后曾任中华书局副总编等职。

金仲华 1933 年进入开明书店，在开明书店工作约两年。金仲华（1907—1968），浙江桐乡人，中国报刊工作者、国际问题评论家。1923 年考入杭州之江大学，毕业后于 1928 年春进入商务印书馆，任《妇女杂志》助编。1932 年初，任《东方杂志》编辑。1933 年底，受聘于开明书店，编辑《中学生》杂志。1935 年金仲华进入生活书店任编辑主任。新中国成立后，金仲华先后任《新闻日报》、《文汇报》社长、中国新闻社社长等职。

因战火原因，一批优秀编辑从商务印书馆进入了开明书店，这些后来均成为名家的优秀编辑，为开明书店的进一步发展作出了巨大的贡献。正如出版史专家汪家熔先生所说："开明发了一笔大'才'"，而且"这就是开明发展和立于不败之地的起点。"① 战后，还有人戏言，"章老板在'国难'当头之时竟发了一笔'横才'！"②

毕竟，人才兴而事业兴，有了人才事业才有了兴旺发达的基本保证。开明书店在自己的操持下，日渐兴旺，成为优秀人才的归宿之所，章锡琛有理由感到欣慰。

欣慰中应该也有一丝隐忧，会在此时掠过章锡琛的心头：日军的炸弹，今天可以击中商务，明天就有可能击中开明；今天可以轰炸上海，明天有没有可能轰炸武汉乃至重庆？国难当头，整个中国其实已没有一片净土。未来日本野心加剧时，战事再起，开明会不会重蹈商

---

① 汪家熔：《开明书店创世小记》，《出版史料》第 3 辑，2002 年 9 月。
② 王青：《开明书店的编辑们——为纪念开明书店创建八十五周年而作》，《编辑之友》2010 年第 11 期。

务的覆辙，重演商务的悲剧？

他没有想到，仅仅五年之后，同样的厄运也降临到了开明书店的头上，而且比此时对商务的打击更加致命。

正因为章锡琛没有想到，也更没有采取行动，所以接下来的五年，他过得比较从容。一·二八事变过去了，中日暂时停战了，生活还要继续，章锡琛和开明书店也还要继续。

这一年，开明书店开始出版小学教科书，如《开明国语课本》、《开明算术课本》、《开明常识课本》等。图书品种进一步丰富，业务量也进一步增加。偏偏就在这个时候，为开明书店承担书籍装帧设计任务的丰子恺，患上了眼疾，不能工作了。而开明书店早期的美术编辑钱君匋此时已经离开。一时之下，章锡琛手头居然没有美术编辑了。

临时招聘引进熟手显然已经来不及了，章锡琛就从内部挖潜，大胆起用初出茅庐的年轻人莫志恒。莫志恒是1931年八九月间报考开明书店的练习生时考进来的。他进入开明书店以后，被分在出版部，在章锡琛的直接领导下工作，最初是管图版。但从一开始，章锡琛就有意识地教他设计书籍封面。莫志恒在开明书店设计的第一本书是月祺（胡伯恳）翻译的《汤姆·沙耶》（马克·吐温著），此后就陆续设计了文学、童话、教育理论等多类书籍的封面。不久以后，章锡琛就与夏丏尊一起在开明书店业务会议上提出，将莫志恒提升为美术设计员。同时，章锡琛还将莫志恒推荐给胡愈之，让莫志恒为胡愈之主编的《东方杂志》设计插图，以增加收入、贴补家用。

人手还不够，章锡琛就自己上阵。"经他自己设计的封面，在开明出版物中数量不少：一些实用理论书的封面，往往是他自己设计的——铅字排版，采用有色书面纸，二色套印，朴素大方。有一本翻译小说《血痕》的封面，他仅用一摊墨汁，滴在纸上，向四面吹几次，制版时翻拍阴文，用黑墨印在紫红色的纸上，一点大血痕就出现了。"在这方面，章锡琛是无师自通，"他能利用各种铅线、铅字、花边，设计出杂志上的各种题饰（即头花）。1930 年《中学生》创刊时，许多文章的题饰是他设计的"。[①]

### （七）开明函授学校

民国时期的出版机构，在略有余力时，自办一所学校，似乎是通行的做法。商务印书馆于 1906 年即办有"尚公小学"，中华书局则于 1917 年自办"中华小学校"。至于函授学校，由于比较便于学生自学，出版机构也多有开办，商务印书馆就开办有"英文函授学校"，帮助学子补习英文。

函授学校办得最好的，当属中华书局。该局于 1926 年 9 月在编辑所设立函授学校，教员多由编辑所内的学术大家兼任，其校长一度由编辑所长舒新城兼任。函授设初、高等英文科，后添设国文、日文、算学、商业等科，各科分初、中、高三级。学员最多时近 3000 人，毕业者达数万。正科学员升级可减收学费，成绩优异者给奖学金，同人参加者收半费。中华书局这个函授学校，一办就是 20 多年，抗战时期还坚持办了两三年，直到 1940 年才停办。

出版机构自办学校，除服务学生以外，其自身得到的好处至少有

---

[①] 莫志恒：《章锡琛老师是我做出版工作的带路人》，载出版史料编辑部编：《章锡琛先生诞辰一百周年纪念文集》，1990 年 10 月，第 79 页。

以下两点：一是出版机构所策划出版的教科书，可以在编辑们亲力亲为的教学活动中，得到实践检验，更有利于教科书的修订；二是自办学校的学生在此得到知识的帮助，人生之路由此打开，自然对学校、对出版机构感激不尽，也培育了一批铁杆读者。

至于出版机构自办学校的原因，恐怕就在于张元济、陆费逵、舒新城、章锡琛、夏丏尊、叶圣陶等商务、中华和开明衮衮诸公的教育理想了。张元济说的是"昌明教育平生愿，故向书林努力来"，陆费逵说的是"我们希望国家社会进步，不能不希望教育进步；我们希望教育进步，不能不希望书业进步"，章锡琛自己就是教师出身，当然也是"惟愿文教敷，遑顾心力瘁"了。叶圣陶在"开明书店60周年纪念会"上直截了当地说："我们的工作是教育工作的一个组成部分。我们做的工作，就是老师们的工作。"正是在上述出版人"办出版就是办教育"的职业体认下，出版机构才纷纷办起了学校，直接服务于广大学生们。开明书店在这方面，亦未曾后人。所以才有人说："开明书店教育了整整一代青年"。[①]

开明书店所办的函授学校，校名是"上海市私立开明函授学校"，地址在上海兆丰路183号，也就是当时开明书店的编辑部。开明函授学校的教育程度大约相当于中学，但之所以不在校名上明确为中学程度，只是因为章锡琛还有将其办成大学的更大梦想。

开明函授学校每月出讲义一册，各学科混合在一起，寄交学员自学。共出18册，每三册是一个学期的功课量，18册学完就是初中三年的课程，也就是用一年半的时间来学习初中三年的课程。每六个

---

① 向锦江：《开明书店教育了整整一代青年》，载中国出版工作者协会编：《我与开明》，中国青年出版社1985年版，第94页。

月，相当于一个学年的课程修满后，举行一次考试。考后公布成绩，并给成绩优良的学员以奖金，以资鼓励。三学年课程修满以后，经考试合格，也发给成绩证书，但不发毕业证书。

费用方面，第一项是讲义费：每册讲义收费一元，在第一学期开学时一次付清。也允许分期付款，但分期付款则费用要多收三元，即第一学期先付六元，以后每三个月付三元。

第二项费用是批答费，全期 18 元，如要分期也可以，每月交一元二角。批答费主要是用于开明函授学校老师对于学生作业批改的劳务费。学校寄给学生的讲义之外，另寄自习册一本，每科均有练习、笔记、质疑三项，学员可以把所做的作业寄来，由老师批答、评分后再寄回。

第三项费用是考试费，一元二角。学校在收到考试费以后，寄发试卷，由学生自行进行开卷考试。

为了方便学员之间联络感情，交流知识，开明函授学校还每三个月印行《上海市私立开明函授学员俱乐部》一册，分赠参加的学员。

学校教师阵容强大，开明书店编辑部几乎尽遣精英：整个教务由夏丏尊统管，党义是邵力子，法制是陶希圣，经济是刘叔琴，国文是夏丏尊、叶圣陶、宋云彬、陈望道，算学是章克标，英文是林语堂，历史是倪文宙，地理是傅彬然，物理是沈乃启，化学是程祥荣，图书、音乐是丰子恺。其中许多人后来都成为众所周知的不同方面的大师。这样的师资力量，章锡琛还觉得不够，又外聘了一批课外讲师及顾问，主要有：周建人、胡愈之、茅盾、周予同、吴觉农、范寿康、王鞠侯等人。担任外聘讲师的这些人，后来不是成为学术大师，就是成为新中国教育界、文化界或出版界的高官。在那样一个交通、通信均不便捷的年代，居然有如此多的大师级人物，通过函授，循序渐进地教授一批中学生知识，耐心细致地批改他们的作业，实在也是一种异数。

但这个开明函授学校没办多久。当初章锡琛开办函授学校的想法，主要是考虑到当时中学入学考试竞争激烈，有很大一部分小学毕业生，陷入了无法升学的困境。通过办函授学校，帮助一部分这类小学毕业生自学，将来可以用同等学力的资格去参加升学考试，以继续学业。不料，真正把函授学校办起来，才知道千难万难。其中，最不容易解决的困难，就是学员的作业批改和疑难答复问题。这是一个收费项目，既然收了钱，就必须做好。首先，要把学员的问题分门别类，汇总交给任课的讲师，然后再一一收集讲师的批改和回复，一一寄给学员。麻烦在于，学员的作业不会同时寄来，而且很多问题大同小异，甚至完全重复。对于这些重复的问题，在没有打印机、复印机的年代，只要一个学员问到，任课讲师就得不厌其烦重新回答并书写一遍，极大地占用了任课讲师的时间。而对于这些任课的讲师们而言，函授学校的教职只是一份兼职工作，其本职工作还是要承担开明书店繁重的图书编辑任务的。这样大的重复劳动工作量，时间一长，任课讲师就纷纷承受不了了。章锡琛经过再三考虑，掂量开明书店目前的编辑力量还是要集中在图书出版这个主业上面，只好从全局出发，将开明函授学校停办了。饶是如此，开明函授学校在其短暂的开办期内，已造福学子良多。停办之后，开明书店对于学员进行了妥善补偿。同时，出版了《开明国文讲义》、《开明英文讲义》等开明书店版本的讲义共 13 种，以方便不同知识水平的学员们自学。

在停办函授学校的时候，开明书店已经有 100 多名员工，企业经营的规模也在不断扩大，顺理成章地，企业的规范化管理、制度化管理也开始提上日程。于是，在章锡琛的倡导下，开明书店的高层开始拟订各项管理制度，并陆续公布，以便全体员工遵照执行。

在一系列相继颁布的制度管理下，开明书店的总部机构得以细分，有 3 个处所，1 个室，18 个部，33 个课和 4 个委员会。机构和员工规模已是相当庞大。员工每天上午下午签到，旷工照扣薪水。企业管理的其他方面，也相应地制定了一些规则。

开明书店作为企业，进行规范化、制度化管理，以使企业的经营管理走上正轨，本无可厚非。但是章锡琛此举可能没有顾及开明书店以前的创业历史。开明书店从创业期一步步走来，刚开始机构少，人员不多，大家就像是在一个手工业作坊里工作。在这个作坊里，大家是为兴趣而干活，积极性高，并不斤斤计较于工作时间和报酬，说说笑笑就把工作干了。这是开明书店的优良传统之一。等到严格的制度一建立，员工迟到早退一分钟，就得执行制度进行处罚。这样一来，过去温暖和谐的工作氛围就一扫而光了。

所以同事们就不无微词。认为制定制度，严密分工，是必要的，但在实际操作中，应该结合开明书店的实际情况，既有利于加强企业管理，又要能发扬开明书店的优良传统和保持温暖和谐的工作氛围。但是章锡琛作为管理者，似乎只看到了问题的一方面，而且努力向商务印书馆和中华书局靠拢，要学习他们的先进管理经验，"这些规章制度，大部分是从商务那里抄来的"。宋云彬就评价为，"婢学夫人，学得个四不象"。①

---

① 宋云彬：《开明旧事——我所知道的开明书店》，载出版史料编辑部编：《章锡琛先生诞辰一百周年纪念文集》，1990 年 10 月，第 181 页。

此时，是开明书店向商务和中华学习管理制度，两年之后，吴朗西和丽尼、柳静在上海创办的文化生活出版社，又向开明书店学习管理制度。据吴朗西回忆，"文化生活出版社所有规章制度都是以开明为样板制订的"①。开明书店，俨然行业标杆之一矣。

# 三、个人和企业的高峰年代

## （一）章锡琛正式出任开明书店总经理

1934 年是章锡琛正式就任开明书店总经理的第一年。这一年，开明书店现任的总经理、章锡琛的恩师杜海生，因年老体弱而辞职，其空出来的总经理位置，经董事会推选，由章锡琛接替。就这样，章锡琛在创办开明书店八年以后，终于坐上了总经理这样一个核心高管的位置。大约在此前后，对于开明书店今后发展有着至关重要影响的范洗人也进入了开明书店。

范洗人（1885—1951），浙江上虞人，国内知名的出版家和社会活动家。本名扬，字显臣，后改为显人、洗人。范洗人早年留学日本，学的是农艺。回国后，先后在张家口、北京南苑及河南商丘等地从事垦殖工作，还一度在上海浦东当过警察，后在营口、汉口从事精盐贸易。此时在夏丏尊的介绍下，加入开明书店任协理。这是一位在未来的日子里即将为开明书店立下大功以至于达到与章锡琛分庭抗礼

① 吴朗西：《我敬开明人 我爱开明风》，载出版史料编辑部编：《章锡琛先生诞辰一百周年纪念文集》，1990 年 10 月，第 62 页。

地位的开明书店重要人物。

"洗人"之名，比较少见，所以经常有人对这个名字感兴趣。有一次，商务、中华、开明、世界、大东、文通、正中等七家书店的代表在一起开会，开明的代表是范洗人。其间正中书局的代表忽然心血来潮，给范洗人写了一个小纸条："敬问大名'洗人'典出何处？唐突，唐突！"范洗人拈髯微笑，在纸上回复："原名扬，字显臣，后改为显人。显洗同音，不期显达，乃改洗人，已30余年矣。"

章锡琛、范洗人分别就任开明书店总经理、协理的时候，正是南京国民党当局"文化围剿"最厉害的时候。

国民党当局对进步文化的"文化围剿"，是从1927年前后开始的，是为了配合当时对红军和革命根据地进行的"军事围剿"而进行的。国民党反动派一手抓"军事围剿"，一手抓"文化围剿"，而且两手都抓得见了血。"军事围剿"力度之大众所周知，"文化围剿"也不甘落后。在"文化围剿"中，国民党当局下令取缔中国左翼作家联盟，通缉鲁迅等人；同时国民党手下的特务、暴徒袭击与捣毁进步书店、报馆、印刷所、电影院的事不断发生，如1933年捣毁创造社、上海良友图书公司、神州国光社和艺华影片公司；1931年2月左联成员、著名青年作家柔石、殷夫、胡也频、李伟森、冯铿等人在上海被害；1933年5月作家丁玲、潘梓年被绑架，诗人应修人拒捕牺牲；最后甚而连民主人士杨杏佛、史量才也不能幸免，先后遭暗杀。

1934年2月，这种杀人见血的"文化围剿"，"剿"到了一贯以中间立场著称的开明书店身上。国民党中宣部下令，公开查禁"左倾"、"抗日"书籍149种，其中涉及鲁迅、郭沫若、陈望道、茅盾、夏衍、巴金、丁玲、田汉等 28 位进步作家，涉及商务、中华、北新、亚东、光华、大江和开明等 25 家书店。

在这样一个严峻的时刻，章锡琛作为开明书店的总经理，挺身而出，领衔率领 25 家同业书店，先后两次向国民党上海市党部"请愿"；他还和夏丏尊一起联名，给蔡元培、邵力子写信，要求立即解除"禁令"。经过多方努力，国民党当局终于答应部分解禁，于 3 月 20 日，宣布解禁 149 种中的 59 种书目。这当然不能令章锡琛满意。于是，对于一时未能解禁的图书，章锡琛采取改换书名或者作者姓名的办法来应对：例如，将夏衍翻译高尔基《母亲》的书名改为《母》，译者"沈端先"改为"孙光瑞"，继续发行。这样做，虽然有一定的风险，但也是书店在国民党反动派的"文化围剿"之下，为了营业，不得已而采取的措施。有些图书被当局无故查禁，章锡琛就据理力争。比如国民党因为郭沫若的《离骚今译》中有"党人之媮乐"一句，就认为暗骂国民党，要求查禁此书。章锡琛气极，当面质问他们："是不是战国时代就已经有了国民党？"问得对方哑口无言，只好通过。

在这次的"文化围剿"事件中，国民党上海市党部在其内部工作报告中如此评价开明书店："开明书店从小说起家，今则贯注全神于教科书——尤其是中等学校用之教科书，其编辑人员，如夏丏尊、叶绍钧、丰子恺等，其学识经验较之世界、大东之三四十元一月请来之编辑，实不可同日而语；故其出品，亦较优胜，而销路亦殊不恶，在新书业中，俨然成为后起之秀，今在四马路，租有月费一千两之巨厦，居然硬与商务、中华，争一日之长矣。该局自出版教科书外，其可述者，即为出版茅盾（沈雁冰）之著作也，计有《蚀》（包括《动摇》、

《幻灭》、《追求》三种），《虹》，《三人行》，《子夜》等，销路甚佳。"①

国民党上海市党部作为高高在上的政府机关，说事实上由杂志起家的开明书店"从小说起家"，那当然是未做调查研究的缘故。但国民党上海市党部是独立的第三方，上述关于开明书店的评价中，有两点值得注意：一是正面评价开明书店的编辑人员素质高，"编辑人员，如夏丏尊、叶绍钧、丰子恺等，其学识经验较之世界、大东之三四十元一月请来之编辑，实不可同日而语"；二是正面评价当时开明书店的整体实力，认为开明书店"俨然成为后起之秀，今在四马路，租有月费一千两之巨厦，居然硬与商务、中华，争一日之长矣"，换句话说，国民党的政府机关也认为，开明书店经过六年的发展，已经跻身大书店之列了。而这一天的到来，章锡琛盼了很久了。

章锡琛曾是商务的"弃将"。同在上海滩，同做出版业，章锡琛能看着自己一手拉扯大的小书店，在短短的六年时间内，跻身于老东家这样的大书店之列，无论如何，心里是欣慰的。


### （二）"章老板的杰作"——《二十五史》

古籍出版是当时大书店所必备的出版门类之一。商务、中华之所以成为中外闻名的出版重镇，除了经济实力以外，还在于其古籍出版的大手笔。仅就史书出版而言，商务有《百衲本二十四史》，中华有聚珍仿宋版《二十四史》。章锡琛为了"书店闯牌子"②，让开明跻身大

---

① 王利民：《平屋主人——夏丏尊传》，浙江人民出版社 2005 年版，第 255—256 页。
② 莫志恒：《说说开明书店及其出版物的装潢艺术》，载中国出版工作者协会编：《我与开明》，中国青年出版社 1985 年版，第 238 页。

书店之列，早就有志于此，所以在稍具经济实力的时候，他就开始谋划在古籍出版方面有所作为。

商务的《百衲本二十四史》，其选用底本全系珍罕版本，因年代久远而多呈残缺不全，编校者张元济等就通过许多版本相互参校、补缀，如僧人之"百衲衣"，故而得名。因此，《百衲本二十四史》的特点就在于底本的珍罕；中华的聚珍仿宋版《二十四史》，其特点不在于底本的珍罕，而在于其印刷字体的珍罕。因为聚珍仿宋版"二十四史"不是影印的，而是直接以铅字排印的方式出版。其所用的铅字及版式，也并非普通的宋体或楷体铅字版式，而是由西泠印社创始人丁辅之（1879—1949）研制的"聚珍仿宋"体铅字及版式。要知道，丁辅之这套"聚珍仿宋"体铅字及版式是获得了"中华民国政府内务部第六三五号批文及执照"的，是中国第一个获得国家认可的，有自己版权的字体发明者和使用者，他人是不能仿冒使用的。珠玉在前，章锡琛的开明书店要第三个推出内容基本相同的历代史书，如何创新？章锡琛个人还是很费了一番心思的。要不然，其同事钱君匋就不会称《二十五史》为"章老板的杰作"[①]了。章锡琛在《二十五史》出版上的创新有：

1.史书数量创新。商务、中华都出版的是"二十四史"，章锡琛为了创新，加入了柯劭忞的《新元史》，决定出版《二十五史》。数量上增加了一种，至少在宣传上可以先声夺人。

2.版本体例创新。据统计，从清乾隆四十九年（1784）武英殿版《二十四史》刻成，到光绪二十九年（1903）上海点石斋书局第三次

---

① 钱君匋：《回忆章锡琛先生》，《出版史料》1988年第3、4期。

石印本问世，期间共出现过18个版本的《二十四史》。尤其是从19世纪70年代开始，石印术传入我国并在出版业广泛应用，20年间就出现了12个版本。所以到开明书店开始影印《二十五史》时，在版本选择上的余地很大。经过综合比较和慎重考虑，开明书店最终选择武英殿版《二十四史》和退耕堂刊本的《新元史》作为底本。其原因有四：一是在历代正史汇刻本中，如汲古阁版《十七史》，南、北监本《二十一史》等，武英殿版《二十四史》虽然属于晚出的版本，但仍然是一个错讹较少、社会上流通也比较广泛的本子。在版本选择上，开明书店汲取了商务印书馆《百衲本二十四史》的教训：即为了追求版本价值，其所用底本多为孤本、善本，然后再加以校勘，所以成本高昂。二是柯劭忞的《新元史》取材广博，体例严谨，对于《元史》的增补和订正的地方也较多，并且已经在1921年被徐世昌大总统颁令列入正史。此时将其收入开明书店版的《二十五史》，正好弥补《元史》质量较差这一不足。三是武英殿版《二十四史》除《明史》之外，每史的每卷之后，都附有考证。为此，开明书店版《二十五史》的主持者王伯祥先生，特地找来王颂蔚所著《明史考证捃逸》，将其拆分开来，附于《明史》各卷之后。这样的处理，使得每史均有考证，体例上实现了统一。四是武英殿版《二十四史》和退耕堂刊本《新元史》的版式一样，方便合刊缩印。

3.影印方式创新。开明书店将武英殿版《二十四史》和退耕堂刊本《新元史》统一进行缩印，9页并成1面，每面3栏，每栏3页，摄影制成锌版，字体缩成新5号字大小，全书9700多面，以大16开本装订了9册。要知道，在当时的印刷技术条件下，开明书店将《二十五史》缩印到仅仅9册，是一件极大地方便学人的事情，也是一件非常了不起的事情。此前几乎所有《二十四史》的版本，其册数规模均在 100 册以上。册数一多，不仅购买昂贵，而且收藏不易，查阅也不方便。仅仅 9 册的《二十五史》，极为轻便、实用。当然，如此缩印亦有字体太小的弊端，长期阅看会对学人的视力造成损害，"听说范文澜先生的眼睛就是通读开明版《二十五史》读坏的"①。

4.销售定价创新。由于开明书店版《二十五史》只有 9 册，用纸量少，成本较低，所以定价也得以降低。《二十五史》于 1934 年 9 月开始预订，预约价为整付 40 元，分 10 次付，每次 5 元。1934 年 12 月第二期预订，定价 72 元，预约价为整付 44 元，分 10 次付，每次 5.5 元。

比较之下，中华书局聚珍仿宋版《二十四史》共 500 册，预约收半价 140 元，则其定价为 280 元。商务印书馆的《百衲本二十四史》也是一样，所以杨荫深说，"固然商务、中华也出了不少的大部头书，但他们从来不会替贫苦的读者着想，如商务的《百衲本二十四史》，好固然好，但定价高到二三百元，除供有钱人家作摆设外，哪个青年读者能买得起这部书呢?"② 开明书店版《二十五史》的定价，只有上述两个版本的四分之一，属于贫苦的青年读者也能买得起的图书。

5.衍生开发创新。开明书店推出《二十五史》之后，又在王伯祥、周振甫、卢芷芬等人的努力下，进行了衍生产品开发，相继推出了《二十五史人名索引》和《二十五史补编》，与《二十五史》形成产品

---

① 王湜华:《从〈二十五史〉定名由来说起》,《出版史料》2002 年第 3 期。
② 杨荫深:《忆开明怀夏师》,载中国出版工作者协会编:《我与开明》,中国青年出版社 1985 年版,第 101 页。

系列，共同销售，给治史学者以极大便利。

周振甫、卢芷芬花了很大的力气，编著了《二十五史》衍生产品之一——《二十五史人名索引》。在此之前，清人汪辉祖曾编有一本《史姓韵编》，可用于检索史书中的人名。但其书所收仅限于《二十四史》，又不包括帝王后妃及外国诸传人名；其排列方式则以时代先后为序，不同时代的同名者则不便检索；而且是依韵编次检索，使用也不大便利。在《史姓韵编》的基础上，周振甫、卢芷芬进行了一番改造："凡《韵编》所阙漏者，悉为补入；每一人名之下，详注各史卷第及'开明版'页数、栏数，一检即得。两人同名者，既已汇列一处，一人异名者，并为分别指出。编次采用四角号码，另加笔画索引，尤便检查。"这样的编著工作颇为琐碎，古今同名者甚多，而同一时代的同名者则更容易引起混淆，周振甫、卢芷芬以高度的责任感做好了这项编著工作，在校对时将人名分别记录下来以后，同时区分同时代的同名者，再将每史的纪、传、表厘清，根据出生、事件等将同名者予以区别标注，避免张冠李戴。《二十五史人名索引》的出版，为检索《二十五史》中浩如烟海的人名提供了极大方便。

《二十五史人名索引》编辑完成后，章锡琛特地写了一篇序文：

《二十五史》为我国史册之总结集，所函人名，浩如海烟；或一人而名号歧出，或两人而隔世同名，甚有并时同名而了不相涉者。不有条分综贯之方，读史者将何从探索古人于杳冥苍茫之际，以为尚友之资乎？清人汪辉祖氏有鉴于此，遂有《史姓韵编》之作。杀青甫竟，誉遍士林。盖操炬火以导夫先路，宜乎其为世称重矣。顾其为书也，止限于《二十四史》，且不载帝王后妃及外国诸传人名：其排列方式，又一以时代为序，隔世同名者，即无由汇列，校其同异。而编次悉依旧有之韵目，在今日亦颇感检查非便。同人窃不自揆，于辑印《二十五史》之顷，即发凡起例，为制人名索引，藉弥此憾。通功合作，无间寒暑；而卢芷芬、周振甫两君之力尤多。书成，爰志其缘起如此。至编次排列之方，拾遗补阙之迹，具如凡例，兹不赘。

二十四年十一月，章锡琛

事实上，对于史学研究者而言，只要这 500 多页精装小 32 开本的《二十五史人名索引》在手，想检索《二十五史》中的任何一个人名，都可得心应手，并可由之导入正文，一清二楚。这也算是章锡琛和开明书店造福学林又一功绩。

《二十五史》最重要的衍生产品，是《二十五史补编》。

历代史书中，表谱书志未必齐备；而原有这些门类的若干史书，又往往有作者的疏忽以及后世传刻的错误。后来的史家为了弥补这些遗憾，做了许多工作。归纳起来，主要是三类：一是补作，如钱文子的《补汉兵志》、郝懿行的《补宋书食货志》等；二是校正，如王元启的《史记月表正讹》，汪远孙的《汉书地理志校本》等；三是考订，如梁玉绳的《汉书古今人表考》，姚振宗的《隋书经籍志考证》。长期以来，这三类的书都散见于各种丛书之中，还有一部分只是稿本，并未刊刻。

章锡琛和他的同事们考虑，如果把这三类的书，汇刊在一起，与《二十五史》一起出版，于学术研究将大有裨益，选题由此敲定。

选题确定以后，开明书店专门成立了以王伯祥为首的"二十五史补编委员会"，并起草了一个目录。然后，开明书店将此目录分寄国内的 23 位历史研究方面的专家和学者，请他们提出建议。包括顾颉刚、吕思勉、向达在内的 23 位专家收到目录后，对于《二十五史补编》的创意极为赞许，纷纷回信提出意见，商酌体例，增辑目录，每个人都大约有三四通信件往返。

在专家们的建议下，后来《二十五史补编》目录共收入上述补作、校正、考订等三类图书 246 种，其中原有刻本的 180 种，稿本未刻的 66 种。搜录图书的一些细节，编者在该书的《刊行缘起》中略有说明："姚振宗所著《隋书经籍志考证》等七种，称为快阁师石山房丛书，在目录学方面的价值，梁任公先生曾经竭力表彰过。但是，适园丛书所刻入的仅有两种，浙江图书馆所排印的也还不到一半；文化界没有窥见全豹，一向引为憾事。现在我们在补编里头发表这一部极大的名著。汪士铎的《南北史补志》由淮南书局刊行，只有十四卷，实在是一部分罢了。现在我们访求到他的未刻稿十三卷，收在补编里头，除尚缺《南北史艺文志》三卷外，就是完璧了。万斯同的《历代史表》，旧刻本跟广雅刻本都没有完全。他的遗稿藏在鄞县冯氏。现在承冯氏借给我们收印，计有未刊稿一十七种。对于关心文化的人，这些应该是值得兴奋的消息。"

《二十五史补编》的编纂和校勘工作，由王伯祥主持，周振甫、卢芷芬助理。为了编好这本书，王伯祥事事亲力亲为。在确定目录时，他跟国内的史学家、目录学家通信商榷；在排校过程中，他从初校到最后清样，都要过目。其同事宋云彬是这样回忆王伯祥当时的工作状态的："那时候他还不满五十岁，精神旺盛，学术研究的兴趣很浓，工作积极性也高。"[1] 在王伯祥、周振甫、卢芷芬的努力下，最终出版的《二十五史补编》也是大 16 开本，近 9000 面，分装成 6 大厚册出版。此书的出版，曾让顾颉刚"为之喜而不寐"，并称此书之编著为"无量之功德，所当为史林永颂者矣"。

这样一来，《二十五史》、《二十五史补编》、《二十五史人名索引》三种图书一起，形成了相得益彰的产品系列，保证"章老板的杰作"取得了经济效益和社会效益的双丰收。郑振铎也视《二十五史》、《二十五史补编》，以及《辞通》、《元曲六十种》，为开明书店的"扛鼎"之作。

### （三）冒险排印瞿秋白遗著

1935 年 6 月 18 日上午，福建长汀。一位上身穿着黑色中式对襟衫，下身穿着白布抵膝短裤，双脚穿着黑线袜、黑布鞋的中年人，微笑着来到中山公园的凉亭前拍照。随后，他进入凉亭中坐下，独自就着"菲菜四碟、美酒一甕"，自斟自饮，并与身边侍立的人谈笑自若。餐毕，他走出中山公园，一路手持香烟，顾盼自如，沿途踏歌缓缓而行，唱了《红军歌》，还用俄语唱了《国际歌》。他步行两华里之遥后，来到长汀西门外罗汉岭下蛇王宫养济院右侧的一片草坪上，左右打量一番后，盘膝坐在草坪上，对跟随的人点头微笑说："此地甚好，开枪吧！"

俄顷，枪声响起，中年人饮弹洒血，从容就义，年仅 36 岁。

---

① 宋云彬：《开明旧事——我所知道的开明书店》，载出版史料编辑部编：《章锡琛先生诞辰一百周年纪念文集》，1990 年 10 月，第 196 页。

　　这位视死如归、从容微笑着倒在血泊中的中年人，就是中国共产党早期主要领导人之一，伟大的马克思主义者，无产阶级革命家、理论家、宣传家，中国革命文学事业的重要奠基者之一——瞿秋白。

　　在成为职业革命家之前，瞿秋白是以学者著称于世的。这使得他和鲁迅成为知己和朋友。鲁迅曾书赠瞿秋白一联："人生得一知己足矣，斯世当以同怀视之"。两人的友情，由此可见一斑。

　　收到瞿秋白确切死讯时，鲁迅本人的生命，亦已进入了倒计时阶段。因为仅仅一年四个月之后，重病的鲁迅也将走到自己生命的尽头。巨大的悲痛，更为加重了鲁迅的病情。即便如此，顽强的鲁迅仍然拖着病体，为自己的知己和朋友瞿秋白，做了最后一件事——编辑瞿秋白遗著《海上述林》。鲁迅说："我把他的作品出版，是一个纪念，也是一个抗议，一个示威……人给杀掉了，作品是不能杀掉的，也是杀不掉的。"《海上述林》也是鲁迅一生中所编辑的最后一部书。

　　鲁迅决定，先把瞿秋白翻译的外国作品编辑出版，至于其余著述，"俟译集售出若干，经济可以周转，再图其它可耳。"为了尽可能地将瞿秋白的译文收齐，鲁迅以200元的代价，将瞿秋白的《高尔基论文艺集》和《现实——马克思主义论文集》两部译作从现代书局赎了回来。从1935年10月开始，鲁迅就抱病开始了《海上述林》的编辑工作，短短一个月之后，他就将30余万字的上卷编辑完成。

　　在鲁迅的编辑下，《海上述林》上卷《辨林》，收马克思、恩格斯、列宁、普列汉诺夫、拉法格等文学论文，以及高尔基论文选集和拾补，还有其他译文，并插入恩格斯、列宁、普列汉诺夫、拉法格、高尔基、哥德等照片和画像；下卷《藻林》，专收诗和小说的译文，有高尔基的《海燕》、《市侩颂》、《二十六个和一个》、《不平常的故事》、

《克里慕·萨慕京的生活》等作品，卢那察尔斯基的《解放了的董·吉诃德》等，并悉数收入了这些文艺作品的插图。

由于瞿秋白的特殊身份，此书由鲁迅"躲进小楼成一统"地闭门编辑当然是容易的，但要公开印刷和出版，就要冒极大的风险了。首先是作者署名就让鲁迅颇费思量，想来想去，用了三个英文字母"STR"，即瞿秋白笔名"史铁儿"拼音的三个首字母。其次是出版者鲁迅用的是"诸夏怀霜社"的名义。一来"诸夏怀霜社"从未存在过，国民党反动派就是要查也无从查起；二来瞿秋白曾用过"瞿霜"的笔名，而"诸夏怀霜"蕴含"华夏人民怀念瞿秋白"的意义，可以稍慰鲁迅对老友的怀念之情。第三是真正的印刷、出版机构难找，因为风险太大。"当时出版这本书要冒很大的风险，书店都避而远之"①，一旦被国民党反动派查出，企业被毁还是小事，恐怕企业负责人还会付出生命的代价。鲁迅在诸般斟酌权衡之后，想到了章锡琛。

鲁迅、周作人、周建人三兄弟和章锡琛，有着十几年的同乡加好友的交情了。尤其是周建人和章锡琛，曾有过一段共患难的战友情。而鲁迅，既于1911年与章锡琛在绍兴短暂共事，也曾在1926年8月由三弟周建人陪同，亲临章锡琛刚刚开张的开明书店，为其打气助威，并就出版方针、书籍装帧等具体工作出谋划策。两人之间的交情，是深厚的。当然，同乡不是决定性因素，多年的交情也不是决定性因素，在这一件事情上鲁迅最看重的，还是章锡琛的人品。一个人要向另一个人托付掉脑袋的事情，另一个人的人品自然是最重要的考量因素。

事实证明，鲁迅看人的眼光很准。章锡琛出于对瞿秋白的同情和

---

① 周国伟：《略述鲁迅与书局（店）的关系》，《出版史料》1987年第2期。

景仰，出于对鲁迅的信任，毅然接下了书稿，并开始在自己直接管辖的美成印刷所秘密排版。这是名副其实的秘密排版：为了保密起见，由章锡琛的儿子章士敏负责亲手排版，不假手于其他任何人。这样，知情的范围就控制得相当严密。

章锡琛不仅为这部书出了力，还出了钱。《海上述林》购买铅材的资金，即由开明书店编辑所同人捐助，"开明书店的叶圣陶、徐调孚、章锡琛、宋云彬、夏丏尊，为出版《海上述林》各认捐十元；王伯祥、丁尧先各认捐五元"[1]。该书出版后，鲁迅在《〈海上述林〉上卷序言》中，对此表示由衷的感谢，并赠样书各一册。

正当鲁迅紧张编辑瞿秋白遗著的时候，北平爆发一二·九抗日救亡运动的消息传到上海，宋庆龄、鲁迅、马相伯、沈钧儒、王造时、邹韬奋、陶行知、章乃器、李公朴、史良、章锡琛、叶圣陶等爱国知名人士纷纷表示支持。宋庆龄从上海寄给北平学联100多元钱，作为开展抗日救国工作的费用；鲁迅于12月18日至19日夜，撰文热情赞扬爱国学生的英勇斗争精神，并寄予"石在，火种是不会绝的"殷切希望；章锡琛则指示开明书店的《中学生》杂志，在1936年1月号的封面上刊登一二·九运动的照片，以示上海出版界对于这场爱国学生运动的支持。

此后，鲁迅的病情进一步恶化。1936年春天的到来，并未缓解他的肺病病情，他仍然经常咳嗽、气喘和低烧，肋膜间常有积水，偶尔还会吐血，体重下降到只有三十几公斤。但他仍然撑着病体，为瞿秋白的著作设计封面、选择插图、挑选纸张。

---

① 周国伟：《略述鲁迅与书局（店）的关系》，《出版史料》1987年第2期。

4 月底，章锡琛的美成印刷所终于将《海上述林》上卷的纸型打好。慑于国民党反动派的淫威，此书自然不敢在国内公开印刷，鲁迅就亲自将纸型送到内山书店，托老板内山完造寄往东京进行印刷。同时，他着手编校《海上述林》的下卷，并陆续交由章锡琛排版。

直到 1936 年 6 月，当美成印刷所的下卷排版工作进度不大理想时，鲁迅直接写信给章锡琛，语气之焦急、口气之严厉前所未有："翻译的人老早就死了，著作家高尔基也于最近去世了，编者的我，如今也要死了。虽然如此，但书还没有校完，原来你们是在等候着读者的死亡吗？"

10 月 2 日，距离鲁迅的生命结束还有 17 天的时候，他收到了在日本印刷的《海上述林》上卷。上卷有平装和精装两个版本，印装非常考究，全部用重磅道林纸精印，并配有插图。精装本 100 部，用麻布做封面，用皮做书脊，字体为金色，形式典雅；平装本 400 部，则是用天鹅绒做封面，字体仍为金色。病榻上的鲁迅，看着编辑精良、装帧优美的《海上述林》上卷，认为："皮脊太'古典的'一些，平装是天鹅绒面，殊漂亮也。"他宽慰地对许广平说："这一本书，中国没有这样讲究的出过，虽然是纪念'何苦'，其实也是纪念我。"鲁迅这里所说的"何苦"，也是瞿秋白的笔名之一。

当天，鲁迅在日记中写道："下午，《海上述林》上卷印成寄至，即开始分送诸相关者。"章锡琛作为此书出版的大功臣之一，自然在受赠者之列。其余的还有郑振铎、沈雁冰、叶圣陶、徐调孚、宋云彬、夏丏尊、王伯祥、冯雪峰、谢澹如、杨霁云、曹靖华、吴朗西、许寿裳、台静农、胡风等。特别引人注目的是，受赠者名单中，还列有皮脊精装本和天鹅绒平装本各一册赠送当时尚在陕北的毛泽东同志和周恩来同志。

《海上述林》上卷放在内山书店代销。为此，鲁迅还亲自用大号毛笔写了一份广告，贴在内山书店门口醒目处。10 月 9 日，他又写了一份书面广告在《译文》上刊登：

### 绍介《海上述林》上卷

本卷所收都是文艺论文，作者系大作家，译者又是名手，信而且达，并世无两。其中《写实主义文学论》与《高尔基论文艺》两种，诚为煌煌巨制。此外论说，亦无一不佳，足以益人，足以传世。全书六百七十余页。玻璃版插图九幅。仅印五百部，佳纸精装，内一百部精装，金顶，每本实价两元五角，函购加邮费两角三分。好书易尽，欲购从速。下卷亦已付印，将于本年内出版，上海北四川路底内山书店代售。

可惜的是，鲁迅未能见到《海上述林》的下卷。因该书于 1936 年年底才得以从日本印刷完成，而 1936 年 10 月 19 日凌晨，鲁迅的心脏就停止了跳动。

10 月 18 日一天，鲁迅都在病中，这也是鲁迅生命中的最后一个白天。这最后一个白天，鲁迅仍然在关注瞿秋白的著作广告。早上 8 点多钟，鲁迅问许广平，报上有什么事情，许广平告诉他有《译文》的广告，他翻译的《死魂灵》登在头一篇。鲁迅说："把报纸给我，眼镜拿来。"他坐在躺椅上，一面喘息，一面仔细看着《译文》上刊登的关于《海上译林》的广告。他把广告看了又看，很久才放下来。

19 日凌晨 4 时，鲁迅微弱地对许广平说："要茶。"这两个字，成为鲁迅一生中的最后一句话。说完之后，鲁迅就进入了弥留状态。守护在病榻前的人们发现情形不对，请留下守护的护士给鲁迅连着打了几针，但已是回天乏术了。

鲁迅的后事，极尽哀荣。数以万计的人们前往现场凭吊、送葬，作为好友的章锡琛也在其中。同时，章锡琛所在的开明书店，在向家属表示慰问之余，还在已发排的《中学生》和《新少年》上，临时增加悼念鲁迅的文章和照片，以表悼念。①

### （四）短暂的高峰年代

1936 年，是开明书店成立十周年。回顾自 1926 年成立以来的十年，我们可以看到：1926—1936 年，是开明书店史上的黄金十年。而且从此以后，开明书店史上再没有过这样的出书品种逐步增加、经营规模持续扩张、同事团结互助、书店蒸蒸日上的十年。而这十年中，尤以章锡琛担任总经理的 1934—1936 年为开明书店史上的高峰年代。

商务印书馆的总经理王云五在 1936 年写了一篇文章《十年来的中国出版事业—— 一九二七— 一九三六年》，原载于商务 1937 年版的《十年来的中国》（中国文化建设协会编）一书。这篇文章，本是王云五身为商务的总经理，"替商务宣传同时亦作自我宣传"②的产物。但就是这样一篇商务宣传王云五的文章，仍然有多处提及开明书店的《二十五史》、《二十五史补编》、《二十五史人名索引》等图书产品，并称赞"开明版的《二十五史》竟缩成九厚册"。可见，商务和王云五也不能小瞧

---

① 王利民：《平屋主人——夏丏尊传》，浙江人民出版社 2005 年版，第 198 页。
② 张静庐：《中国现代出版史料乙编》，上海书店出版社 2003 年版，第 352 页。

了开明书店和章锡琛这个出版业的小兄弟。同时，截至本年，《开明活页文选》共出版 1600 多种，既产生了良好的经济效益，也产生了广泛的社会影响。开明书店的图书产品在出版物市场上已极具影响力。

到了 1936 年，又到了开明书店酝酿增资扩股的时刻，这是开明书店继 1930 年、1931 年、1933 年之后的第四次增资扩股，也是开明书店事业获得持续发展的一个明证。经过 1936 年的酝酿，开明书店于 1937 年初增资扩股为股本 30 万元。

为了纪念创业十周年，开明书店在 1936 年举行了一系列庆祝活动：

首先是出版专题纪念图书。所谓专题纪念图书，就是开明书店为了纪念创业十周年，以较高的稿酬，主动特约一些作家专题撰写新作。这些稿件由夏丏尊编辑成两本小说集刊《十年》和《十年续集》。夏丏尊为《十年》作了序，并为《十年续集》写了小说《流弹》。

其次是乔迁志庆。这一年，开明书店总店（经理室、编译所、总务所、货栈）和美成印刷厂一起迁入梧州路新址办公。这个新的办公场所，虽然由于章锡琛一贯的节俭作风，是由一家倒闭的丝厂修缮而成，但的确使同人们的办公条件得到了大大改善，也在一定程度上增添了创业十周年的喜庆氛围。

第三是于 1936 年 12 月召开开明书店第二届业务全会，在探讨工作的主题之下，自然也少不了创业十周年庆祝内容。大会之后，合影留念。

出书、搬家、开大会，可以想见当时章锡琛和开明书店全体同人们的喜悦之情。一切的一切，非常圆满。

事实上，圆满的不仅只有开明书店一家。此时，不仅开明书店处于自身发展史上的高峰年代，整个中国出版业也在这时迎来了一个高峰年代。

王云五指出，1927年时"全国新出版物只有1323册"，1936年时"则进至9438册"，后者是前者的7倍多。从用纸量上讲，国产纸自1931年到1936年间增长2倍多，从3万多吨到近9万吨，进口纸也愈益扩大，在1936年达30万吨。[①]从营业总额来说，当时中国出版业营业总额大约是3000万元，也是一个高峰。

从单个出版社来看，商务印书馆、中华书局也分别在这时进入到自己的高峰年代：和开明书店一样，商务印书馆的高峰年代也出现在1934—1936年。这几年商务印书馆的出版物总量占到了全国的一半，1936年更占到全国的52%。

出版物总量

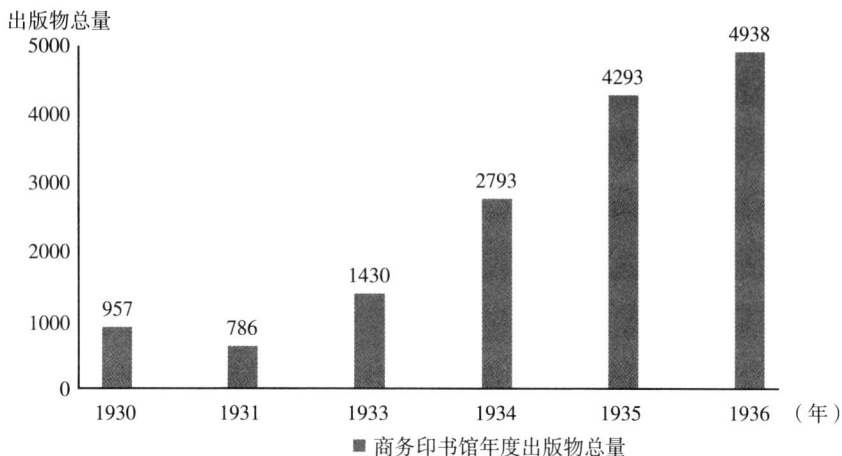

■ 商务印书馆年度出版物总量

上图中，虽然缺少1932年的数据，但可以看出，商务印书馆在这些年的出版物总量基本上是逐年增加的，其中1934年比1931年增

---

① 戴仁：《上海商务印书馆（1897—1949）》，商务印书馆1996年版，第70页。

长 4 倍，1935 年比 1934 年也是成倍增长，1936 年则比 1931 年增长 6 倍。

中华书局在 1935 年和 1936 年迎来了自己出书种数和册数最高的两个年份，1935 年为 459 种，1936 年为 1118 种。而据《中华书局大事纪要（1912—1954）》，中华书局的年度总营业额，也在这个时候达到高峰。

营业额

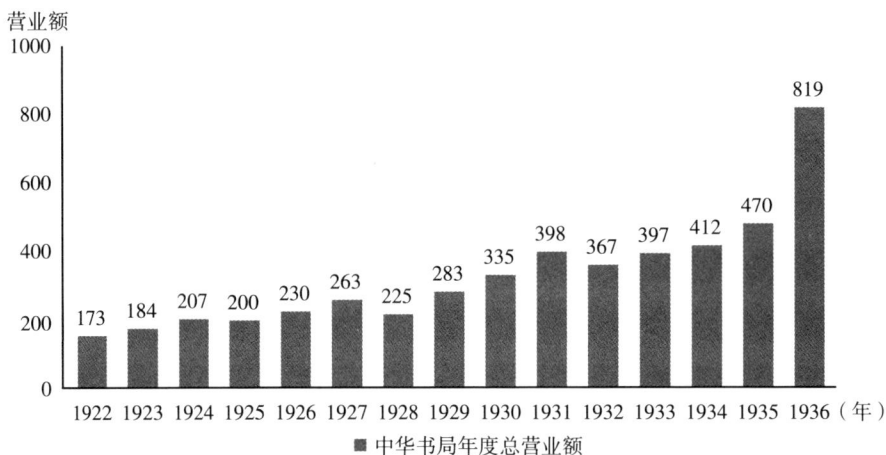

中华书局年度总营业额

其中，1936 年的总营业额 819 万元是 1935 年 470 万元的 1.74 倍，是 1922 年 173 万元的 4.73 倍。显而易见，中华书局的总营业额在这期间高速增长，并达到了自己的高峰年代。

在整体形势向好的情况下，大型出版机构欣欣向荣，中小出版机构也是一片繁荣景象。据冯和法回忆，比开明书店创办稍晚、至 30 年代初才建立的黎明书局，是以复旦大学一批教授为背景建立起来的颇有一些特点的出版机构，1936 年正是黎明书局的旺盛时期。[①]

开明书店的情况也是如此，正是在章锡琛担任总经理的 1934—

---

① 冯和法：《记上海黎明书局》，中国文史出版社 2000 年版。

1936 年，开明书店达到了自己的高峰年代，章锡琛个人也达到了作为出版家的职业顶峰。

这样的高峰年代，首先体现在开明书店投放于《申报》的广告数量上。从下图中，可以看到一条清晰的呈上升态势的曲线。[1] 特别是在章锡琛担任总经理的 1934—1936 年，分别是 299 次、468 次、137 次。广告投入的不断增加，正是开明书店经营蒸蒸日上的一个证据。

投放广告次数

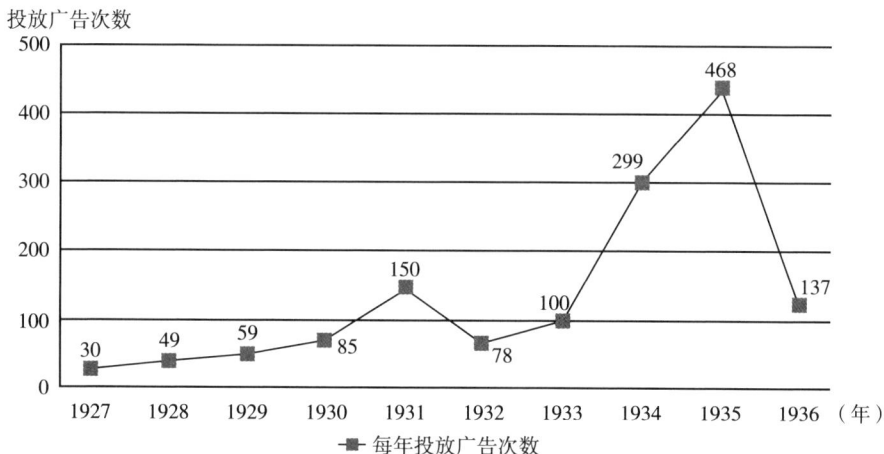

每年投放广告次数

这样的高峰年代，还体现在开明书店的产品数量上。据不完全统计，不包括杂志的话，开明书店在 1934 年新出图书达到了 95 种，1935 年是 107 种，1936 年是 93 种。而在开明书店过去 27 年里，其年平均新出图书品种只有 55 种，因此开明书店在 1934—1936 年出现了连续三年的高速增长。这样的出书规模和经营规模，特别是《二十五史》系列这样重大出版项目取得成功，并得到商务印书馆和王云五这样的行业老大所认可，为开明书店增色不少。

---

[1] 王晓霞：《开明书店的市场开拓策略述论（1926—1937）》，《保定学院学报》2010年第 23 卷第 5 期。

　　纵览整个开明书店的历史，在抗日战争爆发前相对平静的国内环境里，开明书店经过近十年的发展，至此达到了前所未有的高峰。从此以后直到 1949 年，由于战乱而再未达到这样的高峰。1937 年的图书品种将直接锐减到 38 种，不到 1936 年的一半。而且从此以后，开明书店的命运，编辑们个人的命运，也将随着战乱而发生巨大的改变。前路上，有生离死别，有颠沛流离，有长夜待旦，当然也有苦尽甘来。

　　所以，1934—1936 年是章锡琛和开明书店的高峰年代。这仅仅三年的高峰，璀璨得令人炫目，又短暂得令人扼腕。

# 第四章

## 长夜苦待旦

1937 年春天的章家，正在办喜事：章锡琛在为自己的长子章士敏举办婚礼。对于章锡琛而言，1937 年是自己人生中的一个以喜事开头的好年份。

章士敏实际上是章锡琛的次子。章锡琛共有五子一女，分别为儿子章士敦、章士敏、章士敫、章士敢、章士敬，女儿章士文。长子章士敦出生于 1912 年，于 1921 年不幸患上猩红热，遭庸医误诊夭亡。出生于 1916 年的次子章士敏，由此成为长子。1933 年，刚刚 3 岁的章士敬又因肺炎不治夭亡。至此，章锡琛只剩下三子一女。

章锡琛对子女的教育和要求甚严。子女初长成时多曾在开明书店任职，而他们在开明书店并未以"衙内"或"公子爷"自居，反而是从最基层的岗位做起，比如章士敏作为总经理的长公子，就曾到印刷厂从事排版工作。这一点，从开明书店有关职工的回忆中也可以得到印证：

"职工中店领导的子侄辈不少，职工有时戏称他们是'皇亲国戚'，但这种情况并不影响职工们敬业、乐业和同事之间和睦相处，这首先是店内有条不成文规定，人员进店一般都从基础工作做起，我刚进重庆开明书店时，与我同宿舍的就有章锡珊先生（当时任襄理抑协理，章锡琛先生的弟弟）的小儿子，他是在仓库从事配书打包等力气活的。"①

原来，开明书店有一条不成文的规定，凡是新进人员，均应从最基础的工作做起，就是总经理、高管层的子女也不例外。几乎可以断定，开明书店能够有此不成文的规定，章锡琛本人的身体力行、以身作则是决定性因素之一。

而让章锡琛欣慰的是，孩子们尚算争气，均能在社会上自立。章锡琛在谈到他们时，曾不无自豪地说："我有三个儿子，一个女儿，都已经成年。我虽然没有好好的教育他们，但人家都还没有说他们坏到什么地步。他们已经用不到再要我来照顾了。"②

岁月荏苒，1937年春天，章士敏已经21岁，到了谈婚论嫁的年龄。对于家里孩子们的第一件喜事，章锡琛和夫人是深感高兴的，为此广邀宾客。

---

① 应培云：《开明书店汉口分店创办琐记》，载湖北省新闻出版局湖北出版史料编辑组编：《湖北出版史料》第3辑，1988年12月，第16页。

② 章锡琛：《一个最平凡的人》，载王知伊著：《开明书店纪事》，书海出版社1991年版，第218页。

章士敏的婚事是在家里办的，与章锡琛联系过日文词典出版事宜的吴似鸿去吃喜酒时看到的是："客人满屋，男客人一间，女客人也是一间，见到方光焘和胡愈之。"① 此时，作为章锡琛密友的胡愈之，自然是必须出席的座上宾。

章锡琛家有喜事，而此时在他一手创办并出任总经理的开明书店也是喜事频频：首先新创刊一本杂志——《月报》。从 1937 年 1 月起，胡愈之在开明书店创办综合性大型月刊《月报》。"《月报》是中国杂志界的一个创格的刊物，它每月一期，从国内外报纸杂志中选编和翻译有关政治、经济、社会、科学、文教、卫生等方面的文章，目的在于向读者介绍国际国内形势和学术动态。"② 这个新创刊的《月报》，可算是新中国成立后的《新华月报》的前身。还有一件大喜事，就是开明书店在这一年年初，股本增至 30 万元，奠定了事业大发展的经济基础。

1937 年的章锡琛，正处于 48 岁年富力强的年纪。无论是事业还是家庭，都顺风顺水，喜事频频，人生的美好画卷，正在他面前徐徐打开。一切都很美好，一切都很圆满。

表面看起来，似乎已经没有什么可以阻止章锡琛在已经到来的 1937 年，收获事业、家庭的成功与幸福了。但是，从天而降的日本侵略者的炸弹改变了这一切。

1937 年 8 月 13 日，日本侵略者为了扩大侵华战争，继 7 月 7 日的北平卢沟桥事变之后，又在上海发起第二次事变，再度挑起战争，

---

① 吴似鸿：《亲切提挈　挚情难忘——回忆章锡琛先生与我接触的始末》，载出版史料编辑部编：《章锡琛先生诞辰一百周年纪念文集》，1990 年 10 月，第 97 页。

② 王利民：《平屋主人——夏丏尊传》，浙江人民出版社 2005 年版，第 199 页。

并由此揭开了悲壮的淞沪抗战的序幕。

从此，章锡琛和他的开明书店开始承受深重的战争苦难，陷入了长达八年的漫漫长夜之中。

# 一、一生中最大的误判

很难想象，面对迫在眉睫的战争，开明书店居然未做任何准备。

王知伊认为，原因在于章锡琛"不大关心时事"①。当然，这是章锡琛一贯的特点，伴随了他一生。他不仅不大关心时事，也不大关心政治。章锡琛的朋友中，有邵力子、蔡元培、刘大白、林语堂等国民党高官，但未闻他有意加入国民党；也有胡愈之、茅盾等这样在当时代表进步方向的中国共产党人，也未闻他有意加入共产党。可见他本人对政治不大关心，甚至有些麻木。虽然如此，但王知伊的以下逻辑仍然是错误的：正是由于章锡琛不大关心时事，对于日本侵略者的狼子野心了解不深，他没有觉得上海有什么不安全，所以开明书店在大战来临前未做任何准备。章锡琛固然不大关心时事和政治，但他并非是脱离实际社会生活的木头人。特别是对于 1932 年 1 月 29 日商务印书馆遭遇日军轰炸的劫难，不可能完全没有感触和担忧。

倒是章锡琛的同事宋云彬在事后对他和夏丏尊的批评，深刻地揭示了章锡琛的真实思想："开明的两位主要负责人章锡琛和夏丏尊，有个共同的特点，就是不关心时事。因为不关心，对时局就不能作出

① 王知伊:《开明书店纪事》,《出版史料》第 4 辑, 1985 年 12 月。

正确的分析和判断。丏尊不相信会出现长期抗战的局面。他不止一次地跟我说过：'中国从鸦片战争以来，没有认真跟帝国主义者打过一次仗，目前这个坏政府，更不会真正跟日本打起来。'""锡琛呢，他虽然不是绝对不相信会打起来，但他把租界看作安全地带，以为梧州路是租界，即使打起来，也不会在租界中作战。他还有一种奇怪想法，认为国家最危险的关头，我这点小小事业算得什么。有一次我问他开明作了什么准备的时候，他就是这样回答我的。"①

总结起来，章锡琛之所以未作准备的原因，有恃无恐者二，无可奈何者二。

所谓有恃无恐者二：一是章锡琛和夏丏尊一样的想法，觉得中日之间不会认真地打起来。即使有冲突，最终也将以中国"目前这个坏政府"的让步告终。日本人在满足要求之后，也会偃旗息鼓。章锡琛和夏丏尊的这个想法，明显低估了日本吞并整个中国的野心。二是章锡琛觉得开明书店坐落于租界区，即便中日打起来，日军也不会贸然占领在中国一直享有特权的列强租界区，这样一来开明书店仍然是安全的。章锡琛的这个想法是不现实的。事实上，莫说战争打起来子弹和炮弹不长眼睛难免误伤租界的人或物，就是章锡琛心中觉得安全的租界，也被日军于 1941 年 12 月珍珠港事件后侵占。所以，战争一旦打起来，自然是"地无分南北、人无分老幼"，租界、非租界的危险性是一样的。

所谓无可奈何者二：一是章锡琛认为，如果是最坏的情况，既然整个国家都要被打烂，我个人这点小小的事业被打烂，也是无可奈何

---

① 宋云彬：《开明旧事——我所知道的开明书店》，载出版史料编辑部编：《章锡琛先生诞辰一百周年纪念文集》，1990 年 10 月，第 182—183 页。

的事。即使要搬迁，又往哪里搬？哪里可以不受战火影响？这恐怕是一个当时连蒋介石政府都无法回答的问题。二是没有钱。美成印刷所经理吴仲盐向宋云彬谈及搬迁时说："机器搬不动，要搬也得花上万把块钱，美成没有这笔现款，只好听天由命。炮声一响，我准备坐在机器旁边，跟机器共生死！"悲壮固然悲壮，但开明书店和美成印刷所没有现款用于机器设备的运输、人员家属的安置确是实情，这当然也是无可奈何的事。

战云密布于上海之际，章锡琛对于开明书店如何躲避战火，不可能没有思考过。但思考归思考，他一直未能将思考付诸实施。揣测起来，他的真实想法应该是：最好不要打起来，万一打起来，最好不要打到租界来。万一打到租界来，说明整个中国都被打烂了，就破罐子破摔，豁出去了，无所谓了！

这显然不是一个成熟的企业领导人所应该有的想法，至少不是一个负责任的企业领导人所应该有的想法。作为一个领导着几百上千职工的企业领导人，无法预见战争的到来，这可以理解；但当战争征兆越来越明显的时候，作为企业领导，不是预先作出应变准备，不是团结职工一起出主意想办法，而是一个或几个高管在私下里抱着"破罐子破摔"的心态，准备把开明书店和美成印刷所全部砸碎，从而断绝全体职工的生计和活路，这就不太能得到职工们的原谅了。以后的事实也证明，章锡琛在此时的误判，成为他一生中最大的误判，极大地损害了他在职工队伍中的威信，直接导致了职工们对于他这位总经理的失望和怨怼情绪。

同样是在上海，同样面对着战云密布的战争形势，王云五和陆费逵分别作为商务印书馆和中华书局的总经理，采取了与章锡琛和开明书店截然不同的预防性措施。

1932 年一·二八事变商务印书馆遭受巨创，使得王云五等商务高层感到：国难当头，政府无能，上海绝非安全之地。于是决定在香港建设印刷力量，于 1934 年在香港北角建成商务印书馆印刷厂香港分厂。王云五在 1936 年 10 月 30 日商务印书馆第 432 次董事会上报告：

> 因时局关系，鉴于"一·二八"之难，拟将闸北宝山路之制版厂及栈房，（租界）东区之印刷、平版两厂及美安栈房保兵险。将总馆存书，除课本外，以百分之五十五派发至各分馆及香港分厂，但京、杭、平、津四分馆不派；汉口分馆及香港分厂特为多派。拟在长沙开设一小规模之印刷厂，已派人前往筹备。

商务的预防是全方位的，除在香港已建的印刷厂外还要在长沙建设小规模印刷厂，为在上海的固定资产买了保险，存货则分发到各分馆以降低被一颗炸弹全部炸掉的风险。同时，商务印书馆还预见到战端一起，南京、杭州、北平、天津必将成为战场，所以这些分馆不分发存货。

无独有偶，唇亡齿寒的中华书局也决定分散建设自己的印刷力量，对可能到来的大战采取预防性措施。陆费逵早在 1933 年就发表《备战》一文，提出对日全面抗战已不可避免。他不仅有言论，还有具体的行动：陆费逵于 1933 年 2 月赴香港，进行实地考察和规划，开始筹建香港分厂。和商务印刷厂香港分厂一样，该厂亦于 1934 年建成。同时，陆费逵以上海平凉路新购之地距离租界太远，一旦爆发战争即无回旋余地，改在澳门路购地建厂。

以后的事实证明，由于商务、中华对抗日战争的深度和广度认识不够，把企业的印刷、发行基地建设在香港、长沙、武汉等即将沦陷之地，战前所采取的这些预防性措施收效有限。因为，随着上海、香港、武汉等地先后沦陷，上述地区的这些建设，或毁于战火，或沦于敌手，或再度迁徙，都没能达到规避战争风险的目的。但是，商务和中华毕竟通过这些措施，降低了风险，减少了损失，毕竟要比章锡琛和开明书店不作任何资产和人员转移准备，把所有的鸡蛋装进一个篮子里要强。

## 二、被迫滞留上海

就这样，章锡琛和开明书店在毫无准备中迎来了南京国民政府教育部疏散会议的通知。

1937 年 8 月 10 日，国民政府教育部召集上海各书店经理到南京开会，章锡琛代表开明书店参加。会议宣布战争不可避免，要求各书店立刻着手，赶快把机器和重要物资搬离上海，并说政府已在武汉安排设厂地点，亦可为各书店的搬迁提供运输船只。

8 月 11 日，章锡琛即返上海，着手开明书店和美成印刷所的搬迁事宜。但是，搬迁的难度实在太大。机器、纸型、纸张和书籍，都是笨重难搬之物。开明书店自己没有货车，只能去临时雇用大卡车。好不容易把东西搬到长江码头，才发现政府原来承诺的船只已被拨去运兵。在当时的紧急情况下，运兵自然是第一要务。但出版业的搬迁，毕竟也是政府答应过的事情，所以几经交涉之后，总算弄来了两条民船。于是分两批开运：第一批运的是纸型、书籍和纸张，先到镇江，再以英国轮船运汉口。第二批运的是几部机器，还有一些纸型、书稿、纸张和油墨等。这两批运走的资产和机器，为数有限。因为战争还没有开始，这些只是开明书店董事会决定将出版重心移往汉口所需要的必备资产和机器。

然而，留给章锡琛和开明书店的时间太少了。就在开明书店的两批货物刚刚运出时，战争于 8 月 13 日突然爆发了。这一天，日本海军陆战队以上海虹口区预设阵地为依托，向淞沪铁路天通庵站至横滨路的中国守军开枪挑衅，并在坦克掩护下沿宝山路进攻，被中国守军击退。从此，双方开始了互有攻守的一场大战。对于章锡琛和开明书店的致命打击，是在八一三事变之后的 8 月 16 日发生的。当天，开明书店设在虹口梧州路的经理室、编译所、货栈及美成印刷所，被日寇炮弹击中，所有的图版纸型、藏书资料、几百万册存货，以及正在印刷厂待印的《二十五史》全部锌版，美成印刷所的所有器材，全部被毁。开明书店几乎被炸弹炸得荡然无存，损失资产达 80% 以上。

日军几颗炮弹，就让开明书店资产损失达 80% 以上，同人的指责也因此集中到了章锡琛身上："有的朋友说，如果章锡琛在抗日初期有点眼光和见识，早有点准备，开明的资产也许不会遭到百分之九十以上的损失。"[①] 章锡琛自己的子女——章士敫、章士敢、章士文，甚至认为这次巨大的公私财产损失，"从主观上说……这是他们思想

---

① 吴觉农：《怀念老友章锡琛》，《出版史料》1988 年第 1 期。

上脱离政治所得的毁灭性惩罚"①。

与此同时，章锡琛、夏丏尊、吴仲盐三家也被炸毁。没办法，章锡琛搬了一次家，迁入法租界霞飞坊 35 号，同时迁入霞飞坊的还有夏丏尊、叶圣陶、金仲华、索非、顾均正、唐锡光、王伯祥。当时，同样是为了躲避战乱，鲁迅的遗孀许广平带着儿子周海婴也住在附近。②

美成印刷所被炸毁之后，章锡琛痛惜不已，曾想采取措施，以挽回部分损失："大家认为美成厂原存有大量的铅字、铅锭，工厂被毁时大火燃烧，铅字被熔化后流入地下，按此推算在厂基下面凝结着相当数量的铅块，如能挖掘出来其价值是很可观的。"经过商定之后，开明书店就雇工在美成印刷所的基地上日夜开挖，结果只挖出一面盆的铅块，希望就此落空。原来，这块地早就被人捷足先登，挖掘过了。开明书店不仅没有挖到铅块，还惹出了一场意外的官司来。

原来，开明书店雇工在美成印刷所地基上挖掘铅块的事，被厂基主人知道了。厂基主人认为，未经征得他的同意就擅自挖掘，侵犯了他的产权，当即请了律师要提起诉讼，要求赔偿产权损失，就这样章锡琛和开明书店凭空摊上了一个大麻烦。从开明书店方面来看，此举颇为得不偿失。首先是为了雇工挖掘铅块，已经付了一笔钱，现在要承担诉讼所要求的赔偿费，又得付出一大笔钱。正在为难之际，事情有了转机。章锡琛的一位晚辈亲属钟达轩，利用自己以前在绸庄工作

---

① 章士敫、章士敢、章士文：《章锡琛略传》，载出版史料编辑部编：《章锡琛先生诞辰一百周年纪念文集》，1990 年 10 月，第 223 页。

② 王湜华：《怀念章伯伯——为锡琛先生诞生百年逝世廿周年而作》，载出版史料编辑部编：《章锡琛先生诞辰一百周年纪念文集》，1990 年 10 月，第 141 页。

的老关系，找到和厂基主人相熟的湖州丝蚕商王老先生。由王老先生出面，邀请厂基主人到福州路高长兴酒店，和章锡琛当面协商解决办法。在王老先生的斡旋下，厂基主人总算当场答应不再提出诉讼，也不要什么赔偿费了。章锡琛终于解决了这一场意外的纠纷，避免了开明书店遭受更大的损失。①

当然，美成印刷所被炸时，开明书店还是从中抢出了一些资产的。比如"徐调孚先生冒着大火，到印刷厂，把仅存的一点稿子抢救出来"，"《科尔沁旗草原》就是其中的一部"。② 开明书店的这份为作者抢救手稿的情谊，作者端木蕻良到了快50年后的1984年，还念念不忘。当时被徐调孚抢出的，还有另一部稿子，就是茅盾的《夕阳》。③

战端一开，开明书店不仅在上海一处有损失，设在全国各大城市的分店也受到影响："其时北平分店已在敌占区，而汉口、广州、长沙、重庆等分店，尚在营业。"④

回忆起这年春天的时候，章锡琛家里还一片喜气洋洋；转眼几个月过去，无论是开明书店还是他的家，都被敌人的炸弹毁得一塌糊涂。换了一般人，事业和家庭同时受此重击，恐怕早就呼天抢地、痛不欲生了。章锡琛在这样的人生悲情关头，却选择了坚强面对。他不

---

① 钟达轩：《回忆与怀念》，《出版史料》1989 年第 2 期。

② 端木蕻良：《〈科尔沁旗草原〉在开明》，载中国出版工作者协会编：《我与开明》，中国青年出版社 1985 年版，第 19 页。

③ 李雅：《全心全意做编辑——记"开明人"徐调孚的编辑生涯》，《出版科学》2012 年第 5 期。

④ 莫志恒：《说说开明书店及其出版物的装潢艺术》，载中国出版工作者协会编：《我与开明》，中国青年出版社 1985 年版，第 237 页。

仅自己坚强，还激励同人一起坚强，"一时间，只要他到哪里，哪里唉声叹气、死气沉沉的气氛就为之一扫"①。对于企业和个人遭受的巨大损失，章锡琛并不痛惜："国家到了最危险的关头，我这点小小事业算得什么"。也不泄气，据楼适夷回忆："夏先生、章先生，可能还有一位范洗人先生，一起同我到一家小酒店喝绍兴酒，问我抗战后方的情况。夏先生听着不住地叹气，章先生喝了几杯酒激昂起来，说到开明惨重的损失：'好吧，毁了就毁了，还可以从头来过！'"章锡琛这种乐观精神深深感染了楼适夷，后来他"到朝鲜战场，正经过第三次战役，长津湖一带化成一片废墟，我走过没打扫完的战场，看见朝鲜老百姓正在盖新房子，便想起了章先生这句话"②。

这里必须要指出的是，章锡琛这种"从头来过"的精神固然豪迈可敬，但在这个时候他本人可能根本没有意识到，和炸弹一起灰飞烟灭的，不仅有开明书店的资产和机器，还有他多年积累起来的个人威信。资产和机器毁了就毁了，可以重新再买，可以"从头来过"；但他的个人威信，却从此不再，他将再也不能获得开明书店员工们全心全意的信赖，再也不可能"从头来过"了。在以后的时间里，等章锡琛意识到这一点时，这种感觉将一而再、再而三地刺痛他的心。

抱着"从头来过"的心情，在估计两批货物的船即将到达汉口时，章锡琛和叶圣陶、范洗人、章锡舟、唐锡光、汪允安、章嘉禾、刘文范、金韵锵等开明书店同人一起，从上海出发去汉口，打算在汉

---

① 章士敫、章士敢、章士文：《章锡琛略传》，载出版史料编辑部编：《章锡琛先生诞辰一百周年纪念文集》，1990年10月，第223页。

② 楼适夷：《难忘的鼓励和帮助》，载中国出版工作者协会编：《我与开明》，中国青年出版社1985年版，第53—54页。

口成立编辑部，重起炉灶。当章锡琛他们抵达汉口时，两个噩耗相继传来：一是运送第二批货物的船，在镇江白莲泾附近被日本军队劫走了；另一个是国民党政府已准备放弃武汉向重庆撤退，其自顾尚且不暇，原先答应资助上海各书店搬迁到汉口的款项自然也就告吹了。

这样一来，开明书店在汉口成立编辑部，不仅没有了资产和机器，也没有资金可以运用。更麻烦的是，汉口这个地方也已不安全，也成了战场。开明书店董事会将出版重心移至汉口的决策，就此成空。开明书店向何处去？看来，也只能随着当时政府和难民撤退的大方向，向西去，退到重庆去。章锡琛打算和叶圣陶全家一起，前往重庆。

正在这时，留守上海的夏丏尊、王伯祥却接二连三地发来电报，催促章锡琛返沪主持大局。因为此时上海的开明书店留守局面已是十分困难：总店被毁，门市部无人问津，同人经济拮据，无法维持日常生活。更要命的是，又有一桩官司即将打上门来。原来福州路发行所的房租已拖欠数月未交，房东上海泰利洋行为此到法院起诉。法院向开明书店发出传票，要求应诉。留在上海的同人们，对于这前所未有的困境，殊乏应变之术，再加上人人都感前途一片悲观，更是束手无策。他们所能做的，就是一遍又一遍地拍发电报，催章锡琛返回沪上，料理难题。

在此情况下，不由得章锡琛不返回了。于是他在汉口与叶圣陶分手，一个西去重庆，一个东归上海。从此天各一方，长达八年之久。

叶圣陶西去重庆并不顺利，他被堵在了宜昌。因为这个时候，从上海、武汉等中东部城市涌向宜昌，希望由此经长江航道去重庆的难民太多太多了。根据1938年武汉失守后的一次统计，当时在宜昌候渡的各类人员，最多时达到三万多人，快把城区面积仅两平方多公里的宜昌古城挤爆了。

叶圣陶在宜昌苦等了七天，也没有找到一张入川的船票。而眼前混乱绝望的人潮，也给叶圣陶留下了深刻的印象——到处都是人，大街小巷都是难民和难童的影子，城乡的旅店、茶楼、学校、寺庙、医院等，凡是能住人的地方都挤满了。不少人找不到住处，还得露宿街头。面对此情此景，叶圣陶苦笑着写下了这样的诗句："种种方音如鼎沸，俱言上水苦无船。"后来，他们一家终于在历经千辛万苦之后，抵达重庆。

章锡琛于 1938 年 1 月 4 日返回上海。王伯祥在日记中记载了当日见面情形：

> 四时许，雪村始返店。时丙尊、守宪俱在，痛谈别后三月情形，直欲歌哭无端；幸雪村精神弥旺，毫无秋气，大可慰乎！①

和大家不一样，尽管章锡琛遭逢人生大变，又刚刚经过了一番长途跋涉，但状态还是很好，"精神弥旺，毫无秋气"。他一回到上海，马上着手解决诉讼问题，同时为开明书店几乎停滞的出版业务善后。从此，章锡琛滞留于上海"孤岛"长达八年，直到抗战胜利。

以这次章锡琛和叶圣陶汉口分手为标志，在开明书店大本营被毁之后，其同人从此分为沦陷区和大后方两大部分。大部分同人被迫去到内地继续发展，只留少数编辑人员在福州路一个三层楼上继续编

---

① 《王伯祥日记》第 15 册，国家图书馆出版社 2011 年版，第 8 页。

书出版，支援内地。夏丏尊、章锡琛、王伯祥、徐调孚、顾均正、周振甫等每人只发一点生活费勉强度日。①"留守上海的人员，除夏丏尊、章锡琛、章锡珊之外，还有王伯祥、徐调孚、顾均正、索非、周振甫等人，他们每月拿二十元的生活费，生活十分清苦，工作却十分繁忙。"②

在这样困难的情况下，章锡琛他们还能从事什么工作，以至于十分繁忙？一是利用一切条件，印刷造货，以供应大后方。不但要印制教科书，还要重排纸型残缺的畅销书，还出版了一些新书——巴金的《春》、《秋》，端木蕻良的《科尔沁旗草原》，芦焚的《无望村馆主》等文学书，还有夏丏尊、叶圣陶合著的《文章讲话》、《阅读与写作》等语文书，顾均正、贾祖璋、周建人、刘薰宇等的科普读物，以及少年儿童文学读物和英语读物。二是出版《文学集林》、《学林》等期刊性质的丛刊。一句话，在上海处于战争状态那样的艰难环境下，开明书店并没有死，并且还正如章锡琛所说，"从头来过"，在艰难地、部分地恢复着出版业务。而且，章锡琛和王伯祥居然还在筹备重建开明书店的图书馆：

　　章先生说："编译所烧就烧了，我们还可重来"，"图书馆不能不办"。按照章先生的旨意，在福州路的三层楼上专门辟出一大间房子，作为新的图书馆，并挤出一点资金让王先生继续采购图书，并嘱咐遇到好书还要及时采购，不可交臂失之。王

　　① 王久安：《回忆王伯祥和开明书店图书馆及其他》，《出版史料》2011年第4期。
　　② 唐锡光：《开明的历程》，载中国出版工作者协会编：《我与开明》，中国青年出版社1985年版，第305页。

先生便重新振作精神，再次承担重建开明图书馆的责任。因资金有限，他只得多跑旧书市场，从中淘宝。功夫不负有心人，一两年下来，果然淘得一批又一批有用的好书。其中最有价值的是一部高丽版的《医方类聚》，另一部是在日本精印的伪满版《清实录》。[1]

在汉口时，因为当时西南一带还有几万元的账款可收，于是章锡琛安排范洗人、赏祥麟也去重庆，计划在重庆设立办事处，准备造货。同时，派由南京分店撤退出来的陆联棠去桂林筹设办事处。

范洗人到了重庆，发现经销开明书店图书的那家书店教科书配备不齐，有的品种有上册无下册，有的品种有下册无上册，无法进行销售。范洗人在重庆多方想办法，筹集资金和纸张，用影印的办法复印了所缺的课本，才使得上下册得以配套和销售。那家书店才付清了账款。

在范洗人的指挥下，开明书店在内地新建了一些发行机构：南京、广州撤退下来的人员，在桂林、贵阳设立了办事处；汉口撤退下来的人员，在万县、重庆、成都设立了办事处；长沙撤退下来的人员，在衡阳设立了办事处；考虑到当时走越南那条路还比较畅通，为了在昆明接应上海印刷的书籍、货物，范洗人又亲自到昆明，和从上海派去的卢芷芬一起，设立了昆明办事处。等到内地的这一切安排基本妥当之后，范洗人又不顾战乱的交通不便，于 1938 年 8 月返回了上海。

---

① 王久安：《回忆王伯祥和开明书店图书馆及其他》，《出版史料》2011 年第 4 期。

## 三、挽救开明书店的努力

正在开明书店遭受重创、实力大损之际，商务印书馆向章锡琛伸来了橄榄枝，希望能够收购开明书店：

> 记得当时由某著名诗人出面，向章老探听开明书店是否还能干下去；并说商务印书馆当权者很关心开明书店，如有困难，很愿意与开明书店合作；并请章锡琛先生回馆工作，开明书店所有货底、人事等，可无条件接受，并入商务印书馆，如果要保留开明书店的牌子，可以商量。其时章老既幽默又风趣地回答：仅开明书店的招牌，我就要卖十万元一个字呢，继之以哈哈大笑。[①]

如此优厚的条件，章锡琛拒绝了。估计当时商务印书馆即使开出更为优厚的条件，章锡琛仍然会拒绝。因为，章锡琛和商务印书馆的关系，微妙而敏感。

在当时各大书店主要领导人中，曾经在商务印书馆工作过的不少，但是被商务主动辞退的，却只有章锡琛一个。无论从哪个角度考虑，章锡琛都绝不会回头再去找辞退过自己的老东家。这倒不是说章锡琛小心眼，而是他心中恐怕还是在争着一口气：既然商务辞退了我，我的抱负不能在商务实现，那我一定要把开明书店做好做大，至少做得不比商务差。

---

[①] 胡雨岩、刘诗圣：《回忆章锡琛先生二三事》，载出版史料编辑部编：《章锡琛先生诞辰一百周年纪念文集》，1990 年 10 月，第 152—153 页。

事实上，章锡琛自从创办开明书店以来，一直就为其跻身大书店行列、甚至与商务相比肩而努力。好在章锡琛个人心态非常阳光，在商务印书馆与开明书店之间不可避免的市场竞争中，他一直没有采取过不正当的手段。他要的是光明正大地与老东家竞争。只是战争的突然到来，开明书店自救尚且不暇，已谈不上与商务展开市场竞争，战火就此浇熄了他的这一雄心壮志。

章锡琛拒绝了商务，居然还有人不死心，也要来收购开明书店。1938 年夏，日本人内山完造来到开明书店试探，说日本一家大书店愿意以大量投资，找一家中国出版社合作，出版科学文艺类的中文书籍。日方提供资金，中方负责经营。内山完造还说，正是看到开明书店目前经营困难，他才把这个机会介绍过来。如果开明书店愿意，他将撮合此事。章锡琛当场表示拒绝，并指出：中日双方正处于战争状态，若行此举，十分不妥。即使要进行此项合作，也要等战争结束后再说。同时还非常有信心地表示，将来战争结束，要到日本东京去开分店，表明了他相信中国必胜的坚定信念。

这年冬季，章锡琛和开明书店编辑部由于已经迁居法租界的霞飞坊，虽然日军此时已占领上海市华界一年多，但租界仍然是相对安全的。吴似鸿的回忆，为我们提供了当时生活在法租界的章锡琛的一个生活场景：

> 有一天我走过霞飞坊，章锡琛立在弄口，他先看见我，大声地叫呼："嗨！吴似鸿！有人说你是托派，你到底是不是托派？"我回答："我没有参加托派组织，不过我认识数个托派。"他又大声问："托派怎么样啊？"他毫无顾忌，行人道上来往人多，不

便细谈。我们走进屋里，见到许多米袋堆积半屋高，章先生说：
"战时，首先要囤足粮食，以后要涨价的，说不定会买不到米
的！"他叫我坐坐，进入一间小卧室，一张单人床，一把椅子，
一顶小桌，走道很窄。我们坐下来就谈"托派"。

　　我们谈了一会，外边有人叫我们吃饭，章先生仍然好客，除
了工作人员开伙食外，从沦陷区逃难到租界的难民朋友也招待吃
饭，来者不拒。我也坐下吃了，他叫第二天再去吃。第二天我去
吃了一餐，以后我不去吃了，准备离开上海。①

　　吴似鸿的这段回忆真实而形象。章锡琛就是这样一个慷慨的人：
在战争中，章锡琛明知道大米要涨价，还有可能涨了价也买不到大米
的，但他"仍然好客"，招待吃饭起来仍然"来者不拒"。章锡琛也是
这样一个直爽的人：站在大街上，就敢大声问人家是不是托派，还打
听托派怎么样。这年已49岁的章锡琛，还是一个想说就说、直来直
去的性情汉子。

　　这时章锡琛在法租界的生活，艰难而平淡。开明书店的业务工作
越来越难开展了，但章锡琛倒是腾出了时间来，可以做一些自己喜欢
的案头工作了。比如，趁着无事可做，他开始了校注《助字辨略》。

　　《助字辨略》，是一本有较高水平的专门研究古籍虚词的开山之
作，清代刘淇著，初刻于清康熙五十年（1711）。章锡琛对于此书的
校注，一方面校订脱误，一方面汇释各家注释解说，分别列于有关词
句之后，排印出版，且附以索引，检阅方便。他校注的速度很快，此

---

　　①　吴似鸿：《亲切提挈　挚情难忘——回忆章锡琛先生与我接触的始末》，载出版史
料编辑部编：《章锡琛先生诞辰一百周年纪念文集》，1990年10月，第97页。

书在两年之后的 1940 年就由开明书店出版了。此书的校注和出版，既可见章锡琛旧学功底之深，又可见他此时时间之充裕。

# 四、《中学生》复刊

1939 年 5 月，经过开明书店同人的努力，《中学生》在停刊 20 多个月以后，在桂林复刊，改为战时半月刊，由叶圣陶主编。

《中学生》以前是月刊，创办于 1930 年，先后由夏丏尊、金仲华、叶圣陶主编，到 1937 年抗日战争发生为止，一共出版了 76 期。

日寇侵占上海后，开明书店同人如风吹云散。叶圣陶辗转到了四川乐山武汉大学中文系任教。宋云彬、傅彬然则到武汉参加由郭沫若领导的军委会政治部第三厅工作，武汉沦陷后，他们又到了桂林，在文化供应社主持编辑出版工作。正是在宋、傅等人的努力下，《中学生》得以恢复出版，并改为半月刊；仍由叶圣陶任主编，他们二人则在桂林负责实际的编辑工作。

事实上，筹划《中学生》的复刊事宜是从 1939 年 3 月就开始了的。第一个在桂林提出《中学生》恢复出版的，似乎是章锡琛的弟弟章锡珊（雪山）。宋云彬在 1939 年 3 月 11 日的日记中写到，章雪山在这一天向宋云彬正式提出恢复出版《中学生》："雪山主张恢复开明之《中学生》，余表示赞成，但无适当编辑人。"此后，开明书店在桂林的同人开始频频见面，筹划此事。宋云彬的《桂林日记》[①] 对此记之甚详。

---

① 宋云彬：《红尘冷眼——一个文化名人笔下的中国三十年》，山西人民出版社 2002 年版，第 19—33 页。

在仅仅隔了一天的 1939 年 3 月 12 日，宋云彬"夜与雪山、梓生饮于美丽川，费法币五元，舒群亦在座"。美丽川是桂林当地一家川菜餐馆，宋云彬与章雪山夜饮于此，话题自然少不了前一天章雪山提议的《中学生》复刊事。

一天之后的 1939 年 3 月 13 日，宋云彬就"致彬然函，告以《中学生》复刊事"。这是通知《中学生》复刊的另一关键人物，也是未来的编辑骨干之一——傅彬然。

1939 年 3 月 28 日，宋云彬又记下了关于此事的关键性信息："子恺、彬然先后自两江来。开明《中学生》决复刊，请彬然任编辑。晚七时，开明经理陆联棠宴客，座有愈之、子恺、彬然、锡光、舒群、雪山及余，饮酒甚多。"正是这一天，在开明书店桂林分店经理陆联棠，还有胡愈之、丰子恺、章雪山、宋云彬、傅彬然、唐锡光等开明书店骨干在场的情况下，决定了《中学生》复刊出版。

在此前后，叶圣陶致信王伯祥说："彬然之信中，言将恢复《中学生》，……愈之、云彬等均愿为该志帮忙，可以拉拢之作者复不少，想可做来不坏。五月间即将出版；且是半月刊也。……弟在此间接触学生多，均怀念此志不已，则此志诚宜复刊耳。"

1939 年 4 月 10 日，宋云彬已进入了《中学生》的编辑状态，"早起写信一，代《中学生》向张天翼征稿"。15 日，"圣陶来信。《中学生》复刊第一期原定今日发稿，但余文乃一字未着，而又不能交白卷，焦急之至"。18 日，"《中学生》战时半月刊，将发稿，催稿甚急，但愈急愈写不出文章来"。22 日，"赴开明书店晤陆联棠，云《中学生》复刊号二十五号可看清样，但余文未交卷，恐延时日矣"。23 日，"上午写《中学生》卷头言毕，送交锡光"，即《中学生》复刊第 1 期的

"卷头言"（卷首语）为宋云彬所写。24 日，"为《中学生》写一长文，题为《认识你的祖国》，分期刊载，成第一节"。25 日，"为《中学生》写长文，续成一节，连前文约三千言强，送交开明陆联棠"。

1939 年 5 月 4 日，宋云彬记载："《中学生》装订已毕，明日准期发印七千份。"宋云彬这天的日记又记下了一条关键信息，即《中学生》战时半月刊复刊后的第 1 期印数，是 7000 份。回想章锡琛当年在和平时期，和杜亚泉一起编辑的《东方杂志》，发行一万多份就成了国内发行量最大、影响最大的杂志。作为战时半月刊的《中学生》，第 1 期的期发量就达 7000 份，可见此杂志受欢迎的程度。

此后，《中学生》就成为宋云彬在桂林生活的当然组成部分了，日记每隔几天，就不乏"为《中学生》写文"、"为《中学生》写稿"、"《中学生》卷头言昨已交出"等记载。值得注意的是，此时开明书店的上海同人和桂林同人之间，并未完全隔断联系，在 1939 年 5 月 7 日，宋云彬曾致"开明夏丏尊、章锡琛、王伯祥等函"。可见，章锡琛虽在敌区，但仍通过书信指挥、协调着开明书店在内地的工作事宜。《中学生》能在桂林复刊，其中也有章锡琛倾注的心血。

《中学生》在桂林复刊是用土报纸印刷的，16 开本，连封面封底一共 32 页。每月 5 月 20 日出版。版权页上署名为：社长叶圣陶，编辑委员王鲁彦、宋云彬、胡愈之、唐锡光、张梓生、傅彬然、贾祖璋、丰子恺，发行人陆联棠。

《中学生》复刊后的编辑体例，与战前大体相同。以具有社论性质的"卷头言"打头，继之以介绍文、理、工程技术各科和基本知识的文章，以"读者之页"压卷。略有不同的是，刊物中反映抗日战争的内容占有了较大比重，抗战的气氛很浓，较之战前，时代性和政治性更强了。比如复刊后于 1939 年 6 月 20 日出版的第 3 期，就有《今后抗战之经济基础》、《阵线与同盟》、《英苏关系与反侵略阵线》、《大都市的沦陷并没有改变我们持久战的经济条件》、《广西学生军在广西》等和抗战密切相关的文章。此外，此时的《中学生》还曾刊文介绍延安抗大青年的生活。

《中学生》的复刊，对于章锡琛和开明书店而言，有着极强的象征意义。虽然章锡琛仍然滞留在上海沦陷区，但《中学生》能够在桂林复刊，就意味着日寇的炸弹并没有完全将开明书店炸毁、炸死，仅仅在短短的 20 多个月之后，开明书店通过《中学生》的复刊，向全中国宣告，开明书店又浴火重生了！

在战火中，开明书店的业务在继续，而开明书店同人的生活也在继续。就在《中学生》在桂林复刊的 5 月，章锡琛的同事夏丏尊、叶圣陶迎来了两家联姻的大喜事。

这年春天，分处上海、乐山两地的夏丏尊夫妇和叶圣陶夫妇在通信中商定，为夏丏尊女儿满子和叶圣陶儿子叶至善完婚。而满子早在战争初起时，就已经随着叶家一起，逃难到了乐山。叶家带着未婚的儿媳西迁，虽早有为子女成婚之意，但因一直处于颠沛流离的状态之中，直到相对安定时，此事才提上日程。

5 月 9 日，叶圣陶为此专门致信章锡琛：

> 结婚之日，丏翁将置酒，弟决做半个东道主。上海与嘉定[①]之时差大约为一小时。公等于一点过后执杯，弟当在此间以十二

---

[①]　四川乐山市古称"嘉定"。

点过后遥遥举杯，敬答盛意。夏师母弗获见其爱女为新娘，当有感触，希望章师母、王师母及诸位师母好言慰之。

为了儿女们的婚礼，叶圣陶与章锡琛约定，在两地之遥算准时刻，同时举杯，为儿女们祝福。同时深刻理解因战乱而导致不能在此喜庆之时亲眼看到自己女儿成为新娘的夏丏尊夫人，请求章锡琛的夫人、王伯祥的夫人以好言劝慰。开明书店同人之间的情谊，由此可见一斑。

6月3日，这对新人的婚礼在四川乐山红十字会会所举行，婚宴摆了六席。叶圣陶于6月6日致信上海，向夏丏尊描述婚礼的热闹景象：

> 袁昌英、苏雪林几位女太太，刘南陔、朱孟实、方欣安、贺昌群、李儒勉、陈伯通几位先生皆闹酒。新郎、新娘向不吃酒，居然各吃五六杯，并且闹到我们老夫妇头上，墨林亦饮二三十杯，弟则四十杯以上。醺然矣。晚间，小墨之同学来闹新房，唱歌，说笑，直到11时始散。大家颇疲倦矣。前请弘一法师书"善满居"三字未带来，而马湛翁欲送礼，弟即请书此三字。湛翁以湖色蜡笺书之，作篆书，颇为难得。新房中又挂子恺之《春院小景》一轴，弘一之联一副，颇为雅致。写字桌系楠木独幅面，在下江为名贵之品，此间值仅8元耳。

夏丏尊亦于6月4日在上海办了喜宴，宴请章锡琛等亲友百人以上。当天，夏丏尊因为嫁女之喜，饮酒过量，竟至醉卧达四五个小时。①

夏、叶两家有大喜事，但对于章锡琛一家而言，1939 年里是既有喜事也有丧事。这一年是章锡琛夫妻双双 50 周岁的天命之年。章锡琛夫妻自 1906 年 5 月 17 日结婚，至今已度过了风风雨雨的 30 余年。夫妻双双 50 岁，若在平时，自当好好庆祝。可惜正当吃饱饭都不容易的战乱时期，章锡琛只好作词一阕《贺新郎——寿内人五十初度》，奉送夫人吴藕庄而贺之。丧事则是这一年 9 月章锡琛的父亲章元庸于 75 岁高龄时病逝。

几个月后的 1940 年 1 月 2 日，与章锡琛同在上海的同事兼挚友徐调孚，也遭遇了丧父之痛。1 月 3 日，为表吊唁，章锡琛亲拟挽联一副，并请王伯祥书写，以稍慰徐调孚的悲痛之情：

> 桑梓染腥膻，西归净土将毋洁；
> 烝尝荐芬苾，北定中原会有期。

上联是说家乡桑梓之地遭日寇荼毒，导致老人的西归之路都将不大干净。因此引出下联，强调徐调孚将来对老人最好的祭告和"芬苾"，就是赶走日本鬼子，"北定中原"。而"会有期"三字，则显示出了章锡琛身处最黑暗的时期，仍然对于我国抗战胜利的信心。

当然，此时章锡琛的信心还只能限于精神层面。在现实层面，章锡琛已经感觉到了战场形势的越来越差，他预见到上海与内地存在完全失去联系的可能性，于是做了最坏的打算，亲自策划指挥，采取了

---

① 王利民：《平屋主人——夏丏尊传》，浙江人民出版社 2005 年版，第 281 页。

一些预防措施。

一方面，开明书店在 1939 年下半年，"给内地运去一批图书和纸型。这些纸型大都是教科书和畅销书。这是为了防止上海和内地一旦失去联系时，内地就可用当地生产的土纸重印。这确是一个有远见的举措，开明就是在抗战后期十分艰难的年代，利用这批纸型在当地印出了大批教材和图书，既保障了学校的教学所需，也给各地读者提供了高质量的精神食粮，开明本身也获得生存和发展"[①]。

另一方面，章锡琛于 1941 年 5 月，请协理范洗人率部分同人等经香港去桂林，设立管理机构"驻外总办事处"，管理内地各分店的业务。章锡琛本人则坚守上海应变。

需要指出的是，此时开明书店以协理范洗人为核心的"驻外总办事处"设立，标志着开明书店指挥中心的转移。

开明书店自成立之日起，无论章锡琛居于何职，他一直是书店的指挥中心，或者说他一直是指挥中心的组成人员之一。这一次，开明书店的高管层迫于形势一分为二，上海以章锡琛为指挥中心，内地则以范洗人为指挥中心。事实上，开明书店能够在上海开展的业务已经很少，而由于战争原因，也指挥不了内地的各分支机构开展工作；所以，范洗人的"驻外总办事处"，先在桂林，后在重庆，实际上承担了开明书店在内地的指挥中心的职能。这一次指挥中心的转移，当然是开明书店经营工作所需，也是出于章锡琛本人的安排。既然章锡琛自己不能前往内地，当然要在高管层中指定一人去负责。在此情况下，范洗人成为最为合适的人选。而范洗人也确实

---

① 王久安：《开明书店出版教科书始末》，《出版史料》2010 年第 3 期。

担负起了这一职责，充分发挥了个人的才能，为战时开明书店的复兴立下了汗马功劳。范洗人的这一功绩，不能不再次说明章锡琛的识人之明。只是章锡琛没有想到，正是由于他本人的这一安排，使得他自己在事实上退出了开明书店的指挥中心，甚至可以说是退出了开明书店的决策层。

事实证明，这一次，章锡琛颇有远见，他所提前采取的上述预防性措施非常及时，也非常有效。因为在这些预防性措施刚刚到位时，日军于1941年12月7日向美国太平洋上的海军基地珍珠港不宣而战，同时在西太平洋向印度尼西亚、马来西亚、缅甸和菲律宾等地发动攻击，太平洋战争由此爆发。随后，美国、英国和中华民国向日本宣战，而与日本同盟的欧洲轴心国——纳粹德国与意大利亦向美国宣战。

由于太平洋战争爆发，美英诸国向日本宣战，日军由此取得了进入美英等国在上海的公共租界的理由。12月8日拂晓，日军在细雨中从苏州河各桥开进公共租界。至中午，占领整个公共租界。王伯祥在日记中记载了当天的情形：

> 黎明闻飞机盘旋声甚厉，以沪上常例，未之异。匆匆早饭已，仍步入馆，地润如膏，到馆履已湿透。盖出门时寓所附近固未雨也，大懊恼。甫坐定，振甫为余言，伊为炮声机枪声所惊醒，急起出视，正现虹下雪，继闻人言，浦江停泊之英、美炮舰已为日本飞机所击沉，且亲见日机发下传单，谓日已与英、美开战，即将开军队公共租界云云。余始恍然事迹已勃发矣。至九时，日军即开入苏州河南，分别占领英、美商公私产业，一时形

势甚紧，但对华人甚客气，声言力维秩序（不违反日军意旨均得一体保护云），确保治安。余等照常办事。……午后闻同业皆拟缩短办事时间，开明亦定于即时起每日上午迟开半小时，下午早收半小时。故四时即与雪村、索非步行归，沿途景象萧索，远非晨出时可比，两租界间有多处阻断交通，余等沿途挨问，始由郑家木桥缺口迳行。口子守望日兵搜索车辆颇密，对行人甚宽弛，略望一眼而已。法租界如常，公共租界巡捕初有惊慌脱岗者，及余等归时，已一律复岗矣。①

由此，章锡琛等上海开明书店同人赖以生存的世外桃源——上海公共租界，不复存在。上海与内地的交通，几乎完全断绝。章锡琛等人迎来了最为艰难、最为危险、最为黑暗的漫漫长夜。

日军将开明书店整体查封，使得书店损失数十万册存货。据赵家璧《上海出版界的旧恨》记载："1941年12月26日，上海出版抗日及进步书报的八家同业遭日帝查封，计有中华书局、商务印书馆、开明书店、良友图书公司、世界书局、兄弟图书公司（即生活书店）、光明书局、大东书局等。所有被认为宣传抗日、共产的书刊，全部被劫。"②日寇对于这些出版机构不仅查封，还强令这些出版机构充当宣传"大东亚共荣"进行奴化教育的工具，但遭到一致拒绝。在出版机构以弱抗强、一致拒绝之后，敌人倒也没有办法，居然采取了怀柔的方式，反而把查封的封条撕掉，让各家书店仍然开门营业，以制造占领区的表面繁荣。

① 王湜华：《王伯祥传》，中华书局2008年版，第110—111页。
② 张静庐：《中国现代出版史料补编》，上海书店出版社2003年版，第400页注②。

书店被查封之后，章锡琛等开明书店同人的个人生活状态更加困难：

> 抗战开始，伯祥先生因为工作需要和家累过重，和章锡琛、夏丏尊、顾均正、徐调孚诸先生一起留守在上海开明书店。太平洋战争以后，上海与内地交通阻断，但他们仍想方设法与内地的叶圣陶先生等通信很勤，信中除相互鼓励、沟通情况外，对日寇法西斯统治的深恶痛绝也时有流露，尽管日伪对信件检查十分严密，也在所不顾。当时上海开明营业几陷于停顿，在沪同人生活非常清苦。伯祥先生家住霞飞路霞飞坊（今淮海中路淮海坊），因电车拥挤，且不能保证时间，故每日一早步行十余里到福州路开明书店上班，中午由家中带的饭菜在办公室就餐，晚上仍是步行回家。①

此段文字，虽主要是王伯祥先生之子王清华回忆其父亲当时的生活状态。但由此可以想见章锡琛的生活状态也与此基本类似。

楼适夷也有这样的回忆描述章锡琛当时的生活状态："我经常去探望夏先生。夏先生还在书店，由于敌伪统治下书店的困难，他已不要书店支薪，却仍每天挤着人流汹涌的公共汽车去书店办公，章先生仍在劲头十足地苦干。"② 这样的困境下，朋友们仍然能够看到章锡琛

---

① 王清华：《王伯祥先生传略》，载中国出版工作者协会编：《我与开明》，中国青年出版社 1985 年版，第 154—155 页。

② 楼适夷：《难忘的鼓励和帮助》，载中国出版工作者协会编：《我与开明》，中国青年出版社 1985 年版，第 54 页。

"劲头十足地苦干",不能不让人佩服章锡琛的意志力之坚强。

书店被查封之后,开明书店的出版业务只能就此停顿。在这种情况下,虽然自身已很艰难,但对于凡是与开明书店有工作关系的留沪作家、朋友和同人中的生活困苦者,章锡琛都派人送去生活费,以解燃眉之急,共渡难关。也是在这笔钱的帮助下,章锡琛"仍延请留沪的周予同、郭绍虞、陈乃乾先生等到开明工作,共度艰辛,以待胜利"①。夏衍也回忆道:"在孤岛生活最困难的时候,凡是留在上海的'开明同人',不论有没有出过书,都经常收到丏尊、锡琛先生送来的三块、五块银币的周济。在那种'大家都有困难'的'乱世',说'相濡以沫'也好,说人情、道义也好,这种出版家与著作者之间的关系,实在是太难能可贵了。"②

章锡琛当然也不是富翁,又是战乱之际,他哪来的这笔钱?原来,这笔生活费,是将当年弘一法师为开明书店撰写字模的手迹向银行抵押贷款而来。③

说起弘一法师为开明书店撰写字模,还是 1929 年间的事。弘一法师是公认的大书法家,与章锡琛的私交又很好。章锡琛为了打破当时中华、商务等仿宋字体铅字的局面,提请弘一法师为开明书店专题书写铸字铜模字样,以创造新的字体优美的字模。章锡琛提出后,弘一法师出于友情,欣然同意。他准备先写千余字寄出,待动工铸字以后,再续写其余的字。弘一法师说话算数,章锡琛不久就在上海收到

---

① 章士敭:《章锡琛先生传略》,载中国出版工作者协会编:《我与开明》,中国青年出版社 1985 年版,第 175 页。

② 王湜华:《开明书店章老板——追怀章锡琛先生》,《人物》1995 年第 1 期。

③ 王燕棠:《为出版事业一往无私的锡琛先生》,载出版史料编辑部编:《章锡琛先生诞辰一百周年纪念文集》,1990 年 10 月,第 115 页。

了他寄来的两页手写字样。大书法家出手不凡，寄来的字样醒目雅致，堪称一绝。但是，当弘一法师写完30页字样时，却碰到了难以逾越的困难，而最终中止了此事。其间原因，弘一法师曾有自述：

（一）此事向无有创办，其中必有困难之处。今余试之，果然困难。因字之大小与笔画之粗细，及结体之或长、或方、或扁，皆难一律。今余书写之字，依整张之纸看之，似甚齐整，但若拆开，以异部之字数纸，拼集作为一行观之，则弱点毕露，甚为难看。余曾屡次试验，极为扫兴，故拟中止。（二）去年应允此事之时，未经详细考虑，今既书写之时，乃知其中有种种之字，为出家人书写甚不合宜者，如刀部中残酷凶恶之字甚多，又女部中更不堪言，尸部中更有极秽之字，余殊不愿执笔书写。此为第二之原因（此原因甚为重要）。（三）余近来眼有病，戴眼镜久则眼痛，将来或患增剧，即不得不停止写字，则此事亦终不能完毕。与其将来功亏一篑，不如现在即停止。此为第三之原因。①

以上的原因，特别是第二点原因，涉及个人宗教信仰，章锡琛虽然是弘一法师的好友，亦不便相强。此事遂由此中止，但已写成部分的字模则被开明书店装裱后，由章锡琛保存。至此，才得以向银行抵押换取开明书店同人的生活费。

生活费问题暂时解决，但长夜漫漫，身处敌人刺刀之下，这些开明书店同人能做什么事呢？"日军进入租界之后，开明的编辑出版

---

① 萧枫:《弘一大师文集书信卷（一）》，内蒙古人民出版社1996年版，第120页。

工作就停顿了。可是大家不肯闲着，于是想出了编纂辞典、字典的工作。编纂辞典、字典的工作需要较长的时间。他们怀着一种长夜待旦的心情，想在这漫漫的黑夜里，做些有益的事，期待着胜利的到来。"①

在上述思想的指导下，章锡琛开始校注《马氏文通》，"至此始稍稍摆脱繁剧的事务工作，于是着手校注《助字辨略》、《马氏文通》，以了宿愿。后来又进行《经传释词汇纂》的工作，可惜没有完稿"②。王伯祥"用了几年业余时间，注了《春秋左传》，后来用《春秋左传读本》的书名出版"③。

## 五、开明书店编译所成都办事处

进入 1942 年后，以章锡琛为代表的上海开明书店同人的情况，是每况愈下。首先是市场供应跟不上，粮食紧张，而不良米商又趁机囤积居奇，哄抬米价。其次是物价飞涨，法币暴跌。如此一来，老百姓的日子，是一天比一天难过。

如此环境，章锡琛依旧乐观，还有心情作了一首七绝，给当时住在一栋楼的同事王伯祥看：

---

① 唐锡光：《开明的历程》，载中国出版工作者协会编：《我与开明》，中国青年出版社1985年版，第306页。

② 章士敫：《章锡琛先生传略》，载中国出版工作者协会编：《我与开明》，中国青年出版社1985年版，第175页。

③ 王清华：《王伯祥先生传略》，载中国出版工作者协会编：《我与开明》，中国青年出版社1985年版，第155页。

> 鼙鼓声中岁月移，百无一用是书痴。
> 风饕雨虐抵门急，坐对残编浑不知。

老友王伯祥在佩服章锡琛的雅量和乐观之余，奉和一首：

> 触目江山景物移，如聋如醉亦如痴。
> 平生书剑复何用，坐观鸿洞故不知。

作诗之时，章锡琛等上海同人的生活，已经跌到了谷底。

但是，以范洗人为代表的桂林开明书店同人的情况，却越来越好。抗战爆发后的桂林，由于地理位置和政治、军事等方面的原因，人口突然由七八万，骤增至近 70 万。而且文化名人云集，抗日文化运动高涨，新闻出版事业更是空前繁荣。从 1938 年武汉沦陷，到 1944 年"湘桂大撤退"期间，桂林成了中国大后方的文化中心之一，史称"桂林文化城"，"文人荟萃，书店林立，新作迭出，好戏连台"，"繁花竞秀，盛极一时"。著名出版家赵家璧曾说过：抗战时期国统区的书刊，有 80% 是桂林出版的。

据不完全统计，当时桂林的书店和出版社有 180 余家。这其中，就包括范洗人领军的开明书店。但是，此前的范洗人等人一直忙着利用上海运来的纸型，采购当地的土纸，印刷原已出版的教科书和书籍，并无新书出版。直到 1942 年上半年，茅盾、金仲华、胡仲持等一大批开明书店的老朋友、老同事从香港陆续来到桂林。这些老朋友、老同事都希望开明书店能在"桂林文化城"重振旗鼓，除了印行教科书和旧有畅销书籍之外，还可以出版一些新书。

于是，金仲华、傅彬然、宋云彬等人多次怂恿范洗人恢复开明书店的编辑部，由叶圣陶主持。此事提上日程之后，傅彬然于 1942 年 4 月专程入川，邀请叶圣陶来桂林商量。6 月，叶圣陶来到桂林，与范洗人等人共同决定在成都成立"开明书店编译所成都办事处"。叶圣陶为主任，胡墨林为办事员。另聘金仲华、丰子恺、傅彬然、宋云彬、贾祖璋为编译委员。并议定每月出版两三本新书，约 30 万字，每年稿费以十万元为度。叶圣陶回成都后立即展开了约稿工作，范洗人则开始调度资金，并联络指挥各分支机构，增加编辑和发行人员，做好了扩大业务的各项准备工作。

考虑到开明书店当前编辑发行的业务现状，经通信协商，开明书店于 1942 年底改组了董事会，远在上海的章锡琛虽然依然当选为董事，但总经理的位置却让给范洗人，邵力子依然是董事长。这样的安排，当然是为了方便范洗人有正式的名义，以就近在内地指挥业务工作。董事名单为：邵力子、范寿康、范洗人、章锡琛、章锡珊、叶圣陶、丰子恺、傅彬然、宋云彬、胡仲持等。也是从这时起，开明书店把各地的分支机构，一律改称为分店。

1942 年的这次董事会，免去了章锡琛自 1934 年起就在担任的开明书店总经理职务。这应该也是通信征求了章锡琛本人意见的结果。而且，免职的理由也很体面，因为章锡琛远在上海主持占领区开明书店的大局，对于战时内地开明书店各分店的业务工作鞭长莫及，因此只能考虑按照就近原则更换总经理。

于是，章锡琛就此告别了开明书店总经理的职务，虽然他一直不大在意自己是否担任这个职务。但是，此时免职的直接后果在于，他无法再从整体上指挥和经营一家出版机构，贯彻自己的出版思想，实现自己的出版抱负。因此，这次免职标志着章锡琛作为出版家的年代，已在事实上结束。

# 六、被日军逮捕

1943 年 1 月 21 日，是夏丏尊夫妇结婚 40 周年。虽然日子过得艰难，但章锡琛仍在这一天，约了开明书店的同人王伯祥、顾均正、徐调孚、索非六对夫妇到夏丏尊家中，热热闹闹地为他们夫妻俩庆祝。章锡琛还要求，每一对上门的夫妇，都要带上自家烹调的两味菜肴，以参加夏家的庆祝欢宴。席间，章锡琛很为老朋友夫妇高兴，即席作了四首七律以表祝贺，其中之一为：

> 举案齐眉四十年，年年人月喜双圆。
> 当时共赋三星烂，此日兢夸五福全。
> 阶下芝兰添更秀，园中松菊老弥妍。
> 行看腊尽春回早，再祝金婚列绮筵。

章锡琛在诗中触景生情，描述的芝兰更秀和松菊弥妍，是为了烘托喜庆气氛，还是纯属写实，且不去说它。但其所说的"绮筵"，肯定是有所夸张的。因为当时正处战乱，生活物资不仅昂贵，而且紧缺，是没有什么条件置办山珍海味的，所以没有什么丰盛的"绮筵"。不过，章锡琛此时此诗，重在表达对夏丏尊和夫人金嘉的祝贺之意，不用完全写实。

夏丏尊极感盛情之下，奉和一首：

> 如幻前尘似水年，佳期见月册回圆。
> 悲欢磨得人偕老，福寿敢求天予全。
> 故物都随烽火尽，家山时入梦魂妍。
> 良宵且忘乱离苦，珍重亲朋此酿筵。

夏丏尊此诗前还有小序："壬午腊月十六日为余与老妻结缡四十载纪念，知友伉俪酿肴欢宴寓舍，席间雪村唱吟叠韵再四，和者群起，余亦踵成此章。"

章锡琛祝贺的原诗，全是吉利话。但夏丏尊的和诗则悲观和现实了许多，特别是"故物都随烽火尽"一句，把人直接从喜庆的氛围拉回到残酷的现实中来；"家山时入梦魂妍"一句中的"家山"，是指夏丏尊的故乡浙江省上虞县，当时也已是日寇占领区，所以让他梦萦魂牵。

著名作家唐弢特别喜欢夏丏尊这一首和诗，他评价说：

> "如幻前尘似水年"、"悲欢磨得人偕老"，可说是写尽自己的一生，读起来使人无限感慨，无限怅惘。而"故物都随烽火尽，家山时入梦魂妍"，豁达中仍有执持。爱是并不容易解脱的。或者这就是他和弘一法师最后不同的地方，也是他到底不能成为和尚，只能以居士终身的原因吧，他始终是"爱"的化身。[①]

---

① 唐弢：《从绚烂转向平淡》，载夏弘宁主编：《夏丏尊纪念文集》，上虞市文学艺术界联合会，2001 年 10 月，第 235 页。

　　章锡琛和夏丏尊是终生知己，至此已有 20 多年的交情。在夏丏尊夫妇结婚 40 周年之际，二人把酒吟诗，彼此唱和，友情自然又加深了一层。

　　欢宴之后，在沪开明书店同人如王伯祥、顾均正、徐调孚、周振甫、周德符各和一首，王统照则献上两首。内地的开明书店同人如叶圣陶、朱自清、朱光潜、马叙伦、贺昌群等，也各寄一首和诗到沪。

　　为了维持生计，夏丏尊还到南屏女子中学教课。当时赵景深也在赫德路复旦大学教课。开明书店的前任总编辑和后任总编辑经常同坐一辆电车。据赵景深回忆："每每在亚尔培路霞飞路口等待二十四路无轨电车的时候，遇见夏先生。我们都坐三等，不是为了省钱，只是为三等宽舒一点，面积大一点。他是到南屏女子中学去上课的。"

　　由于经常碰面，这年的 10 月 6 日，赵景深还应夏丏尊之约，到南屏女子中学校长沈亦云女士家中小聚。"沈女士和黄伯樵夫人亲自做蛋糕和饺子请我们吃。"还唱了昆曲，赵景深"唱了两节'访秦'，尧文唱了两节'闻铃'，我与尧文又合唱'折柳'，带说白。最后由主人沈女士唱'琴挑'，黄夫人唱'弹词'。"这也算是在敌占区里苦中作乐吧。

　　夏丏尊还约章锡琛一起去喝过"马先生汤"。所谓"马先生汤"，即马叙伦家所做的汤是也。1943 年 12 月 5 日，马叙伦请夏丏尊、章锡琛、王伯祥、周予同等开明书店同人到家中小宴。其菜肴中最著名的一道菜，就是"马先生汤"。客人们印象深刻，王伯祥还记入了日记中：

　　　　夜与丏尊、雪村应夷初约，过饮其家，予同后至，又别有

陈、夏两客，凡六人，尝其家制所谓马先生汤，清鲜特甚。汤品
不难于鲜而难于清，此汤清不沾衣，鲜厚隽永，洵奇品也。饮后
长谈，展玩其所跋兰亭景本，九时许始辞归。①

能被王伯祥、章锡琛等人称为"奇品"的"马先生汤"，看来为
当天晚宴之酒，助兴不少。

但上海当时毕竟是敌占区，老百姓是没有欢饮达旦的快乐权利
的，偶尔还要担惊受怕地接受盘查甚至逮捕等不公正待遇。1943年
12月15日，这样的厄运，降临到了夏丏尊和章锡琛头上。

这天凌晨5时许，夏丏尊、章锡琛被日军从寓所抓走，同时被捕
的还有39名文艺界人士。此事震动了上海文化出版界。

其实，章锡琛并不在日本人的搜捕名单上。而他之所以被捕，还
是因为1926年就被同事们叫开的"老板"这一绰号所致。

当多名日本宪兵敲开夏丏尊的家门时，夏丏尊问明了来由，知道要
带他到宪兵部去。夏丏尊从容不惧，披上大衣后，随口关照家人要把这
事通知一下章锡琛，他说："对老板讲一声……"，这下坏了，日本人一
听见"老板"二字，马上认定这是一个掌握大权的更为重要的大人物，
必须也予以抓捕。日本人马上追问"老板"为何许人也，并逼着夏丏尊
的大儿媳，带着两名宪兵去章锡琛家。结果，章锡琛也被抓了。

当时和章锡琛住在一起的王伯祥，在日记中写道：

未明四时，剥啄声喧，日宪兵多人阄然入，逮雪村去，留一

---

① 王湜华：《王伯祥传》，中华书局2008年版，第126页。

宪兵于楼下守之，禁出入（唯儿童入学则放行），余与红蕉俱被阻不得出，至十一时半始让余二人行。均正来访，则被留（至下午二时亦使令行），盖先至丏尊所指逮，临行丏尊属家人通知老板（平日戏以此称呼雪村），遂因而连逮也（来时即由丏尊长媳秋云领捉，可见牵连）。余既出，遂至公司，则颂久、高谊、叔同及小川等俱在，始悉正在营救中，至其出于何因，竟未详耳。小川言，人羁虹口宪兵队本部，必无大事，不日当可出，属先送果点少许去。乃派人送去，不纳，罢归。至四时，夏、章二家留守之宪兵撤去。五时半，余候信无望，乃归。走二家慰安之。①

这一次日军的搜捕，共抓了夏丏尊、章锡琛，还有世界书局的赵侣青、中华书局的潘公望、当时已在北新书局任职的赵景深夫人李希同，以及四所小学、四所中学的教师，圣约翰大学校长和教师等39人。这39人当天被带到了虹口旧德邻公寓旁的日本宪兵司令部"留置"。

"留置"的环境很差。章锡琛他们被关在日本宪兵司令部后面用民宅改建的牢房中，很多人挤在一间屋里。每天两餐冷饭，没有配菜，只配以一撮盐，或一碗酱油汤。大小便以及痰唾都在一个屋角的木桶里，满屋都是腥臭味。一般早上送来一桶水，大家就在桶内洗脸、洗手、漱口。晚上就睡水泥地上的草垫，如此天寒时节，也只能两个人合用三条毯子。

"留置"第一天，章锡琛和夏丏尊在吃午饭时碰面，章锡琛看到

① 王湜华：《王伯祥传》，中华书局2008年版，第124—125页。

饭里很多小石粒，便把手帕铺在地上，人也趴在地上，戴着一副近视眼镜贴着地面拣饭里的小石粒。章锡琛正捡着，看到夏丏尊在旁边发呆，就问他为什么不吃饭。夏丏尊说，饭里尽是小石粒，吃了也是个死，不如饿死。章锡琛看他这么悲观，就把自己已经拣好的一碗饭递给他，说："肚子要填饱，还有重任在身，必要时得向内地转移，这条命不能自由支配。"夏丏尊觉得章锡琛说的有道理，回答道："我自己会拣，我眼睛比你好，你鼻子上都粘着饭粒，看你趴在地板上，像什么，使人哭笑不得。"

章锡琛在狱中，共被提审五次。总的来看，审问极随便，漫谈式的审问居多。比如：

日本军佐：你们是怎么"抗日"的？

章锡琛：不懂你什么意思。

日本军佐：难道像你章先生这样的有学问有地位的人，会不懂"抗日"两字的意思吗？

章锡琛：你如果一定要我解释，这很容易。"抗日"的"抗"字，在汉语有两层意思，一是抵抗的抗，比如外人来侵略，中华民族一定奋起抵抗击败侵略者；第二层意思是反抗的抗，比如外国人压迫中国人，中国人民一定会团结起来反抗压迫者。[①]

章锡琛的回答，不失气节，甚至还有些强梁，夏丏尊的审问情形也大致如此。因为夏丏尊曾在日本留学，所以日寇以日语提问，并要

---

① 绍兴市名人文化研究会编：《开明魂——纪念爱国进步出版家章锡琛先生诞辰117周年》，2007年3月，第30页。

求以日语回答。夏丏尊说："我是中国人，我说中国话。你们有翻译人员，翻译就是了。"日寇又出示有夏丏尊签名的中国文艺家协会抗日宣言，指着名单，一一询问并记录。并问："你见到过郑振铎吗？"夏丏尊在入狱前差不多天天和郑振铎见面的情况下，为了掩护郑振铎，反而说："好久好久不见到他了。"

生死一线的情况下，章、夏二人如此这般，居然也并未引来杀身之祸。反而在十天之后的 12 月 25 日，经同业和内山完造营救出狱，"夏先生因为年高，释放得最早"。

章、夏二人被羁在内之时，王伯祥等同人在外面也是度日如年。王伯祥曾为之"彻旦未寐"。终于熬到了二人被释放的这一天，王伯祥记录道：

> 十一时确息下午二时丏、村可出，至一时三刻，小川亲往宪兵部接出，迳诣中华书局。余得讯即往迎之，荏苒十日，竟如三秋矣。抵晚归饮，共谈至十时乃各寝。心上大石始移去，且暂安之。[1]

出狱之后，章锡琛作诗三首，既描绘狱中情形，亦借以明志：

> 日食三餐不费钱，七时早起十时眠。
> 一瓯香饭抟云子，半钵新茶泼雨前。
> 汤泛琼波红滟滟，盐霏玉屑碧芊芊。
> 煤荒米歉何须急，如入桃源别有天。

---

[1]　王湜华：《王伯祥传》，中华书局 2008 年版，第 125 页。

一日几回频点呼，"噎凄尼散哈凄枯"。

低眉趺座菩提相，伸手抢羹饿鬼图。

运动憧憧灯走马，睡眠簇簇罐藏鱼。

剑光落处山君震，虎子兼差摄唾壶。


执戈无力效前驱，报国空文触网罟。

要为乾坤扶正气，枉将口舌折侏儒。

囚龙笯凤只常事，屠狗卖浆有丈夫。

惭愧平生沟壑志，南冠亏上白头颅。


叶至善评价说，这三首诗，"前两首写被拘押的生活，语言诙谐，表现了坦然的胸怀和对敌人的蔑视；第三首口吻一变，却是庄严的明志"①。

当时，远在重庆的叶圣陶等开明书店同人，也从报纸上得知了夏章二人被捕的消息，至为关心。后来，叶圣陶还于 1944 年 4 月 17 日专撰《关于夏章两先生被捕》一文，登载在《中学生》上，以安慰关心二人的广大读者：

> 在沦陷地区，不干汉奸行为、不表顺民态度的人，本来随时有被拘系的可能。……直到最近，上海朋友来了一封长信，详叙这一件事情，才算一是一二是二的知道了。我们想，关心他们两位的既然不少，应该在这儿报告一下。

---

① 叶至善：《纪念雪村先生》，《出版史料》1989 年第 2 期。叶至善先生在本文中，将章锡琛被逮捕一事误记为 1934 年，实为 1943 年。

应该说，叶圣陶这篇文章很重要，开篇就表明夏章二人被捕的原因是"不干汉奸行为、不表顺民态度"，同时在后文中公开介绍了二人在狱中的表现及境遇，既消除了朋友们对他们二人生命安全的担心，也打消了少数人对他们二人可能附逆的担心。

上海的开明书店同人们还在苦熬的时候，大后方开明书店的经营却颇有起色。1943 年 4 月，国民党政府教育部指定时在大后方的正中书局、商务印书馆、中华书局、世界书局、大东书局、开明书店、文通书局，联合成立国定中小学教科书七家联合供应处，简称"七联处"，专门承担国立编译馆主持编写的国定中小学教科书的印刷与发行。各家承担供应教科书的数量按资历和资金协商分配，正中、商务、中华各得 23%，世界 12%，大东 8%，开明 7%，文通 4%。以上七家书店的造货资金由教育部介绍并担保向银行贷款，还可以得到平价纸张、印刷费限价和银行低息贷款等优惠条件。此次"七联处"成立，开明书店能够占得 7% 的市场份额，可见范洗人等开明书店同人在大后方业务开展得力，逐步恢复了往日的经济实力。因这一排名及市场份额，虽未完全理想，但也基本符合开明书店在业界的地位。

# 七、秘密运送《子夜》纸型

1944 年初，在范洗人的主持下，开明书店在桂林召开了分店会议，以协调工作。参加会议的各分店经理，有昆明的卢芷芬、顾惠民，成都的章锡舟，重庆的赏祥麟，桂林的陆联棠，衡阳的刘甫琴，金华的徐炳生，吉安的章士敏，贵阳的张镜波，还有在重庆、成都主持造货的金韵锣等。会议主要讨论在新形势下如何发展业务。等到会议结束，桂林已经可以听到日本侵略者日益逼近的隆隆炮声了。

这年 7 月，桂林正式开始疏散。开明书店在桂林的同人，章士敩、王清华、胡瑞卿、顾惠民、王亚男、章锡珊、傅彬然、王知伊、覃必陶等，在范洗人和总管理处的带领下，先后向重庆撤退，《中学生》亦迁去重庆出版。在这次撤退途中，开明书店再次遭受财产损失，一个车皮的纸张和书籍在黔桂路上丢失。

其实，日军这次对于桂林的占领，包括其所发动的豫湘桂战役，是其在中国领土强弩之末的最后一击。虽然开明书店又在这次战役中遭受了损失，但漫漫长夜即将过去，此时正是黎明前的最为黑暗的时期。

接近 1944 年末的时候，日寇变本加厉地在上海查禁爱国进步图书，开明书店所出茅盾的名著《子夜》被盯上了。既然被盯上，在日占区就不能再出了，那就拿到大后方去出版，章锡琛如是考虑。但想归想，做到并不容易。因为这需要穿过日军的封锁线，把纸型秘密运到大后方去。

谁来承担这个危险的任务呢？章锡琛选中了黄幼雄。黄幼雄是开明书店的老员工，同时还是《无线电原理及应用》的作者。章锡琛选中黄幼雄的理由是：虽然他当时已年近五十，但精力充沛，虽然他也是一个文人，却并无书生气，颇有胆识和应变之才。黄幼雄是领队，另外还选配了七个人，一行共八人，组成了一个运送《子夜》纸型的小分队。

据全程参与过此次行动的章燕行回忆[①]，小分队组成以后，为了

---

① 章燕行：《〈子夜〉在子夜——对章锡琛先生的一点回忆》，载出版史料编辑部编：《章锡琛先生诞辰一百周年纪念文集》，1990 年 10 月，第 160—162 页。

保密，章锡琛每次只把黄幼雄一个人请来家中密商细节。小分队其他人只知道要运送纸型去大后方，但运往何处并不知情。小分队出发前，章锡琛专门在家中设宴饯行，并举杯吟诵了王昌龄的七绝《芙蓉楼送辛渐》："寒雨连江夜入吴，平明送客楚山孤。洛阳亲友如相问，一片冰心在玉壶。"此时章锡琛心目中的"洛阳亲友"，当指开明书店在内地的同人们。章锡琛因为小分队即将奔赴内地，特此寄语。

纸型的运送于1945年春节以后正式开始。章锡琛再三叮咛：小分队要做到人一个不少，纸型一张不缺，铜模一粒不丢。为此，八人小分队进行了乔装打扮，从外貌上看，既像商人，也像难民。小分队把八开版面的《子夜》纸型，用衣、被包裹，或扎成包袱，或打成铺盖，分散由各人携带。同时带上了体积小、重量大的全套铸字铜模，将其卷在麻袋里，扎在扁担的一端，由一位身强力壮的工友斜扛在肩上走路，装作是一个放空回程的脚夫，并在前面带路。

小分队从上海出发后，途经杭州时停留了三天。按照计划，小分队要从这里伺机偷渡日军的封锁线。而这次又显示出章锡琛识人眼光之好。黄幼雄的确有办法，他没有采取率领小分队夜晚偷渡、直接硬闯等可能危及生命的办法，而是经过一番活动，花钱买通了一位汉奸地头蛇，找到了通过封锁线的路子。汉奸派人带路，与小分队同乘一辆汽车，出杭州清波门，向西出发。一路颠簸，于天黑时分来到穷乡僻壤的一处农舍。住下之后，要求不得喧哗，不得抽烟点火。挨到凌晨，小分队被带到附近的一个小港湾静候。等到日军的巡逻艇开过去之后，小分队上了偷渡的船，在江面大雾的掩护下，顺利通过了封锁线。

谁知这时，小分队又遭遇了"专门对付汉奸偷渡"的国民党军队的封锁线。最后还是黄幼雄出面，花钱了事。

小分队由此进入了富阳县境。随后或步行或搭车或乘舟，经桐庐、建德、淳安，在浙、皖、赣省界附近辗转，边走边探路，还要提防土匪打劫。一路跋涉下来，大家已几近难民。

终于，小分队来到了位于浙江省江山县的开明书店分店，这个分店隶属于开明书店东南区管理，由章锡琛的长子章士敏负责。在章士敏的安排下，小分队休整了五六天，再分乘两辆大"道奇"木炭车，迂回于浙、赣、闽省界，经江西上饶向福建崇安进发。在战时汽油紧张的情况下，这种"道奇"木炭车是用木炭在炉子中燃烧来产生气体，以产生车辆前进动力的。但每逢陡坡，还得另外加入樟脑油助燃，以产生更多的动力，车子方能爬上陡坡。驾驶司机称该车是"吃鱼肝油"爬坡。

一个多月以后，小分队终于在1945年暮春到达了目的地——崇安赤石。开明书店崇安分店坐落在武夷山下，位于章锡琛老朋友吴觉农所经营的茶叶研究所里。小分队的到达，得到了崇安分店开明书店同人的热烈欢迎。原来，他们早就得到了江山分店的电报，先期储备了一批上等土纸，做好了付印准备。就这样，《子夜》赤石新版的出版工作迅速被提上了日程。小分队到达的第二天，《子夜》就开始浇版，经过两个月左右的日夜赶印，第一批数万册32开本的《子夜》就开始装订发运了。

章锡琛这次的精心策划，使得《子夜》这一伟大的作品，迅速地在大后方得以出版，被同事们誉为"开明速度"、"开明节奏"，"上海——内地在非常时期合作出版成功的一个范例"。

此时得到大后方同事们普遍赞誉的章锡琛，人依旧还在上海，还在黎明前的黑暗中煎熬。虽然如此，章锡琛仍然乐观，仍然保持着良好的精神状态。周振甫回忆说："在胜利的前夕，同人生活最最艰苦，当时店里放暑假三个月，仅指定很少的人留在店中"，"虽在这个时候，章雪村先生还是按时天天到店，不过章先生因为有许多对外的事务要接洽，不能一天到晚留在店里"。"在那个时期，章先生迁居到福州路三山会馆隔壁现在的住处，曾笑述一联道：'老鼠搬窠，闹中取静。猢狲种树，忙里偷闲'。可以想见其风趣"。[①] 都这个时候了，他还有闲心作对子。

# 八、天亮了

时间进入 1945 年，世界反法西斯战场已是捷报频传，日本法西斯也是日薄西山，一天不如一天了。在这种大形势的影响下，重庆作为中国政府战时的首都，情况也日渐好转。身在重庆的开明书店，不仅参加"七联处"，还资助一家名叫"自强"的印刷厂，以相对固定地使用其印刷力量，满足开明书店《中学生》和其他书刊的印刷需求。

同时，开明书店还继复刊《中学生》之后，于 1945 年 7 月复刊了此前的《新少年》，由叶圣陶、贾祖璋、唐锡光、叶至善编辑，只是刊名由《新少年》改为《开明少年》。之所以命名为《开明少年》，一是表示它是开明书店出版的少年杂志，二是希望读者们能够成为"开通"而且"明白"的少年。

---

① 周振甫：《太平洋战时上海同人生活的拾零》，《出版史料》2012 年第 2 期。

从 1945 年初开始，章锡琛就与叶圣陶、范洗人等人通信，要在第二年（1946 年）搞一次纪念开明书店 20 周年的庆祝活动。还计划如同十年前那样，要出版一部纪念文集。正在谋划的时候，"大家竟想不到胜利来得这么快"①，抗战胜利了。

1945 年 8 月 10 日晚 8 时，日本投降的消息传到了重庆。范洗人在回忆中如此描绘他目睹的当时重庆人民欢庆胜利的空前盛况：

> 寂静的山城发狂似的哄闹起来。满街满巷，挤不动的是人。鞭炮、号外，一片声喧。每个人的面部表情，都与平常不同，嘴是咧着的，眼睛是眯着的，显出内心的快乐。许多美国兵，驾着吉普车各处乱闯。右手的拇指与食指做成 V 字形，向人叫"顶好"。王亚南小姐攀登他们的吉普车跌伤了手脚，还是忍痛跟别人叫跳。我本人也兴奋异常，叫老李打了一瓶绵竹大曲，大喝而特喝，直到半夜过后才睡。②

范洗人毕竟是开明书店的总经理，当他从胜利的喜悦和酒精的刺激中清醒过来以后，马上意识到：战争的胜利，其实是开明书店企业发展的新机遇。而且，开明书店回到上海的时机，已经到来。

胜利后要回到上海，这是当时处在大后方出版机构的一个共识。上海，虽经战乱，但其作为当时中国的经济中心和文化中心的地位并未改变，各出版机构有理由相信，重新回到这样的福地，更有利于战

---

① 久安：《开明书店二十周年纪念活动琐忆》，《出版史料》2011 年第 2 期。
② 范洗人：《复员一年》，载王知伊著：《开明书店纪事》，书海出版社 1991 年版，第 220 页。

后各项经营业务的恢复和开展；上海，也是这些出版机构的诞生发祥之地。开明书店等出版机构对于上海，有着天然的亲切感。更何况，各出版机构由于战争原因而滞留在上海的同事及资产，也急需在战后全国一统的环境下，加以统筹规划，以再度恢复全国业务一盘棋的战前繁荣。

刚刚胜利之时，各出版机构分处重庆和上海两地的同人，首要任务是恢复联系，着手战后恢复工作。在这方面，中华书局行动最为迅速：

9月8日，在重庆的中华书局总管理处派编审部主任吴廉铭携带纸型乘飞机前往上海，接收上海的资产和业务；

9月20日，中华书局总管理处派华南区监理郑子健乘飞机经广州转香港，成立"中华书局总管理处香港办事处"，主持广州、香港、澳门、新加坡等分局及港厂复员工作，并筹划恢复华南区一切业务；

9月27日，中华书局总管理处派协理姚戟楣乘飞机经南京转上海，以主持收复区的业务。旋即成立上海办事处，策划总管理处迁返上海事宜；

10月10日，派白纯华、赵俊、顾敬初、唐序园乘飞机经广州转香港，以接收中华书局香港印刷厂。

在飞机还是稀罕物的当年，中华书局先后派出六人乘飞机前往相关地区，着手战后恢复工作。这样的"奢侈"举动，既显示了中华书局高管层的急迫心情，也可以窥出他们的喜悦心情，颇有一点杜甫当年闻官军收河南河北时"漫卷诗书喜欲狂"的味道。

中华书局的战后重建比较顺利，相比之下，商务印书馆的沪渝同人之间就产生了龃龉。主要是总经理王云五与董事长张元济在战后复员问题上出现了严重分歧，双方在战时撤退问题上和抗战期间上海办事处的人事安排问题上，矛盾重重。最后闹得所有人均不愉快，也在一定程度上耽误了商务印书馆的战后恢复工作。当时的情形，用一句话来概括，就是"原在上海各人，心处懊恼之中；原在重庆各人，身处忙碌之中"①。

上面这句话，也基本上是开明书店上海和重庆同事们在战后恢复重建时期的真实写照。因为类似商务印书馆一样的不愉快事件，在开明书店也有发生。

胜利之初，范洗人考虑的是："怎样与隔绝消息的上海及东南区，取得联络，怎样安顿西南各分店，怎样恢复沦陷区各分店，资金怎样调度，人员怎样派遣"，感到"千头万绪，无法安排"，有"措手不及之慨"。

在经过会议商定之后，开明书店重庆总管处就战后的恢复重建工作，采取了以下步骤：

一、致函上海章锡琛，详告隔阂期间内地的动态和现有资力，并请以章锡琛为首的上海方面，做好恢复重建的准备。

二、派刘甫琴去湖南恢复长沙分店，派徐炳生去恢复杭州分店，派钟达轩去恢复南京分店，派顾惠民去恢复汉口分店，派卢芷芬去恢复北平分店，派陆联棠去恢复广州分店。这样，战时撤退的六个分支店，至此全部恢复了。

三、结束重庆造货等各项业务工作，全体人员准备返回上海。先期于 9 月 7 日派朱达君、金韵锵乘上海市政府差轮东下，随身携带纸

---

① 汪家熔：《抗战胜利后的商务印书馆》，《编辑学刊》1996 年第 1 期。

型和资金，以备在上海印制新书。

四、开明书店重庆总管理处同时直接致函东南区，发布三项命令：一是"将各据点撤并沿江海地方如南昌福州或厦门，与上海取得联系"，二是"昭平八步等办事处，令移广州"，三是"令上饶办事处移杭州"。这三项命令的本意，是将原来为了躲避战乱而设立于交通不便甚至偏僻幽远之地的分店，撤并搬迁到沿江、沿海、省会城市等交通便利之地，以方便今后经营业务的开展。这本是正确的经营举措，并没有什么可以指责之处。

但恰恰就是这第四个步骤的三项命令，出了问题，惹了麻烦。因为无论上述三项命令正确与否，但它确实违反了此前大后方和沦陷区开明书店内部两个相对独立存在的指挥体系。要知道范洗人自己也是承认的，即：重庆总管理处以前与开明书店东南区是"隔绝消息"的，也就是说以前不是重庆方面指挥东南区，而是上海方面指挥东南区的。上海方面的负责人是章锡琛，东南区的负责人是章士敏。章士敏既是章锡琛的儿子，也是章锡琛的下级，一直接受着来自上海的指示。现在，突然接到来自重庆开明书店总管理处的直接指示，如何执行呢？特别是，范洗人写给章士敏的信中还有一句"无留用必要人员及时遣散"的话，正是这句话，引起了开明书店东南区同人们的极大误会。

于是，出乎范洗人等开明书店高层的意料，竟然出现了"用'东南区全体同人'名义的传单"，"大意是指责公司措置不当，要求职业保障，和反对撤并原设各据点"。这是开明书店东南区全体同人向重庆总管理处第四个步骤的抗议举动，充分体现了他们对于指挥体系突然改变、对于和平时代骤然到来的不适应。好在重庆总管理处在获悉之后，虽然认为这是一种"不明真相遂有所表示的举动，已经不当，而形同匿名揭帖的文件，实为一种极不负责的态度"，同时认为"在开明书店二十年来，上下内外和谐的情谊之下，竟发生这样一件事，使我们不无遗憾"，但在当时仍镇之以静，未做任何处理。事后对于东南区全体同人，也并未秋后算账，"除了极少数因患病或其他原因去职的以外，都还在公司各部门工作"。

在这场小小的风波过后，范洗人于 11 月 30 日由重庆回到上海。随后的 12 月 25 日，开明书店后方 50 多名同人也由叶圣陶率领，从重庆乘木船，于次年 2 月 9 日到达上海。开明书店在大后方和上海的同事们相见，"恍如隔世"。

与此同时，派往各地去恢复分店的同事们，也陆续开始打开局面，但并不顺利。比如顾惠民恢复汉口分店，就经历了多次曲折。据与顾惠民一起前往汉口从事此项工作的应培云回忆[①]，首先是路途艰难：

　　一九四五年十一月，开明书店总店调顾惠民同志到武汉办店，并调我同去。在重庆朝天门码头上船时，我才了解，一共有两只船，一大一小，都是木船。我们坐的是三联书店的包船，这只船大，据说能载重二百吨。船舱下面装的是三联书店和联营书店总店的书。……开明书店除顾惠民同志和我外，还有傅彬然先生。……这两条船只在过激流险滩时才摇撑一下，基本上是顺流水漂着走的，有时还要横生枝节地停靠在码头不走。例如：……

---

① 应培云：《开明书店汉口分店创办琐记》，载湖北省新闻出版局湖北出版史料编辑组编：《湖北出版史料》第 3 辑，1988 年 12 月，第 14—15 页。

船到湖北宜都县境有段水路是 S 形的，遇大风不能走，在离汉口三十里的沌口，也因刮东北风停了两天。最好笑的一次是，船到四川奉节靠在离白帝城不远，翌晨临开船时，舵公说看见一只老鼠从船尾掉下水了，老板娘听后不但不开船，而且要薛迪畅同志开支点钱置办香烛之类供奉一番，求菩萨消灾解难，这样也耽搁一天。总之，经历了许多波折之后，在第四十六天终于由重庆到达汉口。……那条和我们同行的小船，因在巴东靠岸时被岸边礁石碰漏，船上的人急忙抢搬舱底受水浸泡的土纸书到岸上晾，人、货、船都在巴东耽搁下来。

其次是找房不易：

一九四六年元旦过后不久，顾惠民同志在汉口胜利街咸安坊四号找到在二楼的三间房，这就是开明书店复原后在汉口的第一个落脚点。当即通知总店（已迁回上海）发货。

但是这个房子并不理想。因为"楼下是家钱庄，二楼还住着新婚的房东夫妇，别说不能做零售生意，连做批发生意也十分不便"。开明书店汉口办事处的三个人顾惠民、黄璋元、应培云只好另找房子：

总算在中山大道水塔对面的生成南里右侧找到一间单开两层的铺面房子，原住户本来也是经营图书的，这时连经销棕刷、毛刷之类也维持不下去，为了可得到一笔可观顶费（近于迁让费，但比实际需要要高不知多少倍），就将这房子让给开明书店。开明书店汉口分店从一九四五年底开始筹办，直到一九四六年约七月份才算挂出招牌。

后来，开明书店汉口分店又几经搬迁到了武汉著名的"文化街"——交通路 25 号，总算才安顿下来。

章锡琛在上海，知道日本投降的消息也是在 1945 年 8 月 10 日。这天晚上，上海市区响起了欢呼声，刚开始很稀疏，但很快就掀起了欢呼的浪潮，到处都在呼喊"日本投降啦"，不断有人跑着冲出章锡琛家所住里弄的总弄口，跑到大马路去宣泄自己的喜悦之情。同样狂喜的章锡琛，也汇入了这一欢乐的人潮之中。关于这一欢乐时刻，王伯祥的记录是：

> 夜十二时许里中忽有人大叫，日本已投降，今日六时已签字。随有苏联侨民及白俄人等，分批结队欢呼，我国人杂其间，狂呼"中华民国万岁"者亦至夥。余为惊起，而诸儿亦闻声起舞，雀跃不止，奋兴之度无以自画。珏人腿疮正剧，亦蹶然起听，忘其痛楚矣！诸儿且出里观望，则广衢杂遝，欢声鼎沸焉。于是里中终夜有声，余遂假寐达旦。①

日本一投降，平时蛰居在上海的章锡琛的朋友们，也恢复了正常的、愉快的交往。在范洗人回到上海以后，郑振铎还专门邀请开明书店的朋友们——章锡琛、范洗人、夏丏尊、王统照、徐调孚等人，到

---

① 王湜华：《王伯祥传》，中华书局 2008 年版，第 138 页。

家里欢宴。由于郑振铎是福建人，所以当晚请客用的是福建菜，据说出自"小有天"名厨之手。当夜，朋友们欢饮达旦。

1945 年 10 月 10 日，是胜利之后的第一个国庆日。章锡琛在家里摆下胜利宴，宴请开明书店同人，欢庆胜利。王伯祥作为参与者与记录者，时至今日仍能让我们感受到那字里行间的狂喜：

> 今日国庆，兼祝胜利，举国狂欢自在意中。清晨即闻爆竹喧耳矣。晨餐后过丙尊，共徘徊于里口，看热闹良久乃还。濬儿一家均来。十一时出，途值胜利游行，肩摩背挨，不得速步，将十二时始到雪村家，参加开明同人胜利宴，与允臧、西谛、予同、调孚、均正、索非、雪村、守宪、绍虞、耕莘同席，子如等则别置一席，湜儿亦与焉。午后三时归，从人丛中行，苦挨甚。夜合家团饮，笙伯之友朱君、徐心君及江冬俱与，甚快，且将旧藏大双响爆杖二枚点入之，盖中华民国三十四年只有今天始不负国庆二字耳。①

以章锡琛家中这天的胜利宴为标志，章锡琛及上海开明书店同人们，终于度过了日本侵略的漫漫长夜，等到了抗战胜利的这一天。

1945 年 11 月 30 日，开明书店总经理范洗人先期回到上海。这是 1941 年 5 月范洗人去大后方主持店务以后，章锡琛与范洗人的第一次团聚，当然，这又是一次欢宴的理由。11 月 11 日，在三山会馆，由已回到上海的内地开明书店同人宴请留沪同人暨家属。宴请甚是

---

① 王湜华：《王伯祥传》，中华书局 2008 年版，第 141 页。

隆重：12 时就席前先全体合影，参加者共 50 余人，共四桌，章锡琛、范洗人、夏丏尊、王伯祥、巴金、郭绍虞、周予同、濮文彬等人在一桌。巴金还特地拿出了从内地带来的茅台酒与大家共享。

在欢乐的氛围中，回首八年抗日战争，留给中华民族的是满目疮痍。而章锡琛本人呢，在这八年中，虽然幸运地保住了性命，但也遭到了无法挽回的损失：抗战之前，章锡琛正当年富力强的 48 岁；抗战之后，章锡琛已经 56 岁，白白丧失了整整八年干事业的大好年华；抗战之前，章锡琛一手创办的开明书店正处于蒸蒸日上的上升期，正可大展宏图；抗战之后，开明书店遭受巨创，业务分崩离析，同人风吹云散，经济实力锐减。更为重要的是，如果不是八年抗日战争，章锡琛会一直作为开明书店的总经理，引领着开明书店在业内成为出版重镇，在中国出版史上占据更为重要的位置，而他本人作为出版家的分量，将更加举足轻重。然而，战争，无情地中止了这一进程。好在中国终于胜利了，这使得章锡琛和开明书店还有理由期待更为美好的明天的到来。

中華民國二十六年元旦開明書店總公司同人全體攝影

1937年元旦开明书店总公司全体同人合影

开明书店成都分店

开明书店昆明分店

1946 年开明书店同人参观联华影片公司合影

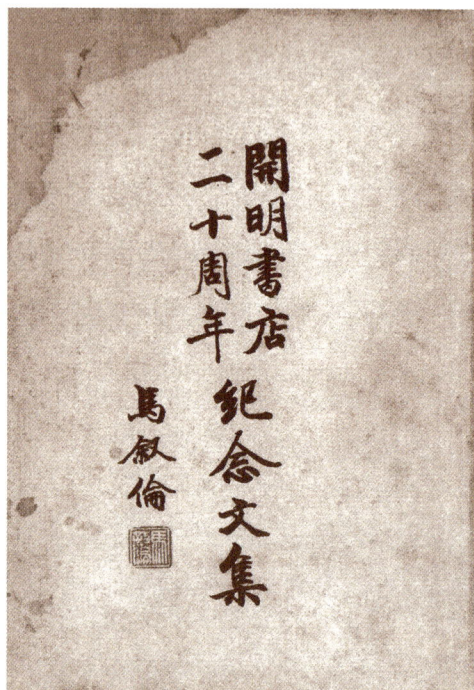

《开明书店二十周年纪念文集》

王伯祥
《开明书店二十周年纪念献辞》

叶圣陶题开明书店二十周年纪念碑辞

郵票
一分

上海兆豐路安多里
開明書店編譯所

寄

啓者：敝店創設以來，出版各種書籍對於形式，內容竭
力研求不敢稍息。承國內外讀書界交口稱譽欣感莫
名。敝店受寵之餘益當奮勉精進以求克副期望用特
創製此項調查表夾入書中。敬求　台端於讀畢
此書之後，對於書中瑕瑜盡情指摘填寫　賜寄俾便
參酌興論於再版時改善訂正敝店敬備優待券並各
種贈品於收到此表後即行寄奉藉答雅意倘蒙　賜
寄長篇批評（如本表不敷繕寫可另用他紙寫成夾
入）並當在敝店不定期刊『開明』上發表，酌贈一元
以上十元以下之書券如承將書中誤字校出填入後
列勘誤表尤所歡迎想　台端為促進文化改善出版
物起見定當樂予賛助也再此奉懇敬頌
台祺。

　　　開明書店謹啓

| 本書勘誤表 | 頁 | 行 | 字 | 誤 | 正 |
|---|---|---|---|---|---|
|  |  |  |  |  |  |
|  |  |  |  |  |  |
|  |  |  |  |  |  |
|  |  |  |  |  |  |
|  |  |  |  |  |  |

开明书店的《读者调查卡》

1950 年开明书店在北京召开第一届各单位负责干部会议

股利收據　　　　　　　　NO 37

兹收到

中國茂生出版社股份有限公司一九五三年四月至十二月份

股東 章錫琛 戶名下 2732: 股之股利每股股息及紅利為拾

元正 茲交款分仟計人民幣 270,447: 元整

恕

股票領代表人　　　　　　　　　簽印

（此項簽收留票由存公司附堂稽存）

附註: 除疫調配股收及股面憑理單出股友補足乙際疑外壹仟270,447元

銷乾 64　　　　　　　　　　　股份　　　48,0:

1953年章錫琛向中国青年出版社转让股票收据

执戈无力故弃驱报国空文稐周咨要为

乾坤扶正气柱将口舌折侏儒囚龙筮凤

祇常事历狗贲繁有丈夫憨块平生潢

鉴志南冠戮上白头颅

伯祥观家大兄 吟政 章锡琛

章锡琛题诗手迹

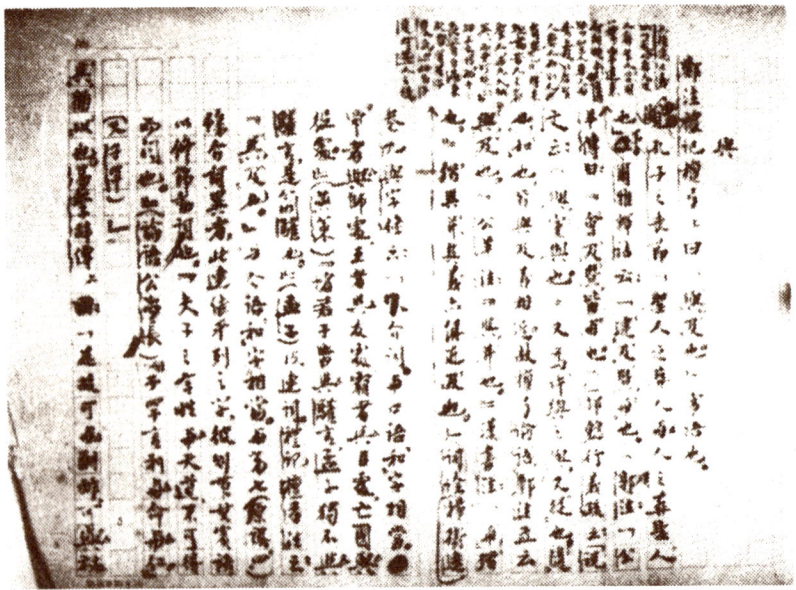

章锡琛手稿

## 第五章

# 霜中一段香[①]

1946 年一开年，章锡琛去了台湾。

事实上，此时正是阔别八年的开明书店沪渝两地同人的团聚时刻。而章锡琛选择在这样一个时刻离开上海，独自一人，远走刚回归祖国、人生地不熟的台湾，的确耐人寻味。

常理来看，开明书店同人们在团聚的时刻，既要畅叙别情，又要规划未来。无论如何，作为开明书店的创始人，作为共事多年的老朋友，章锡琛都不应该缺席。

而他缺席的理由，似乎很充分：台湾光复，他的友人范寿康出任台湾省行政长官公署教育处处长。范寿康邀请章锡琛去台湾，管理

① 弘一法师曾为章锡琛手书七绝一首："篱菊数茎随上下，无心整理任他黄；后先不与时华竞，自吐霜中一段香。"此处借用。

接收日本印刷厂，并筹建开明书店台湾分店。

范寿康（1896—1983），字允藏，浙江上虞人，著名教育家、哲学家。1913 年留学日本，1923 年回国后任商务印书馆编译所编辑，主编《教育大词典》。1926 年任广州中山大学教授兼秘书长，1932 年任安徽大学文学院院长，1933 年 8 月至 1938 年 4 月，任武汉大学人文学院哲学教育系教授。抗日战争时期，出任国民党军事委员会政治部第三厅副厅长兼第七处处长，协助郭沫若领导抗日宣传和统战工作。抗战胜利后，任台湾省行政长官公署教育处处长、台湾大学哲学系教授兼台湾大学图书馆馆长。1982 年 4 月 18 日从台湾经美国辗转回北京定居，积极致力于祖国统一大业。同年 12 月被选为中国人民政治协商会议第六届全国委员会委员、常务委员。

范寿康在担任台湾省行政长官公署教育处处长之初，就发现经过日本人近半个世纪的殖民和奴化教育，台湾的年轻人对于中华传统文化甚至中国话都已相当陌生，亟须在教育和出版方面加以强化教育。据范寿康之子范岱年回忆，"为清除日本帝国主义殖民教育的影响，积极'普及国语教育，发扬祖国文化，宣扬血统一致'。为此，我父亲努力促进商务、中华、世界、开明等几大书局到台湾设店，使得中文出版物与教科书很快在台湾得到普及"①。除了要在台湾开设开明书店分店以外，范寿康还给了章锡琛另一个任务，即赴台湾管理从日本人手上接收的印刷厂，并将之改造成为"台湾省行政长官公署教育处印刷厂"，由章锡琛任厂长。

很难说这样的安排，其中有无章锡琛个人努力的因素，但至少在

---

① 范岱年：《范寿康和商务印书馆》，载《商务印书馆九十年》，商务印书馆 1987 年版，第 322 页。

这样一个开明书店同人团圆的时刻，章锡琛找到了一个听上去不错的理由，使得自己可以告别妻儿、告别刚刚团聚的老同事和老朋友们，前往陌生的台湾，独自向隅。

之所以说"听上去不错"，只是因为，章锡琛缺席的真正理由，是他在主动地为范洗人让出总经理的位置。

很明显，战后沪渝两地同人团圆之后，开明书店必然要进行两地的管理机构合并和人员安排。其中最为关键的安排，就是谁来担任战后开明书店的总经理。

表面看起来，这已经不是一个问题。因为开明书店 1942 年底的那一次董事会，已选举范洗人为总经理。这次合并后，章锡琛作为前任的总经理，应该不再具备与现任总经理竞争的实力和机会。但麻烦在于，章锡琛不仅仅是前任总经理，还是开明书店的创办人。是章锡琛筚路蓝缕、历经艰辛创办了这家书店，而且在其初创期的原始资本，以章锡琛和章氏家族的资金为多。虽然后来经过了 1929 年、1930 年、1931 年、1933 年、1936 年、1944 年等多次增资扩股，总资本已达 600 万元，章锡琛及其家族的股份已被稀释。但章锡琛本人对于开明书店的草创之功，他在开明书店逐步壮大过程中所付出的艰辛、作出的贡献，他在开明书店同人中所拥有的人脉和威望，使得范洗人不能不感到为难，不得不考虑让贤的必要。

章锡琛当然也曾为难。打个不恰当的比方，如果把开明书店比作章锡琛的亲儿子的话，那么现在章锡琛是眼看着自己一手生养上十年的儿子，跟着养父出去八年，现在反而跟养父更亲密无间了。他心里的滋味，肯定也是不好受的。

但不好受也得承认现实，章锡琛在此时此刻，需要承认八年来范洗人指挥内地开明书店的功绩，承认范洗人已经自成体系的业务布局和干部队伍，进而承认范洗人的总经理地位。这一点，章锡琛做到了。他不仅在口头上如此表达，更以远走台湾的举动表达了自己让贤的诚意。

在章锡琛的竭力推荐下，此事最终在 1946 年 8 月尘埃落定。开明书店召开董事会，同意章锡琛辞去总经理的要求，选举范洗人为总经理，并选举章锡琛为常务董事。

# 一、开明书店的"明社"

章锡琛去台湾之后，开明书店同人在他缺席的情况下，开了一次团圆大会：3 月 9 日下午，开明书店在发行所楼上的编辑部召开"明社"迁沪后的第一次社员大会，实际上也是分别八年的开明书店留沪同人与重庆归来开明书店同人的团聚。共有 38 人参会，会议由叶圣陶主持，到会的有夏丏尊、徐调孚、王伯祥、周予同等人。会议气氛相当热烈，也开得很长，从下午 6 时开到晚上 9 时。

王伯祥先生在会上发言说，从字形上看，"开明"二字很有趣，"开"字是门里两只手，两只手把两扇门向外推。"明"字是窗子外面一个月亮。因此，"开明"二字，便是推开天窗说亮话，大家推诚相见，没有什么不可以商量的。周予同则专门谈了"开明风"的意义，而且谈到了"开明风"是如何给予了留在沦陷区同人以坚持的力量的，他说："在胜利前几个月，我们的日常生活穷迫到这样的程度：我们所得的薪金不够早晚两次乘电车，中午吃一顿客饭；然而我们来回都走路，带了家里预备好的饭匣子用开水冲泡来充饥。为国家，为民族，为文化，也为了自己……等待胜利。"叶圣陶主要就"明社"的性质发表了讲话。他说："明社的性质与工会不同，凡在开明书店做事的，都是明社社员，连经理也在内。明社是一方面协助同人生活，一方面使公司业务推进的一个组织，是极民主的。"①

叶圣陶在这里提到的"明社"，是开明书店的一个同人组织，于1942年在战火纷飞的桂林成立。关于成立"明社"的原因，开明书店在新中国成立后出版总署召开第一届全国出版会议时，曾在其《工作报告》中提及："抗战时期，内地工作人员的流动性非常之大，公司对于一般同人的照顾很少，同人的工作情绪仍旧不太高，双方都感到苦痛。于是一部分中级干部于1942年在桂林（当时总办事处所在地）发起了明社的组织。""明社"一直存在到1949年5月开明书店成立工会时为止，长达八年之久。显而易见，"明社"成立时，章锡琛不在桂林。这个同人组织于抗战胜利搬到上海后，才将章锡琛视为其中的一员。

作为一个同人组织，"明社"设有社长，由开明书店总经理范洗人兼任，下设干事会，由总干事、生活、康乐、进修、出版等组长组成。其组织的主要活动有：春游、乒乓球比赛、爬山运动、棋赛，集体观看电影、话剧，还组织参观联华影片公司，现场观看该公司拍摄《八千里路云和月》。参观联华影片公司还留下了一张近50人的大合影，叶圣陶、周振甫、徐调孚、王知伊、顾均正等均在其中，有的同人还带着自己的孩子去参加，以满足孩子们的好奇心。"明社"还曾

---

① 姜德明：《拾荒琐记》，《出版史料》1987年第2期。

经组织全店同人分批去医院拍摄 X 光照片。"明社"举办同人福利基金，还在国民党恶性通货膨胀时期，为同人们办理过实物储蓄和实物贷款。"明社"特别重视同人的文化教育和业余自修，一是多方诱导同人自修或进夜校读书。为了培养同人的学习兴趣，除了建设一个图书室之外，还经常邀请店外著名学者进行专题讲演，包括吴觉农、徐盈、夏衍、茅盾、冯雪峰、顾颉刚、金仲华、曹禺、杨晦、娄立斋、杨东莼等。如果同人上夜校读书，可以补助学费。二是组织各种进修班，比如"应用文练习"进修班、工友同志进修班等。教员则由店内的资深编辑担任，叶圣陶、王伯祥、顾均正等每周要花一两个晚上给大家上课。

"明社"办有刊物《明社消息》，其主要职能是：向全店同人介绍书店的经营情况，存在的问题；沟通总店与各地分店之间的消息，交流各分店的情况；报道所组织的各项文娱、体育等活动；组织同人写稿，并以一部分篇幅作为年轻同志、工友同志的习作园地；还刊载一些书店负责人和新进店同志的自我介绍文章，以及同人婚事喜庆活动的生活花絮。由章锡琛本人亲自撰写的自传体文章《一个最平凡的人》，就首次发表于 1947 年 2 月出版的《明社消息》第 19 期。对于这样一个内部刊物，开明书店也保持着一贯的严谨出版作风，由徐调孚、叶至善、欧阳文彬、王知伊四位名编辑共同编辑，按期出版，并且编校认真，极少错字。①

"明社"还有一首名为《开明风》的社歌，由叶圣陶于 1946 年 5 月作词：

---

① 王知伊：《开明书店的"明社"与〈明社消息〉》，载王知伊著：《开明书店纪事》，书海出版社 1991 年版，第 124—129 页。

开明风，开明风，好处在稳重，所惜太从容，处常绰有余，应变有时穷。我们要互助，合作，加强阵容，敏捷，活泼，增进事功。开明风，开明风，我们要创造新的开明风。

## 二、夏丏尊在团圆的氛围中去世

章锡琛这次台湾之行，最大的遗憾，就是错过了与至友夏丏尊的诀别时刻。倒是叶圣陶于 1946 年 2 月 9 日返回上海，得以陪伴自己的这位亲家翁，走过了人生的最后时刻。

其实一进入 1946 年，夏丏尊的身体就已接近油尽灯枯了。人更瘦了，面色灰暗，精神不振。主要的病因，还是肋膜炎和肺结核。在参加了 3 月 9 日的"明社"团圆大会之后，夏丏尊就只能卧床静养了。

3 月 17 日，叶圣陶去看望亲家翁，日记中所记他看到的是："丏翁近日仍气喘，有热度，进食不多，意兴不甚佳。"3 月下旬，出现便中带血，偶尔高烧。

4 月 5 日，楼适夷介绍一位姓林的医生来为夏丏尊看病，并试用了治结核的特效药。随后 9 日的 X 光和验血结果显示，夏丏尊的肺已全部糜烂。

就在病情极度恶化的时候，夏丏尊还与因日本战败而即将遣送回国的内山完造见了最后一面。当时，在上海的日侨全部都集中在一起，等候遣送，内山完造出来很不方便。但当他听说夏丏尊病重以后，特地请了假，由翻译陪同，赶来见了最后一面。见面之后，夏丏尊女婿叶至善送内山完造出门，悄悄问那位陪同的翻译："夏先生说了些什么？"翻译说："前言不搭后语，听不懂他说了些什么。"叶至善不由心中一沉。

4月23日，夏丏尊到了最后的时刻。叶圣陶在当天的日记中记载："午后，小墨自霞飞坊来电话，言丏翁已危殆。即偕彬然驶往。至弄口，闻念佛声及木鱼声、磬声。叩门入，丏翁已挺然僵卧，闭目，呼吸急促，手足渐冷，似无痛苦状。念从此将分别，各处一世界，不禁流泪。念佛者有唐敬杲、某君及丏翁之二媳，及其内侄女。丏翁信净土，预言临终时须有人助念南无阿弥陀佛，故然。观其状，似临终即在今明。"当晚21时45分许，夏丏尊安详往生极乐国土，终年60岁。

4月24日，叶圣陶冒雨到开明书店，与范洗人、周予同、傅彬然、顾均正、王伯祥等商议夏丏尊的后事，并同时拍发电报通知远在台湾的章锡琛。4月25日，夏丏尊入殓，开明书店为之停业一天，特志哀悼。

在开明书店诸同人中，以章锡琛、叶圣陶二人与夏丏尊交情最深。其中章锡琛与夏丏尊整整相交20年，特别是抗战中曾患难相守八年，还曾一起被日本人抓去，坐过日本宪兵司令部的牢。因此，章锡琛在台湾得知老友病逝，悲痛欲绝。在夏丏尊病重时，他曾对章锡琛的女儿章士文说："希望你爸爸能赶快回来，我有许多话要对他说。"但章锡琛终于还是没法赶回来见夏丏尊最后一面，引为生平的最大憾事。在开明书店于重庆出版的《国文月刊》第48期上，章锡琛撰有《悼夏丏尊先生》一文，深情回忆与老友一生的交谊。他还从台湾寄回挽联一副：

廿年来晨夕绸缪，甘共尝，苦同茹，复风雪同囚；鸡黍愧平生，深痛弥留念我切。

四海内声名扬溢，学不厌，教不倦，更矫强不变；苫花惊霾梦，倍伤惨胜负公多。

6月19日，开明书店召开董事会，议决向夏丏尊遗孀致送夏丏尊在世时之半薪，直至夏师母终身。1948年11月3日，开明书店在上海北四川路虹江路口永丰坊的一幢三层楼房落成，开明书店同人决定将其命名为"怀夏楼"，篆体楼名之下，附有叶圣陶的短跋"开明创业之二十有二年，始得自建斯楼，为编辑藏书之所。公议题曰怀夏楼，以纪念尽瘁于此之夏丏尊先生云。叶绍钧"。

就在夏丏尊刚刚去世之后，因抗日战争结束而短暂静默的枪炮声，又重新在神州大地响起。1946年6月26日，国民党军进攻中原解放区，国共内战开始。开明书店的复兴希望，又一次因为战争而将陷入进退两难的境地。在大战之初，范洗人、叶圣陶等人可能并未意识到战争会持续三年之久，并对开明书店的影响会如此之深。

事实上，早在重庆时，开明书店和叶圣陶已被中国共产党引为同路。胡绳是当时的见证人："圣老在重庆，曾由我陪同到曾家岩中共办事处，恩来同志和董老同他进行了亲切的谈话。"从此，叶圣陶、《中学生》乃至开明书店，进入了周恩来同志的视野。

一九四六年内战爆发，恩来同志安排上海的工作，他要我把出版界和杂志分成第一线、第二线、第三线三类。第一线像《文萃》那样的杂志，是很快就会被国民党查禁的。第二线是一些还可以维持一个时期，到了某种时期，也有被禁止的危险的一些杂志。《中学生》和开明书店属于第三线，应该尽可能存在下去。恩来同志这个安排，我和叶圣老谈过，请圣老尽力维持开明书店，维持《中学生》；在国民党统治越来越严酷的情况下，《中学生》多登些学习文化科学知识的文章，还是可以在青年中起促使他们进步的作用。①

胡绳的以上回忆表明，周恩来同志在 1946 年就将《中学生》和开明书店引为同路，并定位为"第三线"，希望它利用自己的"中间"身份尽可能维持下去。这一安排和定位，也为新中国成立后开明书店的命运埋下了伏笔。

## 三、开明书店 20 周年

巧合的是，抗战爆发前的 1936 年，是开明书店成立 10 周年。而抗战胜利后的 1946 年，又恰逢开明书店 20 周年。

在 10 周年时，开明书店同人的心情是愉快的、兴奋的，因为没有人能够预见到一场长达八年的战争，即将到来；同样地，在 20 周年时，开明书店同人的心情也是愉快的、兴奋的，因为没有人能够预见到这一场刚刚开打的战争，将长达三年之久。

1946 年 10 月 10 日，开明书店在上海福州路东面的金城银行大

① 胡绳：《我和〈中学生〉》，载中国出版工作者协会编：《我与开明》，中国青年出版社 1985 年版，第 43 页。

楼召开成立 20 周年纪念大会。实际上，开明书店的成立时间是 8 月
1 日，而之所以选择在 10 月 10 日开这个会，只是因为这一天是中华
民国的国庆日。会议于上午 10 时开始，由范洗人任会议主席，首致
开会辞，继而由已从台湾归来的章锡琛报告店史，随后马叙伦、吴觉
农、茅盾、朱季华先后发表热情洋溢的演讲，最后由叶圣陶代表开明
书店方面致答谢词。

　　章锡琛《关于店史的报告》，不仅是他作为初创者简要回忆开明书
店历史的难得文字，透露出了一些历史细节，同时也是一篇强烈体现
他自己处事为人作风的重要文字，显示出他"功成不居"的过人风度：

　　　　范先生要我报告店史。回顾开明从创办到现在二十年，这
二十年的经过，知道的人很多。虽然人家说开明是我创办的，其
实并不如此。绍兴人有句俗语说："尼姑婆生妮子，众人扶之。"
开明的创办，实在是由许多朋友所促成，并不是我有意要办书
店。当时我本在商务里编《妇女杂志》，因为所写的文章不合当
局的意思而被解职，我便自己刊行《新女性》杂志。那时主张创
办书店最力的，是胡愈之、吴觉农两先生，尽力帮助创办的是钱
经宇、郑振铎诸先生。至于开明这个店名，是孙伏园先生取的，
第一块招牌也是孙先生写的。在取名的时候，不晓得四五十年前
已有一家书店名叫开明，好在那家书店早已停办，虽店名和它暗
合也无关系。接着请夏丏尊先生来店主编杂志。现在夏先生已经
去世，我们应当特别纪念他的。后来因资金不够，在民国十三
年改组为公司，股本仅五万元。此后到"一·二八"时受了一个
小挫折，经过了十周年纪念，遭到"八·一三"的大打击，厂房

全部被毁。一时人们都以为开明要夭折了。当时开明计划内迁，运货物赴汉。不意接着南京失守，汉口危急，上海方面要我回去。于是由范先生把分店的货物由汉口运入四川，艰苦支持，故开明得有今日，全系范先生一人的力量。"八·一三"以后的开明，好比是一个垂死的病人，由范先生一手把她救活过来。至于上海方面，初时书店被日人封闭，后来又由日本自动开封，不准歇业。我和夏先生一度又曾被日本人所拘捕。现在追想开创的经过，仍当感谢许多帮助的先生们，正合着众人扶之的话。①

纪念大会后，与会同人及来宾合影并聚餐。第二天一早，开明书店全体同人及家属还共同乘坐火车前往无锡参观旅游。同月，按照开明书店庆祝十周年的做法，约请著名学者撰写论文，由叶圣陶编辑出版了《开明书店二十周年纪念文集》。所不同的是，10周年纪念文集是小说集，20周年则是论文集。开明书店还出版了《抗战八年木刻集》，在赠送同人的该书版权页上，还特地印上了"开明书店创业二十周年纪念品，专赠同人留念"。为表庆祝，叶圣陶撰有《题开明二十周年纪念碑》一篇，和当时开明书店全体同人的姓名一起，铸于一块铜牌上。碑文如下：

书林张一军，及今二十岁。

欣兹初度辰，镂金联同辈。

开明夙有风，思不出其位。

---

① 《开明书店二十周年纪念讲演录》，《出版史料》1985年第4辑。

朴实而无华，求进弗欲锐。

惟愿文教敷，遑顾心力瘁。

此风永发扬，厥绩宜炳蔚。

以是交勉焉，各致功一篑。

堂堂开明人，俯仰两无愧。


# 四、与范洗人的分歧


1946 年 2 月 21 日，开明书店召开特别业务会议。这个会议对于开明书店极其重要，因为其确定了开明书店在抗战胜利后的营业方针：

> 议定出版方针，编制营业概算。确定全国营业网。又在台湾、开封、南昌、福州、沈阳等地设立了分店、办事处。全国共有十六个分店，比战前增加了十个。此外，在福州路上以高价顶进了一间门面房屋，加建升高了福州路弄内房屋。在虹口有恒路租赁了货栈，又在虬江路建立职工宿舍——开明新村。同时清理逐年账务，结算发放版税，召开临时股东会等等，可谓百废俱兴，忙得不亦乐乎。①

可见，开明书店在大后方时期，还是很挣了一点钱的，经济实力

---

① 唐锡光：《开明的历程》，载中国出版工作者协会编：《我与开明》，中国青年出版社 1985 年版，第 309 页。

得到了明显增强。不仅有钱买地盖楼了,有钱开分店了,还有钱发放同人的工资福利了。据王知伊回忆,复员上海后,同人的工资福利都增加了:

> 在复员上海后,每年除冬、夏季尾各发双薪1个月外,每年另有两种物质奖励:一为春节前发的,每位同人被叫到经理室去,总经理范洗人用手捋着他的一部长胡子,笑嘻嘻地说:某先生,一年辛苦了,这是一点小意思。然后,送给你一个信封,拆开一看,是一迭钞票。钞票有多有少,同人之间是不会互相完全保密的,款数约为1个月的本人工资,也有多于此数的。第二种奖励形式倒可以说是开明的独创,即在每年开过董事会分配股东红利时,总要提出一部分红利去买来股票,用以分发给店内同人。同人分到的股票也有多有少,这是按职位高低,工作表现,主要是以年资长短为根据的,大概进店不到3年,是拿不到股票的,在店的年数愈长,得到的股票份额愈多。不少开明老同事,历年积累下来,有的人拥有的股票数量就相当多。开明股票,不进市场,但是,如果想换钱,也有人要的,因此,这也是一笔收入。①

这是高举高打的经营方式。分店遍布全国,固定资产投资增加,铺了几个基建摊子,人力成本不断拉高,这都是章锡琛难以接受的做法,也是章锡琛一直力争避免的做法。但问题是木已成舟。开会时,

---

① 王知伊:《开明书店纪事》,书海出版社1991年版,第108—109页。

章锡琛远在台湾，未及表达不同意见；等到他于四个多月后从台湾回来时，开明书店各方面的工作已按以上方针次第展开了。

章锡琛耳闻目睹，深感担忧，担心开明书店重蹈当年中华书局的覆辙，出现资金链断裂的情况，再现"民六危机"。同时他也反对在全国各地开设那么多分店，认为开支过于庞大，公司无法承担这个巨大的资金压力。

分歧，不可避免地出现了。

包括范洗人在内的一些在内地时的高层认为，章锡琛出现这种担忧的原因，可能是因为他从来没有到过内地，不了解分店运作的实际情况，于是提请章锡琛前往内地各分店去考察一次。

在这样的背景下，章锡琛由卢芷芬陪同，先后到汉口、长沙、广州、贵阳、昆明、成都、重庆等各地分店视察。范洗人本指望章锡琛一番考察之后，能够改变观点。不料章锡琛转了一大圈回来，更加坚定了他自己的观点：

> 看到各分店和商务、中华、世界各家一样，除春秋两季教科书营业外，无所事事，分店经理经常在外面交际应酬，吃喝赌博，没有人关心店务，甚至用本店资金去做投机生意，非法营业。回来以后，曾向公司建议加以彻底的改革，并召集了分店经理会议，讨论改革方针。分店经理习惯于他们旧有的生活，纷纷反对，竟至毫无结果。①

---

① 章士敫、章士敢、章士文：《章锡琛略传》，载出版史料编辑部编：《章锡琛先生诞辰一百周年纪念文集》，1990年10月，第228页。

章锡琛所提到的这个分店经理会议，就是于 1947 年 12 月 1 日召开的开明书店营业会议。章锡琛出席了这次会议，并与会议代表们合影留念。但是，他在会上所提出的分店改革方案，却未获通过。不仅如此，还有人公开批评他光说空话，不干实事，甚至说他是资本家，企图紧缩开支，要损害职工的利益等等。怪话频出之下，章锡琛十分痛苦，被迫于当年年底向董事会和总经理范洗人提出辞去常务董事一职，但被恳切慰留。章锡琛后来没有坚持辞职，只是因为战争使得开明书店的经营状况已非常困难。如果自己坚持要辞职，怕被人认为是"临难苟免"，临阵脱逃，只好作罢。如此一来，让直性子的章锡琛内心更加苦闷。雪上加霜的是，1948 年 1 月章锡琛母亲鲁太夫人于 83 岁高龄时病逝，工作不顺加上突遭母丧，章锡琛的心情更加郁闷了。

## 五、再赴台湾

上次去台湾，章锡琛是让贤；这次再去台湾，章锡琛则是为了散心。1948 年上半年，公事家事均不顺的章锡琛决定和丰子恺父女一起，再去台湾，旅游散心。

丰子恺是 1947 年 3 月自重庆回到杭州的，居于杭州西湖北山路。章锡琛曾专程前去探望，并酒后快谈。当时丰子恺居于葛岭之东，招贤寺之西，门对着孤山之麓的放雀亭。章锡琛在逸兴横飞之时，戏作一联，赠于丰子恺，描写他的居所："居邻葛岭招贤寺，门对孤山放雀亭。"此联对仗极工，写景亦颇高明，传诵一时。章锡琛旧学功底深，工作之余，喜欢写诗和作对联。他的诗有杨诚斋、范石湖的风格，有时近似龚定庵，富于政论，但不多作，作品留下来的也不多。①

丰子恺、丰一吟父女对于被日侵占达 50 年之久才得以回归祖国的台湾十分向往，于是决定前往一游。章锡琛前年本就去过台湾，回上海后亦多次向家人谈及台湾风景，家人亦颇向往之。闻听丰氏父女此讯，本来就对开明书店经营工作已难以置喙、几近赋闲的章锡琛，决定带夫人吴耦庄、妹妹章懿、女儿章士文三人，和丰氏父女一起赴台。

章锡琛一行六人，乘坐"太平轮"于 1948 年 9 月 28 日抵达台北。章锡琛一家住在开明书店台湾分店，丰氏父女则住在中山北路的文化招待所里。他们这一次在台湾住了 50 多天。先在台北，后来游了草山，又到了新竹、台中、嘉义，上了阿里山、玩了日月潭。在日月潭，还与高山族的二公主合影留念。在这次共同畅游台湾的旅途中，后来秉承家学渊源而成为画家的丰一吟像画画一样地对章锡琛素描道："板刷头，宽宽的、突出的前额，下边是一副啤酒瓶底似的深度近视眼镜，瘦瘦的个儿"②，爱喝绍酒，爱和朋友聊天，一聊没个完。

章锡琛与丰子恺两人在台湾，对于美景自然是印象深刻，但两个人作为资深酒友，一直觉得惜无美酒。丰子恺就在给其弟子胡治均的信中说："美中不足，此间酒味太差，难以上口。"胡治均得讯，立刻托渡轮运过海峡两坛太雕绍酒，送到开明书店台湾分店。美酒一到，章锡琛和丰子恺乐开了花。他们不仅自己喝，还招来新朋旧友一起开怀畅饮。结果两坛美酒一下子就喝完了。老友钱歌川又送来一坛 30

---

① 钱君匋:《回忆章锡琛先生》,《出版史料》1988 年第 3、4 期。

② 丰一吟:《我记忆中的"章老板"》,《出版史料》1989 年第 1 期。

斤的绍酒，章锡琛、丰子恺又邀了一桌人，一次喝完，让一旁的丰一吟咋舌不已。

但碰到他们二人喝酒，丰一吟多数是感到苦恼的，因为她那时才19岁，沉默寡言，不爱社交，"和这些伯伯叔叔们谈不来，独自坐着等候，感到很沉闷。"虽然如此，她仍然绘声绘色地留下了章锡琛喝酒聊天的难得记录文字：

> 可是，酒越吃越慢了。章老板的酒杯总是满满的，他却不肯多呷一口。他几乎忘记了此刻他的嘴主要应该用来喝酒吃饭，他却让它滔滔不绝地发表宏篇大论，把吃的事情抛在脑后。他那口道地的绍兴话丝毫不因环境的影响而有所改变。他说话的语调是热辣辣的，内容是慷慨激昂的。但我那时候对他们叙述的内容一点也不感兴趣，只是在心底里嘀咕着："章老板怎么说不完的话！爸爸也真是！早该提出好回招待所了。我疲倦得要命！"
>
> "哈哈哈哈！"章老板说到得意之处，索性站起来，用手拍拍屁股，笑个痛快。然后点燃香烟，右手持烟，左手撩起长袍的开裾，开始在房里踱来踱去。
>
> "他简直不想继续喝酒了。今天的夜饭什么时候才得结束！"我打一个呵欠，终于不耐烦地拉拉父亲的衣角。
>
> 父亲回过头来看看我，轻声说了句什么。
>
> "什么事？"老板总算注意到我的存在了。
>
> "一吟想回去了。"爸爸为我说话。
>
> 可是，谈话的主题显然还没有结束。
>
> "一吟，葛（这）东西……"章老板操着绍兴土白，用手搔

得头皮嚓嚓地响，显出为难之色。"一吟，葛东西……"

"老板，你就再讲下去吧。"爸爸回过头来对我说："再稍等一等，噢！"

我噘起嘴，低下头，心中老大不愿意。

我当时哪里知道，就在我感到最沉闷的时候，章老板发表了多少高论卓见，叙述了多少珍贵的时人逸闻、新闻史料！[1]

1948年12月初，章锡琛一家回到了上海。但对于他这次回来，身边的朋友和同事们都感到奇怪。叶圣陶就记有日记："近时迁台避难者甚众，人闻雪村反自台来沪，皆以为异。"[2] 本来章锡琛的台湾之行，纯属旅游散心。但在此时氛围已不大正常的开明书店内部，有人说他和反动资本家一样，要逃到台湾去了。现在居然又回来了，大家当然"皆以为异"。

今天来看，章锡琛的这次台湾之旅颇为吊诡。吊诡之一，他这次前往台湾所乘坐的"太平轮"，将在四个多月后的1949年1月27日零时左右沉入大海，当章锡琛后来闻听此讯时，应有后怕吧。吊诡之二，章锡琛9月28日出发时，神州大地正战云密布，三大战役之一的辽沈战役已于9月12日打响；而当他于1948年12月初回到上海时，平津战役也于12月5日开始了。为了新中国的前途和命运，一代伟人们正运筹帷幄，"问苍茫大地，谁主沉浮"的最终结果即将揭晓。而恰恰在战场上打得热火朝天、无数人浴血奋战的时候，章锡琛却携

---

① 丰一吟：《我记忆中的"章老板"》，《出版史料》1989年第1期。

② 章士敫、章士敢、章士文：《章锡琛略传》，载出版史料编辑部编：《章锡琛先生诞辰一百周年纪念文集》，1990年10月，第229页。

夫人、妹妹、女儿一起，悠游台湾，让人不禁感觉此时的章锡琛，正如与世隔绝的桃花源中人，"不知有汉，无论魏晋"，超脱得直叫人觉得不真实。

# 六、辞职风波

必须指出，在神州大地大战正酣，江山即将易帜之际，章锡琛对于自己和全家的去留，不是没有作过考虑的。要不然，他不会在有机会滞留台湾时，回到大陆，更不会作出冒险收留台湾大学进步大学生林木的义举来。

1949 年 4 月 6 日，国民党宪兵特务包围台湾大学学生宿舍，逮捕大批进步学生，酿成四六事件。进步大学生林木侥幸漏网，但也已上了黑名单，被当局搜捕甚急。林木在台湾已无立足之地的情况下，和同学宋鸿云一起，潜逃至上海，准备伺机投奔解放区。

由于旧上海也是一片白色恐怖，我举目无亲，语言不通，无处存身。幸好通过鸿云同学的间接关系，难得上海开明书店出版界前辈章锡琛先生收留，毫不见外地让我隐匿在四马路他的家中避难。在当时暗无天日、腥风血雨的旧社会，我同章先生素不相识，他竟敢收留我这个"危险分子"，实在难能可贵。由于我年轻不谙世事，急于外出打听奔赴解放区的路径，都被章先生婉言挽留。据说风声很紧，交通阻塞，不便远行，不如就地隐蔽等上海解放为好。章先生的大儿子士敏同志为了不使我寂寞，让我在亭子间里帮助校对一本禁书，这就是冯玉祥著的《我所认识的蒋介石》）。他们对我如此信任和厚爱，使我十分感动。在那种恶劣的政治气候里，章先生仍然孜孜不倦地献身于出版事业，实在令人肃然起敬！我在日常生活中还经常得到他的关怀，当他得知我的爱好，特地设法买来活鱼招待我，待如嘉宾。章先生还经常外出打听形势和消息，告诉我上海解放已为期不远了。章先生和我就在隆隆的炮声里和校对禁书的工作中迎来了上海的黎明。①

在上海解放前夕，章锡琛敢于在白色恐怖中，就在自己的家中，窝藏国民党反动派大肆搜捕的"危险分子"，还给书读，买来活鱼，待如上宾。无论从哪个角度来看，都属于义举。

终于，章锡琛一家和他们窝藏的林木一起，在 1949 年 5 月 27 日的细雨中，迎来了上海解放的黎明。这一天，章锡琛亲眼目睹解放军战士站在露天淋雨也不进入商店、民房避雨的情景，被深深打动。

从上海解放时起，章锡琛开始认真阅读《新民主主义论》、《论人民民主专政》、《论联合政府》等小册子，其目的是了解中国共产党的方针政策，寻找开明书店的出路。

不能不佩服章锡琛的悟性。作为一个平时基本不关心政治的人，通过几本小册子的阅读和思考，加上早已和新政权心心相印的胡愈之、茅盾、夏衍等人的耳濡目染，章锡琛很快得出了如下结论：

新闻出版事业是国家宣传和教育的重要工具，不能像别种工

① 林木：《难忘的情谊——缅怀章锡琛先生》，《出版史料》1989 年第 3、4 期。

商业那样，在新民主主义社会里长时期掌握在私商的手中，尤其是中小学教科书，像各家从前那样用卑鄙龌龊的手段竞争营业，危害教育，危害人民，在新社会中决不容许这种状况继续存在，非由国家统一编印发行不可。因此感到像商务、中华那种专靠教科书维持营业的出版家一定没有前途，开明也不能例外。①

章锡琛恐怕是当时国统区出版界中有此觉悟的第一人。而且，他的这一觉悟，在很大程度上决定了开明书店的未来走向。

换句话说，章锡琛在解放之初，即敏锐地意识到：开明书店的中小学教科书这样的核心业务，即将面临收归国家统一编印发行的政策风险。而在此背景下，开明书店必须整体转型。

为此，章锡琛开出的药方是：开明书店要么结束业务，清盘注销；要么交给国家。

遗憾的是，章锡琛的上述思想在刚刚解放的 1949 年，又显得过于超前了。当他把这些思想透露出来时，不仅不能得到开明书店高管们的理解和接受，就连开明书店的普通职工们也对他产生了误解和疑虑，并由此发生了一件让章锡琛一生都为之伤心的事。

7 月下旬，出于对章锡琛上述思想的误解，开明书店 18 位同人联名写信给章锡琛，历数他抗战开始时的失误，说他在沦陷期间对于开明书店的发展也没有贡献，对于当前的情势则评价说：

在此时期，欲洞察新时代的新形势，为开明求得合理的出

---

① 章锡琛：《历史思想自传》，转引自出版史料编辑部编：《章锡琛先生诞辰一百周年纪念文集》，1990 年 10 月，第 229 页。

路；欲周旋于新旧同业之间，使众论翕服，乐与开明合作；欲领导群僚，诱发其不畏艰难不怕吃苦之精神以从事奋斗，恐非先生之所长也。①

显然，同人们认为，章锡琛的个人能力，已经成为开明书店下一步发展的障碍了，对外已不足以为开明书店找到新的出路、引进新的合作伙伴，对内也不足以领导全体同人共同奋斗，因此，他们在信中直截了当地明确要求章锡琛辞去常务董事的职务。

章锡琛接览此信，其心情实难以笔墨来形容。但是在行动上，他仍然冷静地接见写信同人的代表，表示承认错误，并愿意辞去常务董事一职。开明书店的董事会接受了他的辞职。

以这样的方式，和自己一手创办的开明书店告别，章锡琛心中肯定是五味杂陈的。在旁人的眼中，也会觉得不公。章锡琛辞职后，就已下定决心离开上海，举家搬迁到北京。他托此时已经担任上海军管会文管会主任的夏衍购买火车票，带着夫人和女儿于 1949 年 8 月 8 日离开了他工作生活达 38 年之久的上海。

8 月 19 日，邵力子夫妇、胡愈之夫妇、叶圣陶夫妇、周建人夫妇、郑振铎夫妇、沈雁冰夫妇和吴觉农、宋云彬、傅彬然等老朋友在北京中山公园上春林设宴为章锡琛夫妇接风洗尘。席间，开明书店董事长邵力子一句话："这样对待雪村先生是不应该的"，再度让章锡琛百感交集。

章锡琛当然有他百感交集的理由。从 1926 年起，到 1949 年辞职，章锡琛前前后后为开明书店奋斗了 23 年之久。23 年中，开明书店几

---

① 章士敳、章士敢、章士文：《章锡琛略传》，载出版史料编辑部编：《章锡琛先生诞辰一百周年纪念文集》，1990 年 10 月，第 229 页。

乎就是章锡琛的生命，章锡琛的一切。即使是在被日军封锁于上海"孤岛"的八年里，他也时时刻刻思考着开明书店在内地业务的开展，战后如何发展壮大。在他眼里，开明书店的利益高于一切。这么多年来，他和开明书店已经融为一体。只要是为了开明书店，什么辛苦都可以忍，什么委屈都可以受：为了开明书店，他可以艰苦奋斗，住小弄堂，吃花生米，抽劣质烟；为了开明书店，他可以颠沛流离，风雨兼程，甚或远走台湾；为了开明书店，他可以不畏权贵，拍案而起，反对国民党反动派的文化围剿；为了开明书店，他可以奔走斡旋，与竞争对手对簿公堂；为了开明书店，他还可以退位让贤，一再让出总经理的位置；最后，为了开明书店，他甚至可以黯然辞职，选择离开。

# 七、任职中央人民政府出版总署

7月末辞职，8月即前往北京，章锡琛如此迅速，如此决绝，如此义无反顾，原因何在？

当然有眼不见心不烦的因素。创办开明书店，并为之奋斗了大半辈子，最后竟然以同人逼迫辞职为结局，章锡琛心中的郁闷，可想而知。所以，离开开明书店还不够，还要离开与开明书店同人低头不见抬头见的生活环境，才能真正做到眼不见心不烦。

但主要的因素，还是章锡琛已经收到了任职中央人民政府出版总署的邀请。

当时的出版总署，成立于1949年10月，是中华人民共和国成立初期，中央人民政府负责指导和管理全国出版事业的部门，受政务院领导及政务院文化教育委员会指导，其主要职能是：建立及经营国家出版、印刷、发行事业；管理国家出版物的编辑、翻译及审订工作；联系、指导全国各方面的翻译出版工作；调整国营、公私合营及私营出版事业的相互关系。

出版总署的第一届领导，分别是署长胡愈之，副署长叶圣陶、周建人、陈克寒、萨空了。

通过这个名单，就可以看出章锡琛能够接到出版总署任职邀请的原因了：五个人中，胡愈之、叶圣陶、周建人均是他多年的好友和同事。

辞去开明书店的职务，离开上海，去北京出版总署任职，是章锡琛人生的又一个重要关口。在这个关口，我们依然可以看到胡愈之的身影。章锡琛的四弟章锡瀛就说过："大哥在北京任出版总署顾问，是胡愈之请他去的。"①

这样一来，60 岁的章锡琛，在如此短的时间内作出决定，离开生活了 38 年的上海和为之奋斗了 23 年的开明书店，就不难理解了。

8 月初，章锡琛初到北京，还未任职，就已进入角色，写成《中国出版业之过去、现在和将来改进的途径》一文，供有关部门参考。在此期间，章锡琛还找到了房子，定居于北京朝内南小街遂安伯胡同3 号。② 来京初期，他的居住地也几经变迁。

开明书店董事会为对开明书店创始人章锡琛在出版界作出的

---

① 吴似鸿：《亲切提挈 挚情难忘——回忆章锡琛先生与我接触的始末》，载出版史料编辑部编：《章锡琛先生诞辰一百周年纪念文集》，1990 年 10 月，第 98—99 页。

② 王湜华：《怀念章伯伯——为锡琛先生诞生百年逝世廿周年而作》，载出版史料编辑部编：《章锡琛先生诞辰一百周年纪念文集》，1990 年 10 月，第 142 页。

贡献表示崇敬之意，决定在北京北小街购置住宅赠与章锡琛，使其安度晚年。当时章锡琛就住在此院。章锡琛得知这个消息后，立即要求董事会撤销这一决定，同时迁出该院，另租东单三条房子居住。表现出不以开明书店创始人自居，有功不受禄的高尚情操。①

章锡琛似乎很快就适应了在新中国首都的生活，胡愈之、叶圣陶、宋云彬等朋友早已先期到了北京，他过得并不寂寞。9月4日，他就开始寻亲访友了。宋云彬在这天的日记中记载："上午雪村伉俪偕其女阿蜜、子士敢携白兰地一瓶并下酒物来，即与共饮。"②

1949年10月3日，在开国大典仅仅两天之后，第一届"全国新华书店出版工作会议"在北京召开。会议由中共中央宣传部发出开会通知，由中宣部出版委员会承担会务工作，由新华书店总编辑胡愈之主持会议。这是新中国出版史上的一次重要会议，用当年《人民日报》短评《祝全国新华书店出版会议》的话来说，这次出版会议"是我国人民文化战线上重大的事件之一，它标志着全国出版事业适应着新的情况开始走向全国范围的统一。……从此将逐渐成为中华人民共和国统一的战斗整体，成为人民出版事业坚强的领导骨干。"短评同时强调，"解放区和过去国民党统治区两支文化出版工作的队伍必须汇合成一股巨大力量来更好地为人民的需要而工作。必须很好地团结一切有利于

---

① 胡雨岩、刘诗圣：《回忆章锡琛先生二三事》，载出版史料编辑部编：《章锡琛先生诞辰一百周年纪念文集》，1990年10月，第153—154页。胡雨岩、刘诗圣回忆应有误，章锡琛当时在京的住处为"南小街遂安伯胡同3号"。

② 宋云彬：《红尘冷眼——一个文化名人笔下的中国三十年》，山西人民出版社2002年版，第157页。

人民的私营的和公私合营的出版业，随时随地反对关门主义倾向。"

　　作为过去国民党统治区文化出版工作队伍的一员，章锡琛参加了这次盛会。不仅如此，章锡琛还受邀在 10 月 19 日下午大会的闭幕式上讲话。在闭幕式上讲话的有：陈劭先、章锡琛、程今吾、伊见思、顾均正、葛一虹、朱达君、傅彬然、臧克家、史育才、邵公文等。从这个名单可以看出，章锡琛的发言顺序排在第二位。还可以看出，开明书店在此次会议上似乎还颇受重视，章锡琛、顾均正、傅彬然、朱达君四人均出自开明书店，其中的朱达君、傅彬然还是开明书店的在任董事。

　　这次会议一共开了半个多月。会中，还举行过一次北京市同业和第一届"全国新华书店出版工作会议"代表的茶话会。在这次有 130 多人参加的会议上，章锡琛代表开明书店在会上讲话，虽然他已辞去了在开明书店所担任的职务。①

　　参加这次会议，对于章锡琛个人的历史，也是一个肯定。而这个肯定，也有胡愈之的帮助。因为，刚解放时，章锡琛曾经被他人"作为资本家，资产阶级而受到另眼相看了"②。其实，章锡琛并不拥有开明书店的资产，也并不是开明书店名副其实的老板。而且，正是章锡琛本人，率先提出了将开明书店交给国家的倡议。参加这样一个会议并作大会发言，实际上是对章锡琛和开明书店过去历史的肯定。

　　这年 12 月，章锡琛正式出任出版总署专员，着手起草《著作权暂行法》及其《细则》。此时，另一位出版家，曾先后创办光华书局、上海联合书店、现代书局、上海杂志公司的张静庐，也在出版总署担

---

　　①　王仿子：《记首次全国出版会议》，《出版史料》2006 年第 3 期。

　　②　章克标：《缅怀章锡琛先生》，《出版史料》1989 年第 2 期。

任专员。当时的张静庐正在收集资料，准备汇总编辑《中国近现代出版史料》。"锡琛先生深感我国还没有一本完整的出版史，主要的症结在于缺乏史料，因此，他协助静庐先生搜罗资料，提供线索，可谓不遗余力。"① 章锡琛和张静庐的办公地点在出版总署的一栋两层小楼上，"章锡琛与张静庐在楼上合用一间房子。这个时期的章锡琛的工作是协助翻译局校订从苏联翻译过来的出版参考材料。解放初期的出版工作一边倒，处处向苏联学习。最先翻译引进的有《苏联人民委员会关于著作稿酬之决定》、《苏联部长会议关于文艺著作物稿酬之决定》与《著作权法》、《著作权法实施细则》等等。这些资料曾在1950 年编入《第一届全国出版会议参考资料》之四，发给与会代表参考。1953 年出版的苏联维·阿·马尔库斯的《书籍出版事业的组织和经营》，也是数名翻译者与校订者章锡琛合作的成果"②。

不久，章锡琛调任出版总署调查研究处处长，在翻译苏联的著作之外，他还应约为《苏联大百科全书》撰写过《中国出版》这一条目，介绍中国出版的情况。不仅如此，章锡琛以花甲之年，为初创时期出版总署工作的开展，尽心竭力，作出了不少贡献。田世英曾在出版总署与章锡琛共事约三年时间，对他此时的工作状态，印象很深。③

有一次，章锡琛参加由胡愈之署长、周建人副署长组织的出版总署小型业务座谈会。胡愈之在简短的开场白中，要求大家对今后的工作如何开展，各抒己见。田世英当时还不认识章锡琛，只见胡愈之

① 王知伊：《锡琛先生与校对工作》，载出版史料编辑部编：《章锡琛先生诞辰一百周年纪念文集》，1990 年 10 月，第 124 页。

② 王仿子：《我的一九四九年》，《出版史料》2010 年第 1 期。

③ 田世英：《敬怀锡琛先生》，载出版史料编辑部编：《章锡琛先生诞辰一百周年纪念文集》，1990 年 10 月，第 65—68 页。

"推推一位戴着深度近视镜，面庞瘦瘦的长者，让他发言"。章锡琛明显迟疑了一阵，但还是发言了，第一句是"我的发言是抛砖引玉"。随后他回顾了旧中国出版界的散漫状态，谈到了现在接收过来的出版机构的情况和工作任务繁重的现状，指出有了中国共产党的领导，有了出版总署的指导，这些困难都是可以克服的。最后，章锡琛还诚恳地对胡愈之署长、周建人副署长提出了几点工作建议。

由于章锡琛发言时，南方口音很重，声音又比较低沉，有些话田世英听不大懂，所以对他的发言只听懂了大概。于是对他产生了好奇，问旁边的叶蠖生"他是谁呀?"经叶蠖生介绍，田世英才知道是自己仰慕已久的章锡琛，赶紧上前自报姓名，握手致敬。

对于出版总署正在紧锣密鼓进行的教科书编辑工作，章锡琛也利用自己的丰富经验，提供了不少建设性意见。比如在出版总署编审局办公室主任金灿然召开的新课本编辑工作会议上，章锡琛建议：要经常注意编写人才的发现，在广大的教师队伍中，有不少是既有教学经验，又能配合课本内容深入浅出写出课外读物的。比如刘薰宇先生、王峻岑先生等都是教师，他们写的《马先生谈算学》、《大大小小》、《数的惊异》等，都是很好的范例。

在出版总署时期的章锡琛，给田世英的总体印象是："他是一位忠实、诚恳、孜孜不倦的热心于文化出版事业的文人。"

## 八、开明书店实现公私合营

新中国成立和第一届"全国新华书店出版工作会议"的召开，对于开明书店同人产生的影响显而易见。到了这个地步，大家才意识到，章锡琛从开明书店辞职之前的结论和判断是正确的。开明书店应该向新中国靠拢，走公私合营之路。曾亲历过这段历史的开明书店员工王久安，就曾分析过此时开明书店的困境。

> 解放以后，这些大书店中，"正中"属于官僚资本，自然被政府接收，"商务"和"中华"实力雄厚，"商务"有日出一书的强大资源，"中华"于古籍和辞书出版方面在出版界久负盛名，这两家解放后在经营上比较平稳，但"开明"却遇到了不少困难。首先，"开明"历来靠一大批文艺读物和青少年知识读物作为自己的主打品牌，解放后，读者对象没变，但读者对书刊内容的兴趣转移了，他们迫切需要学习新理论新知识，以提高自己的思想认识，跟上形势，追求进步，树立新的人生观和世界观。而"开明"在这方面的出版资源缺乏，编辑本身也需要一个学习和提高的过程；同时，作为"开明"一大经济支柱的教科书，同人们也开始意识到不可能长期由一个民营书店去出版，政府很快就会统一组织编印，这根支柱也将难以依靠。为此，开明同人上自总经理、总编辑，下到一般员工和编辑，都有一种危机感。……大部分同人迫切希望书店能够顺应历史潮流，争取党的领导，转变领导和经营作风，早日成为一家新型的书店。[1]

终于，"大部分同人"回到章锡琛当初指出的道路上来了。所以，

---

[1] 王久安：《开明书店解放后的一段往事》，《出版史料》2007年第2期。

在参加"全国新华书店出版工作会议"期间，开明书店同人如范洗人、顾均正、朱达君，当然也包括章锡琛，就向新中国出版业的实际掌门人胡愈之、叶圣陶、周建人等表达了这一意愿，并得到了口头允可。

短短几个月之后，经短暂准备，开明书店董事会于1950年2月16日正式向出版总署报送《开明书店请求与国家合营呈文》，在过去国民党统治区出版机构中第一家正式向人民政府申请公私合营。

这篇《开明书店请求与国家合营呈文》，是开明书店历史上一篇带有总结性质的重要文献。呈文共分"组织与资本"、"出版状况"、"分店分布"、"战时损失"、"反动政府压迫"、"目前业务"、"资产概况"、"将来计划"八大部分，对开明书店自1926年成立以来的历史进行了全面回顾和总结，梳理出了开明书店20多年来生存与发展的大致脉络，同时也留存了开明书店历史的诸多数据与细节。

令人费解的是，呈文最后落款的"具呈人"中，开列了从董事长邵力子到全体董事再到全体监察人的名单，早已辞职的章锡琛，居然作为董事赫然在列。可见，章锡琛的辞职申请只是被董事会口头接受，但因诸事繁忙，还没有经过会议决议的程序。所以呈文中，仍然有章锡琛的名字。这样也好，否则在开明书店这样重大的一个历史时刻上，在如此重要的一篇历史文献里，缺少了创始人章锡琛的名字，无论如何是不完美的。

两个月之后的4月3日，出版总署批复：开明书店过去为人民出版过好书，对出版事业有过贡献，但按目前国家经济情况，以及开明书店现有资金、物资和所拟出版计划看来，尚可应付，不需要国家投资。现开明书店既迫切希望国家领导，决定先予以公私合作，国家先从技术上给予帮助和指导。由出版总署、董事会、职工三方面，各派代表三人，组织业务委员会作为具体指导业务的机构，并要求开明书店立即将总管理处和编译所迁京，以便就近合作。

按照出版总署的这一批复精神，开明书店组成了业务委员会，由章锡琛、范洗人、傅彬然（董事会代表），金灿然、沈静芷、史育才（出版总署代表），顾均正、唐锡光、章士敫（职工代表）组成。同时，开明书店将总管理处和编译所迁往北京。

1950 年 6 月 17 日—7 月 7 日，开明书店召开了"第一届各单位负责干部会议"，总管理处和编译所的各部门负责人、各地分店经理共 37 人参加了会议。胡愈之署长亲自出席讲话。代表出版总署参加开明书店业务委员会工作的沈静芷也作了简单讲话。章锡琛则代表开明书店董事会在开幕式上作了"开明书店的新生"的重要讲话。

章锡琛首先简单地回顾了开明书店从创办以来的历程，然后提出为了做好自己的出版工作，必须铲除两种心理状态：一种是自卑的心理，一种是自大的心理，前者说的是不要以为自己过去没有直接参加革命工作而自卑，后者说的是不要以有较多的业务经验而自大。他还提出要消除三种观念。这三种观念，即依赖政府的观念，靠教科书吃饭的观念和劳资对立的观念。他说：

> 解放以后，许多同志都感到营业的衰落和开支的庞大，担心开明书店的前途岌岌可危。现在知道出版总署准许公私合作经营，就认为已有了靠山，从此可以高枕无忧。这好像把公私合营看作观世音的杨枝甘露。这样的看法是不对的。出版总署因为开明以往在出版事业中颇有贡献，所以才准许，由国家予以协助和指导。倘使认为一切可以依赖国家，大家不必再要努力有所贡

献，那也就决不能希望得到国家的协助。①

　　这是章锡琛最后一次出现在开明书店的重要会议场合。这一重要讲话，是章锡琛对于开明书店的寄语。

　　这年 7 月 23 日，章锡琛家里迎来了一件大喜事，他的女儿章士文（小名阿蜜）结婚了。宋云彬受邀参加："十一时半赴中山公园来今雨轩，以雪村的女儿阿蜜结婚，友好在彼举行公宴也。余与妻往，应付餐资两份，计四万元。……席间章雪村起立为新郎作介绍，结语谓新郎系一工人，过去因受新郎父母之托，彼俨然为新郎之保护人，今后则工人处领导地位，彼系小资产阶级知识分子，应受新郎之领导矣。"② 从宋云彬透露出来的婚礼细节来看，章锡琛对新女婿颇为满意。章士文是章锡琛唯一的女儿，也是他最小的孩子，她的婚事办了，章锡琛心中自然是一块大石头落了地。

　　这年 9 月，第一届全国出版会议在北京开幕。在这次会议上，决定改革全国出版体制，实行出版、印刷、发行分工。按照这一决定，三联、商务、中华、开明、联营五家书店于 1951 年 1 月联合组织中国图书发行公司。随后，这五家书店的发行部门、各地分店工作人员，陆续转入了中国图书发行公司。

　　1951 年 2 月 4 日，曾经为开明书店抗战期间的经营发展立下过汗马功劳的总经理范洗人逝世，年仅 67 岁。这是开明书店进入新中国之后的一个重大损失。范洗人逝世后，出版总署指派傅彬然以出版

---

　　①　王知伊：《开明书店纪事》，书海出版社 1991 年版，第 37—38 页。
　　②　宋云彬：《红尘冷眼——一个文化名人笔下的中国三十年》，山西人民出版社 2002 年版，第 201 页。

总署出版司副司长的身份，兼任开明书店协理，并请邵力子以董事长的名义，参与开明书店有关编辑计划和其他重大事项的决定，日常事务则由王伯祥、顾均正、唐锡光三人处理。在人事问题解决以后，出版总署还于这年冬天拨款开明书店五万元，予以财政支持。

直到 1951 年下半年，出版总署才建议开明书店与团中央的青年出版社合并为中国青年出版社。随后又经过了一年多的磋商和筹备，双方又进行了诸如《抗美援朝知识丛书》的项目合作，才最终于 1953 年 4 月，正式联合组成中国青年出版社。

从此，开明书店获得了新生，变成了中国青年出版社。曾经在中国出版史上留下美好记忆的开明书店，融入了中国青年出版社，不再存在了。

## 九、先后任职古籍出版社、中华书局

1954 年，章锡琛由出版总署调古籍出版社任编辑，后任副总编。当时，新成立的古籍出版社正在点校出版《资治通鉴》，章锡琛的专长正好派上了大用场，他参加了标点委员会，担任了点校工作。在此期间，章锡琛还点校了《大同书》、《新学伪经考》等书稿。

这年初夏，吴似鸿去看望章锡琛，章锡琛的身体状态已不容许喝酒，但他说："医生的话我不听，我要喝！"餐后又抽大前门香烟，而且是"拼命抽烟"。吴似鸿还看到，章锡琛当时住的房子相当宽大，但并不讲究。此后第二天，吴似鸿还陪章锡琛一起，逛了东安市场。在吴似鸿眼中，章锡琛"换过一套衣服，长衫脱掉了，穿上一套黑色制服，还穿上皮鞋，看上去年轻多了，好像五十多岁，其实现在算起来那年他该六十六岁，当年营养好，脸色也好些"。[①]

这一年，章锡琛个人还有一件大事，即他在语言文字学方面的专长经过多年厚积，到 1954 年得以薄发。他的学术专著《马氏文通校注》于 10 月由北京中华书局正式出版。这是章锡琛在长夜漫漫的孤岛上海，身处敌人刺刀之下的学术研究成果。章锡琛对于此书的具体内容和撰写过程，曾写有《〈马氏文通〉付印题记》予以介绍：

> 这个校注的目的，本来偏重在校的方面，就是仅仅打算校正马氏"参引书句"里面的错误，同时引证陶氏、杨氏和其他手头仅有的几本文法书可与本书参证的作一些简略的注解，并没有别的更大的企图。工作的开始，还在一九四一年沦陷区的上海，以后随排随校，时作时息，直到 1949 年上海解放以后才得排成。由于自己对文法的研究没有入门，参考的书籍又仅仅是手头有限的几本，不但挂一漏万，更难免有很多错误之处。排成以后，又搁了三年之久，现在看来，尤其觉得很少出版的价值。因为在这十多年里面，关于文法的新著作出版很多，其中颇有不少对《文通》提出的宝贵意见，在这里都没有收入。虽然当时在"校"的方面曾经费了一些时间，但也只校出了个别出处、篇章、字句的错误，于文法原则的本身关系不大。最近开明编辑部方面，认为做文法研究工作的人对这书还需要参考，而市场上却不容易买到，这个校注本既然用过一番工夫，可能比原本略胜一筹，因此

---

① 吴似鸿：《亲切提挈　挚情难忘——回忆章锡琛先生与我接触的始末》，载出版史料编辑部编：《章锡琛先生诞辰一百周年纪念文集》，1990 年 10 月，第 99—100 页。

决定把它印刷出来，并要我写一点题记，特把工作的经过作一简略的说明。

关于此书为何由开明书店移到中华书局出版，章锡琛在这里又写道：

> 前面的"付印题记"，是在前年开明书店准备付印的时候写的，后来为了发行上的问题仍然没有印出。不久，开明书店和青年出版社合并，改为公私合营的中国青年出版社，确定了专业出版的方向，这本书就决定中止出版。现在移转到中华书局付印，才得第一次和读者见面，距排版完成也快五年了。
>
> 1954 年 2 月，又记。①

章锡琛这样一部总篇幅达 34 万字的学术专著，极具学术价值，时到今日仍得学者高度评价：

> 《马氏文通校注》的主要特色就在于"校"和"注"，它给《马氏文通》全书添上了新式标点符号，又在段落、例句格式上做了一些改进，校正了《马氏文通》原书许多文字方面的错讹，包括出版印刷方面的错误和马氏原来写作中的错误，使《马氏文通》有了一个比较基本可读的版本。它的注释很多，除了校记之外，还有对《马氏文通》术语的解释，许多解释还引用别

① 章锡琛：《〈马氏文通〉付印题记》，载出版史料编辑部编：《章锡琛先生诞辰一百周年纪念文集》，1990 年 10 月，第 270—271 页。

的语法著作的术语相比照，使读者在阅读《马氏文通》时，能对汉语语法学史有更多的了解。由于1941—1949年中国还处于战乱状态，当时科研条件较差，再加上出版社几经变更，所以书中仍有一些错误未能得到改正，同时也衍生了一些新的文字、标点错误。①

在古籍出版社任职期间，章锡琛为了校对《资治通鉴》和《续资治通鉴》，还于1956年春只身前往上海进行校对工作，纠正了不少标点和分段错误，发现了不少问题。这一年，章锡琛已经67岁。章锡琛的后辈同事吴翊如后来回忆说：

其时先生已年近古稀，住在旅馆，吃在饭店，生活很不方便。但先生并不以此为意，整天埋头于校样之中，为消灭错字、统一标点体例、改正错误而辛勤劳动。当时我还未进古籍，在上海看到先生，他的这种工作精神给我这个未窥编辑出版门径的人以十分深刻的印象，也使我十分感动。《资治通鉴》的点校出版，是解放初期我国文化出版事业中的一件大事，这固然是标点委员会各位先生努力的结果，但这样大部头的书，出版前的最后一关，工作是十分繁重的，先生为此付出了多少不为人所知的心血啊！接着出版《续资治通鉴》，先生同样默默无闻地花了大量精力。后来，金灿然同志曾对我说过："章先生对工作实在热心，不要说在家里，就是外出，他也把工作带在身边，一有空闲他就

① 邵霭吉、陈国华：《〈马氏文通〉诸书述评》，《盐城师范学院学报（人文社会科学版）》2006年第26卷第3期。

拿出来干。他真是一个不知疲倦的人。"①

在上海时，章锡琛还遇见了老同事章克标。章克标后来写道：

> 我们在路上不期而遇，忽然又意外地会见了。……意外的会见，大家更十分高兴，后来又相约相会了几次，谈得十分惬意，大家都心情欢畅。那时他已经年近古稀了，但还很健康，而且认真工作。以为标点古籍是件十分严肃的工作，所以一定要亲自来上海校对，因为正是他标点的书。他对于古籍的整理出版，也出了大力。②

这一年，由于古籍出版社并入中华书局，章锡琛转任中华书局副总编辑。也就是在此时，政治上一贯不大敏感的章锡琛，加入了"中国民主同盟"。"中国民主同盟"，简称"民盟"，成立于1941年。1949年9月，"民盟"代表出席中国人民政治协商会议第一届全体会议，参加了中华人民共和国的筹建工作。"民盟"的成员，主要是由从事文化教育方面工作的社会精英所组成。章锡琛作为出版界的资深专家而加入"民盟"，顺理成章。

吊诡的是，章锡琛的前半生，以对政治不敏感、不参加党派而著称，一直以正直而有良知的文化人而立身处世。然而，等到他以67岁的高龄加入"民盟"，正式参与政治活动时，却遭遇了接连两场始

---

① 吴翊如：《怀念章锡琛先生》，《回忆中华书局》下编，中华书局1987年版，第238页。

② 章克标：《缅怀章锡琛先生》，《出版史料》1989年第2期。

料不及的政治风暴，并最终改变了他晚年的人生轨迹。

# 十、"文革"中逝世

第一场政治风暴在 1957 年到来。章锡琛未能幸免于这场风暴。他被错划为右派分子，撤销职务，待遇由编辑四级降为七级。同时，章锡琛五弟、次子和次媳亦被错划为右派。

章锡琛被打成右派以后，仍然留在中华书局做编辑工作。他跟留在北京的长子章士敏住在一起，跟五弟章雪舟一个院子。"尽管遭受政治上不公正待遇，但他对党、对社会主义的信念始终不渝，并一直努力学习马列主义、毛泽东思想，关心国家的出版事业。"[1] 章锡琛在被错划为右派期间，仍以一贯认真负责的精神，孜孜不倦地从事编辑工作，在点校标点本《二十四史》等工作中不遗余力。

当时已是"三年困难时期"，由于营养严重不足，已经年近 70 岁的章锡琛和夫人，都患上了浮肿病。同时，章锡琛的高度近视眼也发生了病变，视力极度衰退，从此无论阅读、写作，都要使用放大镜，非常费力，但他仍不知疲倦地坚持工作。直到 1960 年，古稀之年的章锡琛才被摘掉右派帽子。

在 1961 年，政治上暂时得到解脱的章锡琛，考虑到出版人是靠眼睛吃饭的，视力衰退已无益于工作，于是向中华书局提出了退休申请。

---

① 中华书局：《关于章锡琛同志右派问题的重新修改结论》，1988 年 6 月 29 日。

这是章锡琛成年以来，第一次患上严重的生理疾病。章锡琛幼时，身体素质一般，在 12 岁那年，"患了疟疾，接连着两年，没有医治得好，因此成了脑贫血症。所以 13 岁左右时，虽然仍在本村上学，不过挂上一个空名，十天有九天病在家里"①。成年以后，章锡琛投身教育、出版事业，身体一直很健康，未闻有何大病。事实上，他抽烟、喝酒、熬夜看稿，不健康的生活习惯不少。而且，他经年累月为企业、为生活而奔波，从未见他锻炼身体，健康的生活习惯不多。唯一可以作为其身心健康的解释是：他心里不藏事儿，不放烦心事儿，做人一直爽朗直率，心底无私，乐于助人，所以天予福报，直到 1961 年他 72 岁时，才出现比较严重的生理疾病。

这场眼病，缠了章锡琛两年多。由于退休申请未获批准，章锡琛只好在眼病加剧的情况下，力疾从公。他在审阅《张载集》的过程中，还发挥专长，撰写了《张载哲学初探》。在此期间，章锡琛还撰写了《漫谈商务印书馆》。这是在商务印书馆工作过 15 年的章锡琛，在晚年对于自己所知道的商务印书馆的情况，进行的一次系统的梳理和回忆，为后人的出版史研究留下了珍贵的第一手史料。

1962 年 5 月，因为"同情、支持、包庇右派亲戚"而被章锡琛连累也被划为右派的侄儿章士寰，应总政之召回北京参加"甄别"，前来拜访年迈的大伯章锡琛。在章士寰眼中，当时的章锡琛，"没有下放劳动，还住在老地方，一切依然如故，仍旧有说有笑"，好像从

---

① 章锡琛：《一个最平凡的人》，载王知伊著：《开明书店纪事》，书海出版社 1991 年版，第 214 页。

来没有过错划右派这回事似的。[1] 同样的记忆，也留存在当年中华书局老同事的脑海中：

> 章先生虽然受到不公平对待，仍然一如既往地努力工作。他特别注意严格要求自己，帮助青年人业务上成长。有一位年轻编辑写了一本小册子，请章先生审阅。章先生一字一句斟酌修改，甚至连标点符号也不放过，还当面给这位年轻人讲解为什么要这样修改。有的地方章先生认为译得不好，便自己动手重新译过。没觉得自己是摘帽右派，缩手缩脚。身处逆境，仍高风亮节，心中没有理想的人是绝对做不到的。[2]

直到 1965 年 8 月，76 岁的章锡琛才正式获准退休。退休以后的章锡琛，仍然坚持撰写学术文章及回忆文章，并热忱接待来访同志，竭诚解答业务问题、共同切磋编辑工作。刚刚退休的章锡琛仍然繁忙的情况，可以从当时去看望他的多位晚辈的回忆中得到证实。侄女婿冯百泉看到："此刻章先生精神衰退，眼力极差，由于精神上受折磨，时而面带愁容，但他爱国、事业之心不变，我看他案桌上放着许多校卷，正待处理。"[3] 晚辈钟达轩看到的是："他戴着高度的近视眼镜，仍孜孜不倦地看书、摘录，从事古籍的整理、研究

---

① 章士寰：《我对大伯的欣慰的怀念》，载出版史料编辑部编：《章锡琛先生诞辰一百周年纪念文集》，1990 年 10 月，第 169 页。

② 杨牧之：《上善若水——怀念中华书局原总经理王春同志》，《北京文学》（精彩阅读）2010 年第 10 期。

③ 冯百泉：《敬怀锡琛先生与开明书店》，载出版史料编辑部编：《章锡琛先生诞辰一百周年纪念文集》，1990 年 10 月，第 159 页。

和写作。"①

享受退休生活的章锡琛，偶尔还打打麻将。有一次，中华书局的总经理王春同志去看望老同志们，就和章锡琛打了一场麻将。

> 正碰上章先生想玩麻将，又三缺一。王春到了，曾是"右派"分子的章先生哪敢去想请党支部书记坐下来补齐人数陪他玩麻将啊！没想到王春竟然坐下来，高高兴兴地和章先生等人凑成一桌。章锡琛先生大为感动，感到这个共产党的干部平等待人，感到这个共产党的干部尊敬老人，就为这，以后每年春节他都不顾年高体弱，由人扶着去王春同志家拜年。②

1966 年 5 月 17 日，章锡琛夫妇迎来了结婚 60 周年的大日子。1906 年的这一天，当时还在通艺学堂学习的章锡琛，遵照"父母之命，媒妁之言"，迎娶了自己的新娘子吴耦庄。从此，就是 60 个春秋的相濡以沫，直到两个人钻石婚的大日子。这一天，亲朋满座，尽欢而散。

大家都有理由为章锡琛夫妇高兴。不是每一对夫妇都能在一起相知相守 60 年，这首先需要爱情与亲情，还需要运气和寿命。60 年来，这对夫妇走过清朝、民国、新中国三个时代，辗转绍兴、上海、北京三地，经历抗日战争、解放战争两场大战，总算是靠着爱情与亲情，再加上一点运气，一步步闯过风雨和坎坷，走到了钻石婚。夫妻俩都

---

① 钟达轩：《回忆与怀念》，《出版史料》1989 年第 2 期。
② 杨牧之：《上善若水——怀念中华书局原总经理王春同志》，《北京文学》（精彩阅读）2010 年第 10 期。

算是有福之人了。

但是，这已经是章锡琛夫妻一生中最后的幸福时光了。就在他们庆祝钻石婚后不久，章锡琛生命中的第二场政治风暴——"文化大革命"开始了。

作为摘帽右派分子，章锡琛当然是在政治上早有"污点"的人。所以，"文革"一开始，他就受到无情冲击，被街道"勒令"参加劳动，体力由此大衰。老朋友吴觉农来看望他，"住处不宽裕，室内也很暗，生活很艰苦，身体已不大好，老伴也病在床上。……但在交谈中，他怀念众多的老朋友，希望国家兴旺发达，没有什么怨言"①。作为斗争对象的章锡琛，多次被抄家，家中书报及个人文章等，全被抄搜一空，"存款被冻结，工资也遭到克扣"②。叶圣陶的长子叶至善后来总结他此时的情景，到了悲惨的地步："遭到了无情的冲击，家被抄得精光，只剩下一张板床，连衣服也不周全。"但是，"雪村先生却丝毫没动摇对党的信念"。③

在此期间，叶圣陶为章锡琛的境遇担心不已，想方设法地力图帮一帮老朋友。据他的次子叶至诚回忆：

> 我嫂子跟我父亲商量，想多少帮助他们改善一下生活。只为担心他们不肯接受钱钞，就买了一只鸭子和其他一些副食品送去。没想到下一回我嫂子去他们家，听说章师母闹了好些天的

---

① 吴觉农：《怀念老友章锡琛》，《出版史料》1988年第1期。
② 叶至诚：《记锡琛先生》，载出版史料编辑部编：《章锡琛先生诞辰一百周年纪念文集》，1990年10月，第119页。
③ 叶至善：《纪念雪村先生》，《出版史料》1989年第2期。

肚子；锡琛先生凄苦地对我嫂子说："不瞒你说，多少日子没有吃那么多油腻的东西了。"后来的几次就改成了钱钞，数目并不大，每次十廿元。按老朋友的交情，尽可以毫不客气地收下，锡琛先生却总说："不好意思的。"不应当有的生分里边，包含了许多辛酸。一次，我嫂子又去看望锡琛先生和章师母，进得院子却被雪舟先生拦住，让进了他家的屋子里。雪舟先生告诉我嫂子说，"大店王"①这两天正焦头烂额，不可开交呢。先是章师母得了重病，整天呻吟不止，看来不得不送医院了；偏偏患肺病又挨了打的住在医院里的长子士敏，被他所在单位的造反派勒令出院回了家。一门里躺了两个重病人，怎能不焦躁万分？②

吴耦庄后来因为病得太重，还是去了医院，在她出门时，章锡琛就有预感："我看她出门时候的背影，心里想：这一去只怕再也回不来了……"果然，1968 年 1 月 8 日，章锡琛结缡 61 年的夫人吴耦庄病逝于医院。章锡琛悲痛不已，在办理丧事之时，作悼亡诗五首：

> 君今就恒化，从此成永别。
>
> 自古皆有死，贤愚同一律。
>
> 彭殇奚足较，况已届耄耋。
>
> 奈当临岐路，情难抑悲戚。

---

① 绍兴中等以上人家称男子为"店王"，章锡琛先生是长子，故而被称作"大店王"。

② 叶至诚：《记锡琛先生》，载出版史料编辑部编：《章锡琛先生诞辰一百周年纪念文集》，1990 年 10 月，第 119 页。

平生积劳劬，临终似检籍。

遇剧一呻吟，相续声不绝。

闻此呻吟声，寸心痛若割。

当时但袖手，而今何嗟及！


幼负针神誉，缝师叹仰止。

一室恃裁剪，寒暑克蔽体。

我今身上服，尚出僵蚕指。

睹此密密缝，都作斑斑泪。


六十一年事，历历记心头。

隙驹驰何迅，年光不倒流。

负君愆曷极，感君情莫酬。

轮回知虚诬，来生讵可求？


君骨已灰烬，我心死灰似。

欲哭不成声，欲泣已无泪。

生年既相若，去死亦应迩。

寄生良可羞，何如从君逝！ ①


　　雪上加霜的是，当年 10 月，长子章士敏因伤势得不到治疗，病死家中，使得章锡琛在刚刚遭受丧偶之痛后，又遭遇了"白发人送黑

---

① 叶至诚:《记锡琛先生》，载出版史料编辑部编:《章锡琛先生诞辰一百周年纪念文集》，1990 年 10 月，第 119—121 页。

发人"的人间惨剧。

1969 年是章锡琛生命中的最后一年。

一开年，章锡琛身体还好。这年 1 月，自幼在章锡琛身边长大的外孙女宋小逸去延安下乡，章锡琛赠《沁园春》一阙，对知识青年下乡务农这条道路充满希望，深信不疑，并嘱咐宋小逸拜农为师，安心陇亩，谦虚谨慎：

毁裂钗裙，抛掷胭脂，不作女儿。愿离城辞校，心香一片，投身下拜，农圃为师。肩负轻装，手擎宝册，勇赴田间志不移。从今后，誓安心陇亩，长伴耕机。

前途无限光辉，向海阔天空任远飞。望谦虚谨慎，戒骄戒躁，勤劳克苦，去怠去私。锦绣河山，红旗招展，知识青年大可为！吾何恨，有尔曹奋起，为国献躯。①

此后不久，章锡琛尚留在家中的两个孙子亦离京下乡。

2 月，章锡琛被造反派逐出自购的私房，迁居邻近大杂院中一间破屋。此时，家中仅有章锡琛和大儿媳二人。本该安享儿孙绕膝天伦之乐的 80 岁老人，却要面对批斗、勒令劳动，膝下空空、陋室彷徨之际，其精神和身体压力可想而知。晚景凄凉至此，既是章锡琛个人的悲剧，也是那个时代的悲剧。

1969 年 6 月初，章锡琛因为想念家乡的海鲜口味，吃了一些蛤蜊，结果引起了肠胃不适，继而引发了胆囊炎。章锡琛本已高龄，加

---

① 叶至诚：《记锡琛先生》，载出版史料编辑部编：《章锡琛先生诞辰一百周年纪念文集》，1990 年 10 月，第 121 页。

之身体极度虚弱，仅仅住院数日之后，即于 6 月 5 日逝世。① 此时，距离 1969 年 8 月 24 日他的 80 整寿，只剩下两个多月了。

一生正直的中国文化人，"具有民族气节的爱国出版家"——章锡琛，就此随风而逝。

章锡琛的好友弘一法师，曾为章锡琛手书七绝一首：

> 篱菊数茎随上下，无心整理任他黄；
>
> 后先不与时华竞，自吐霜中一段香。

章锡琛本人，也极喜爱此诗，所以晚年自号"霜香老人"。此诗此号，正是章锡琛淡泊一生的真实写照。

章锡琛的一生，生于晚清，长于民国，逝于新中国，经历了中国天翻地覆的三个时代，享年 80 岁。而其作为出版家的一生，可简单概述如下：

1912 年 1 月至 1925 年 12 月，章锡琛进入出版界，入职上海商务印书馆，先后编辑《东方杂志》、《妇女杂志》。1926 年 1 月，离开商务印书馆，创办并主编《新女性》杂志。1926 年 8 月，在上海创办开明书店，先后任协理、总经理、常务董事，1949 年 7 月辞职。1949 年 12 月，在北京出任出版总署处长、专员，1954 年 9 月调古籍出版社任编辑、副总编辑，1956 年转入中华书局任副总编辑。1958 年被错划为右派，1960 年摘掉右派帽子，1965 年 8 月退休。随后，在"文化大革命"

---

① 章锡琛生病离世的另一说法是"6 月，偶受风寒，未能诊治"，其逝世时间则为 6 月 6 日。见密先：《章锡琛先生年表》，载出版史料编辑部编：《章锡琛先生诞辰一百周年纪念文集》，1990 年 10 月，第 247 页。

中遭到迫害，于 1969 年 6 月 5 日含冤去世。1988 年，由中华书局出面，为章锡琛作了平反结论，恢复本人名誉和原职级，并追认他为"具有民族气节的爱国出版家"。[①]1988 年 10 月 14 日，中华书局为章锡琛在八宝山革命公墓举行骨灰安放仪式。

# 十一、出版家是怎样炼成的？

章锡琛作为出版家，尤其是作为开明书店创办人的一生，留给中国出版业、中国出版人的精神财富，是非常值得总结和继承的。

## （一）与时俱进的新思想

1921 年 4 月，商务印书馆的高梦旦，赴京邀请胡适出任总经理时说："我们那边缺少一个眼睛，我们盼望你来做我们的眼睛。"商务印书馆需要的这个"眼睛"，就是指胡适当时所具备的与时俱进的新思想。而思想上的与时俱进，正是一流出版家的重要特质之一。

章锡琛就有这样的一双"眼睛"。

终章锡琛一生，他都保持着与时俱进的新思想，一直到老年，他的思想都是敏锐的、进步的，从未僵化过、保守过。出版家如果不能紧扣时代脉搏，把握时代潮流，就谈不上引领所在的出版机构去生产与时俱进的出版物，从而满足新时代读者的精神文化需求。

---

① 王湜华：《开明书店章老板——追怀章锡琛先生》，《人物》1995 年第 1 期。

章锡琛初入出版界，是在 1912 年，也就是民国元年。新政府摧毁了旧的封建制度，产生新政体，迈进新时代。而新时代则将向章锡琛灌输新思想，并赋予他新使命。

章锡琛在《东方杂志》时期，已经能够主动适应和接受新思想的影响了。他通过在杂志编辑工作岗位上的著译工作，关注世界大事，介绍世界新科技新发明，研究和引进各种社会新思潮，其视野之广阔，内容之丰富，数量之高产，令人叹为观止。特别是在西方各类社会新思潮的研究和引进上，章锡琛和其他《东方杂志》的编辑们一样，保持着一贯的热忱。从早期的进化论，再到资产阶级理论，直到社会主义理论，都无一遗漏地、充满热情地介绍到中国来，希望其中有的理论能够成为医治中国社会沉疴的灵药。

章锡琛与时俱进的新思想，第一次的突出表现，是在主编《妇女杂志》时期。

在受命主编《妇女杂志》时，章锡琛抛弃了"宣扬封建节烈、贤妻良母及'三从四德'的保守思想，提供一些家政、育儿和卫生等知识"的编辑方针，也拒绝了一直在《妇女杂志》上发表的新鸳鸯蝴蝶派的稿件，开始与时俱进地"抨击旧有封建伦理道德，鼓吹妇女解放，主张男女平等，注重妇女教育、职业及经济独立，倡导男女公开社交、恋爱自由，关注妇女恋爱、婚姻、家庭，提倡新性道德"。章锡琛自己后来回忆这段接受新思想的经历，是这样说的："在新思想运动中，妇女问题也成为当时热烈讨论的一个部门。"在这个热烈的讨论中，他与时俱进地接受了新思想，"急来抱佛脚，不得不从图书馆里找出几部日本书阅读，东抄西撮写一点文章来应市"，结果是"居然也博得一般读者的好评，甚至于有人当面把我捧做妇女问题的专家"。①

当然，章锡琛此时接受并践行的新思想，让他个人付出了被商务印书馆辞退的惨痛代价，但由于杂志内容契合了当时读者的精神文化需求，《妇女杂志》受益良多：改革之前《妇女杂志》的发行量不足 2000 份，改革后则一再突破以往的销售记录，据推测最多时可能超过了 5000 份。改革之后的第二年，每版印数已经较前增加了一倍，达到了一万多份，比较受欢迎的专号甚至再版、三版。《妇女杂志》历史上的高潮时期，因为章锡琛与时俱进的新思想，就此铸就。

章锡琛与时俱进的新思想，第二次的突出表现，就在于他创办开明书店。

众所周知，开明书店是五四运动的产物。如果没有 1919 年的五四运动，就不会有 1926 年的章锡琛，更不会有章锡琛创办的开明书店。

这个关系，章锡琛的同事宋云彬曾经说得非常清楚："开明的产生，完全受五四运动的影响。没有五四运动就不会有人提出妇女问题来讨论，那么开明书店的创办人章锡琛先生，就不会因为谈新性道德和办《新女性》杂志而被商务印书馆解职，他将一辈子在商务当个编辑；而同时在五四以前，像开明这样的新型书店根本办不起来，即使办起来了，也不可能发展，更不可能长期存在。"

也就是说，新思想造就了章锡琛这个新人，而这个新人创办了新书店。

章锡琛与时俱进的新思想，第三次的突出表现，在于他和夏丏

---

① 章锡琛：《一个最平凡的人》，载王知伊著：《开明书店纪事》，书海出版社 1991 年版，第 216 页。

尊、叶圣陶一起，确立并坚持了开明书店"以青少年学生读物为出版重点"的出版方针。

在经营开明书店时，章锡琛接受夏丏尊的建议，综合考虑企业自身的经济实力、编辑和作者优势以及当时的市场实际，与时俱进地确立"以青少年学生读物为出版重点"的出版方针。正是在这个出版方针的指引下，开明书店开始涉足中小学教科书出版。可以说，没有进军中小学教科书出版市场这一重大决策，开明书店不太可能进入大书店行列。因为无论后来的"五大"、"六大"还是"七大"，都是官方根据当时这些书局在全国教科书市场上的份额来排名的。而出版中小学教科书能够为出版机构带来丰厚的利润，也是行业共识。开明书店就是依靠这些中小学教科书的畅销，积累了足够的经济实力，出现了欣欣向荣的局面。

章锡琛与时俱进的新思想，第四次的突出表现，在于他首倡、主导了开明书店的公私合营。

1949年5月27日，上海解放。从上海解放时起，章锡琛就开始认真阅读《新民主主义论》、《论人民民主专政》、《论联合政府》等小册子，以了解中国共产党的方针政策，寻找开明书店在新中国成立后的出路。结果，章锡琛很快得出了如下结论：

新闻出版事业是国家宣传和教育的重要工具，不能像别种工商业那样，在新民主主义社会里长时期掌握在私商的手中，尤其是中小学教科书，像各家从前那样用卑鄙龌龊的手段竞争营业，危害教育，危害人民，在新社会中决不容许这种状况继续存在，非由国家统一编印发行不可。因此感到像商务、中华那种专靠教科书维持营业的出版家一定没有前途，开明也不能例外。

章锡琛恐怕是当时国统区出版界中有此觉悟的第一人。

换句话说，章锡琛在解放之初，即敏锐地意识到：开明书店的中小学教科书这样的核心业务，即将面临收归国家统一编印发行的政策风险。而在此背景下，开明书店必须整体转型。为此，章锡琛开出的药方是：开明书店要么结束业务，清盘注销；要么交给国家。

事实证明，章锡琛与时俱进的出版家特质在此时得到再次展现。半年之后的 1950 年 2 月 16 日，开明书店董事会正式向出版总署报送《开明书店请求与国家合营呈文》，在国统区出版机构中第一个正式向政府申请公私合营，后于 1953 年 4 月正式融入中国青年出版社。


## （二）在细分市场做到"专注、极致"的企业理念

民国时期，还没有"细分市场"的说法，但开明书店的经营者们，如章锡琛、夏丏尊、叶圣陶等人却已有了细分市场的理念。叶圣陶曾说：

> 书店有各种的做法。兼收并蓄，无所不包，是一个做法。规定范围，不出限度，是一个做法。漫无标的，唯利是图，又是一个做法。我们以为前一个需要大力量，不但财务要大，智力也要大，我们担当不了。后一个呢，与我们的意趣不相容，当然不取。与我们相宜的只有中间一个，就是规定范围的做法。我们把

我们的读者规定为中等教育程度的青年。①

叶圣陶在这里所说的"规定范围，不出限度"，就是现代出版业所说的"细分市场"。换句话说，开明书店由于经济实力有限，编辑力量有限，不能像大型出版企业商务印书馆、中华书局那样"兼收并蓄，无所不包"，去向所有的出版物细分市场出击。同时，开明书店由于是一群有良知、有追求的知识分子所办，也不能像世界书局、正中书局那样"漫无标的，唯利是图"，甚至出一些坏书、淫秽书。所以，开明书店只能利用有限的财力和人力，瞄准既定的细分市场，"把我们的读者规定为中等教育程度的青年"，精耕细作，深度开发，从而在一个或几个细分市场上形成产品优势和品牌优势。这才是开明书店等中小出版机构的生存之道。

因此，开明书店在"青少年学生读物"细分市场，做到了"专注、极致"，比如《中学生》的创刊、开明版教科书的出版等等，一直到开明书店的招牌摘下，从未改变过。

据《民国时期总书目·中小学教科书》统计，自 1926—1949 年，开明书店共出版中小学教科书 117 种，占开明书店总出书量 1500 余种的 9% 左右。开明书店的中小学教科书虽然品种不多，但其所占总营业额的比例却非常之大，"据 1949 年统计，教科书的营业额占全部营业额的 62%，所以只要春销或秋销一季的营业，就可坐吃半年"。可见，中小学教科书后来也成为了开明书店的"吃饭书"。

---

① 王知伊：《叶圣陶先生编辑思想纪实》，载王知伊著：《开明书店纪事》，书海出版社 1991 年版，第 12 页。

### （三）"人无我有、人有我优"的选题策划意识

在选题策划方面，章锡琛作为出版家，有自己独到的眼光。具体来说，就是八个字：人无我有、人有我优。

《开明活页文选》就是"人无我有"的选题策划，所以被同事们称为"章锡琛先生的一个创举"。

这个选题策划，在当时的出版界是首开先河的。而其最初，则来自于章锡琛自身的教学实践。他从教学实践出发，考虑出版一种"单篇文章独立成页，事先不进行统一装订，待每个学校的教师任意选购组装成册后再行装订"的国文教科书，以减轻学校、教师和学生在国文教学方面的负担，这就是《开明活页文选》。

事实上，《开明活页文选》的出版，的确减轻了学校、教师和学生的负担，但却在编辑、校对、印刷、装订、发行上给出版机构增加了负担。这大概也是此前没有哪一家出版机构做过此类选题的原因之一。但是，章锡琛抓住了商机，也不怕麻烦，终于占据了"人无我有"的先机，把《开明活页文选》打造成了一本超级畅销书，以至于"那时候，开明栈房里专有一间楼屋，放置《活页文选》，同人戏呼之为'文选楼'"。

然而，必须正视的现实是，在出版业做选题策划，"人无我有"的选题毕竟只是极少数，可遇而不可求，大部分的选题，还是集中在"人有我优"上。比如开明书店的古籍出版，就集中体现了章锡琛的"人有我优"的选题策划思想。

古籍出版是当时大书店所必备的出版门类之一。商务印书馆、中华书局之所以成为中外闻名的出版重镇，除了经济实力以外，还在于

其古籍出版的大手笔。章锡琛为了"书店闯牌子",让开明书店跻身大书店之列,早就有志于此,所以在稍具经济实力的时候,他就开始谋划在古籍出版方面有所作为。

但是,难度不是一般的大。仅在史书出版方面,商务印书馆已有《百衲本二十四史》,以底本珍罕取胜;中华书局则有聚珍仿宋版《二十四史》,以字体珍罕专美。珠玉在前,章锡琛的开明书店要第三个推出内容基本相同的历代史书,如何"人有我优"?章锡琛很费了一番心思。章锡琛在《二十五史》出版上的优化主要有五个方面:

一是优化了史书数量。商务印书馆、中华书局出版的都是《二十四史》,章锡琛为了创新,加入了柯劭忞的《新元史》,决定出版《二十五史》。数量上增加了一种,至少在宣传可以先声夺人。二是优化了版本体例。经过综合比较和慎重考虑,开明书店最终选择武英殿版《二十四史》和退耕堂刊本的《新元史》作为底本。三是优化了影印方式。开明书店将武英殿版《二十四史》和退耕堂刊本《新元史》统一进行缩印,以大16开本装订了九册。比较此前《二十四史》册数动辄就是百册以上规模,可见《二十五史》仅仅九册的优势。四是优化了销售定价。由于开明书店版《二十五史》只有九册,用纸量少,成本较低,所以定价也得以降低,使得皇皇巨著,成为贫苦的青年读者也能买得起的图书。五是优化了衍生开发。开明书店推出《二十五史》之后,又进行了衍生产品开发,相继推出了《二十五史人名索引》和《二十五史补编》,与《二十五史》形成产品系列,共同销售,给治史学者以极大便利。

有了上述"史书数量"、"版本体例"、"影印方式"、"销售定价"、"衍生开发"五个方面的优化,开明书店的《二十五史》在其他出版机构的同类选题中脱颖而出，被誉为"章老板的杰作"。

章锡琛"人有我优"的选题策划思想，还体现在《开明英文读本》和《爱的教育》两本畅销书的策划出版上。

《开明英文读本》出版前，市场上最畅销的是商务印书馆出版的、周越然编辑的《模范英文读本》。为了和《模范英文读本》竞争，做到"人有我优"，章锡琛采取了三个方面的措施：一是高薪聘请一流作者。他以每月预支300元版税的代价，请来曾在美国哈佛大学和德国莱比锡大学留学的林语堂，保证了内容质量。二是请丰子恺的大手笔绘制插图，助力装帧。以漫画融入英语教材，在当时也属首创。三是在内容上，作者林语堂贯穿了自己独有的外语教学理念，并很好地将语法学习融入课文之中，使得《开明英文读本》实现了语法学习和英文读物的有机结合，在激发学习兴趣的同时，可以让学生熟悉英语国家的生活场景，从而进一步了解语言背后所承载的文化。

如此优化，保证了《开明英文读本》的高质量。出版之后，"全国中学纷纷采用，把当时畅销的商务周越然编的《模范英文读本》压倒了"。《开明英文读本》成为开明书店最畅销的一本书，一直畅销了20多年，林语堂本人从开明书店所获得的版税收入就约有30万元之巨。

《爱的教育》，则是章锡琛从商务印书馆拿过来的一个选题。因为此前该书在商务印书馆出版时，市场反应平平。章锡琛拿过来之后，首先进行了文字优化，他亲自校对全稿，其次进行了插图优化，请丰子恺绘制了封面和十幅插图，最后，还有针对性地加大了宣传力度。最终使得此书也一炮而红，成为新文学以来最畅销的儿童文学译作，几乎成为所有高小和初中的教材或课外读物，销量迅速达到数十万乃至上百万册，而且畅销几十年，"迄 1949 年 3 月止，《爱的教育》已印到 30 版以上，成为开明书店的'吃饭书'之一"。

作为出版家，章锡琛就是有这样化腐朽为神奇的本事。


## （四）"以质取胜"的市场竞争策略

作为出版家，章锡琛对于出版物的质量，到了几乎苛求的地步。从开明书店的出版物目录中，几乎找不出一本质量不合格的图书来。这是一个过去或今天的同业都难以企及的高峰。而这样的高峰，与章锡琛个人对于出版物质量的要求是分不开的。

在编校质量上，一方面章锡琛非常尊重作者，决不妄改原稿，特别是作品的观点和论断；另一方面，他又非常注重为作者改掉文稿中的错字舛句。他还特别注重校对工作，要求校对人员除了对原稿负责之外，还要能看出原稿上的差误脱漏，提出疑问供编辑考虑；同时要求编辑也应兼做校对的工作，在审读原稿时更加精细。这些编校工作的细节，被章锡琛作为对读者负责和对作者负责的大事来看待，所以开明书店出版的都是高质量的图书，没有什么病句、错字，连标点符号也一丝不苟。

除了编校质量以外，开明书店出版物的印装质量也是众所周知的。这也是章锡琛高度重视的结果。章锡琛领导的美成印刷厂在排版方面，国内第一家引进日本新四号、新五号等新体字模，并创制了"开明标点"，以使版面更加紧凑，达到节约用纸、降低书刊售价的目的；在用纸方面，章锡琛充分利用彩色封面纸以节省封面套色，并利用原来色泽较差的次道林纸，要求纸商在其中加入颜料，从而试制出质高价廉、保护视力，并在解放前风行一时的黄道林纸；在装订方面，为了克服一般小学课本采用铁丝装订极易生锈断散的特点，章锡琛首创用缝纫机进行装订的办法。他还创造了硬纸面布脊和软面精装等装订办法，用以代替价值昂贵的硬布面精装本。

章锡琛重视编校质量，是为了让读者开卷有益，不要受到错书、坏书的影响；他重视印装质量，则是为了最大限度地节省印装成本，以便更多的读者以较低的价格购买到更多更好的图书。

这就是章锡琛"以质取胜"的竞争策略。

从开明书店的教科书竞争策略来看，其主要的秘诀就在于以质取胜。与之形成鲜明对比的是，商务印书馆与中华书局乃至世界书局在教科书竞争上，更多的是依靠营销手段。这些营销手段中，当然包括了大打折扣战、价格战等比较正当的竞争手段，也包括了送钱送物、吃喝嫖赌等不正当的竞争手段。

大打折扣战、价格战，章锡琛和开明书店小本经营，打不起；送钱送物、吃喝嫖赌，身为正直知识分子的章锡琛，又不屑为。他相信，总还会有不看重金钱美女而看重教材质量的校长和教师。事实上，无论什么时代，以高质量的产品去赢得市场，都是企业竞争的不二法门，也是正道。章锡琛和开明书店就是靠这个竞争策略，硬是挤进了民国时期全国教科书市场份额的"五大"之列。


### （五）团结一班人的领导能力

章锡琛为人颇具亲和力，好像天然具备团结一班人为了开明书店而共同努力的领导能力。这样的领导能力，引领着开明书店渡过一个又一个险滩，迎来一个又一个胜利。章锡琛团结在自己周围的这一班人中，既有作者，也有同事。

章锡琛团结作者的手法，颇有技巧。他主要是通过建立或参加与图书、杂志内容有关的学术研究会的方式，来联系和团结作者。

比如 1921 年 1 月，他参加了文学研究会，成为最早的会员之一。文学研究会的宗旨是"研究介绍世界文学，整理中国旧文学，创造新文学"，文学研究会是新文学运动中成立最早、影响和贡献最大的文学社团。章锡琛在这里，结识了一帮朋友，如郑振铎、沈雁冰、叶圣陶、孙伏园、朱自清、夏丏尊、胡愈之等。这些人，先是成为他所编杂志、所办出版机构的作者，慢慢的，有的人还成为了他的同事，后来，所有人都成为了他的终生朋友。

1922 年 8 月，章锡琛为了编好《妇女杂志》，在上海发起成立妇女问题研究会。当时在《妇女杂志》上列入十七人名单的，当然也是该杂志责无旁贷的作者。1925 年 3 月，章锡琛又参加立达学会，而立达学会的会员，如匡互生、朱光潜、刘薰宇、刘叔琴、丰子恺等，又成了章锡琛的作者和朋友。

章锡琛通过这三个学会，联系和团结了一大批名作者。而这三个学会，也在章锡琛的不同人生时期，或多或少地直接给他提供过帮助。比如，在章锡琛从商务印书馆离职生计艰难时，郑振铎为了帮助他，就雪中送炭地把文学研究会的《文学周报》和"文学研究会丛书"拿来，交给新女性杂志社印行；再比如，1926 年 9 月 5 日，在开明书店刚刚草创一个月时，立达学会创办《一般》杂志并交开明书店印行，为章锡琛捧场。

所以，章锡琛自己曾在不同场合多次说过："开明书店的创办，并不是我的主动，完全靠着许多朋友的怂恿规划。能够经过几次绝大的战乱，一直维持到现在，也还靠许多朋友的尽力。"这是他的真心话，也是大实话。

在开明书店内部，章锡琛团结同事更是表率。终其一生，章锡琛都善于识人用人，也善于培养人。钱君匋是开明书店的第一位美术编辑，也是经由章锡琛发现、培养、锻炼，从一名教师成长为著名书法家、画家、篆刻家、书籍装帧家的。在钱君匋之后，章锡琛又大胆起用当时还是开明书店练习生的莫志恒，并将其培养成为专业的书籍装帧设计人才。开明书店前后共有过三任总编辑，分别是赵景深、夏丏尊、叶圣陶。他们都是在章锡琛人格魅力的感召下，加入开明书店的。其中的夏丏尊，不仅为开明书店发展作出了巨大贡献，而且为之服务终生。

章锡琛能够团结同事，首先在于他身先士卒的工作态度。在开明书店，无论是编辑、印刷、排版的哪一个环节，章锡琛都是身先士卒，冲在前面。而且，他在每一环节还都是行家里手，不是瞎指挥，都还有所创见和发明，比如编辑环节的"编校合一"、印刷环节的"开明标点"、发行环节的"以质取胜"等。换句话说，在章锡琛的手下做事，员工们听到的不是"给我上"，而是"跟我上"。

其次还在于他功成不居的个人气度。章锡琛的功成不居，突出的表现就在他对于开明书店总经理的两次让贤上。在 1929 年开明书店成立股份公司时，在众望所归的情况下，章锡琛出人意料地没有出任总经理，而是推荐了自己的老师杜海生出任；在 1946 年，为了开明书店高层的团结，兼之为了尊重范洗人在抗战八年中长期主持开明书店工作的客观事实，章锡琛又一次推荐了范洗人担任总经理。

这样一来，章锡琛在开明书店 27 年的历史中，做总经理的时间很短，真正计算起来，大致为初创时期 1926—1928 年两年多时间和股份公司时期 1934—1937 年不到四年的时间，合计不到六年。比较一下，夏瑞芳任商务印书馆总经理约 17 年，陆费逵任中华书局总经理约 29 年，沈知方任世界书局总经理约 17 年，就可以看出章锡琛是比较少有的特例了。

作为企业的创办人，章锡琛这种功成不居的个人气度，对于开明书店高层的团结，对于企业领导班子的凝聚力和战斗力，起到了不可替代的关键作用。

### （六）勤俭办企业的奋斗精神

1936 年开明书店十周年时，开明书店为表庆祝，将总店迁入梧州路新址办公。但是，新址固然是新址，新址上却没有盖新大楼。由于章锡琛一贯的节俭作风，这个办公的新址，是由一家倒闭的丝厂修缮而成。由此可见章锡琛管理开明书店的作风。

实际上，开明书店精于管理，在业内是有口皆碑的。从章锡琛开始带头，开明书店各部门的中层负责人都是事必躬亲，认真管理，以最少的人员发挥最大的效用。章锡琛竭力压缩一切非生产性开支，尽力把资金用在生产和扩大再生产方面。如不去大规模买房建房，而是租房修缮，因陋就简；运货用手推车，不买汽车，必要时才租用卡车；不在外地广开分店，外地发行多委托书业同业代销等等。企业的一切，都经过了章锡琛及其管理团队的精打细算。

作为企业负责人，"章老板"甚至精打细算到了自己的头上，终其一生，他自奉甚简，在开明书店没有拿过高于同事的高薪，没有享受过高于同事的特殊待遇。比如他爱抽烟，但以高档烟待客，以低档烟自用。"人谓开店即是老板，可惜我'这版不是那板'，是为发展文化事业，不为牟利。我吸的是'老刀牌'香烟，又浓又辣，是黄包车夫吸的；抽屉里有白锡包，三炮台，是敬客的，谁看到过有这种穷老板。"家中吃饭，多是一碗绍兴黄酒、半碟花生。由于不讲究营养，他一直很瘦，加之穿着也不修边幅，章锡琛显得有点未老先衰。要知道，和他同时代的商务印书馆、中华书局的高层，有很多人是住别墅、坐汽车，家中有佣人伺候生活起居的。

章锡琛自己工作起来，也非常拼命：办公桌上长年累月堆着稿子，他都要一一抽空审阅，不过这个工作，一般是晚上做。白天则忙于接待众多的来客，有同业、有送稿和借稿费者，亦有因退稿而问责者，当然还有朋友如丰子恺、郁达夫、夏衍、茅盾、叶圣陶、周建人、顾颉刚等的来访。从早到晚，川流不息。到了晚间，章锡琛就一支烟、一杯茶相伴，开始独自审稿到深夜。同事们次晨来上班，总能见到他的桌上烟蒂一缸，淡茶半杯。而规定要轮流打扫的办公室，早就被章锡琛一个人打扫得干干净净。

所以，章锡琛的出版家就是这样炼成的：首先要有与时俱进的新思想，要有在细分市场做到"专注、极致"的企业理念，要有"人无我有、人有我优"的选题策划意识，要有"以质取胜"的市场竞争策略，要有团结一班人的领导能力，最后，还要有勤俭办企业的奋斗精神。

今天，世上已无开明书店，世上已无章锡琛。

但是，开明书店出版的书还在，章锡琛编的书还在，章锡琛写的书还在。

所以，书比人长寿，书也比书店长寿。

由此可见，从事出版业最大的好处在于，在出版家、出版人们逝去以后，他们编的书还能够让一代又一代的中国人捧读、受益。而在他们读完这些书的时候，若得一眼之暇，瞟一眼编者为何许人也，则出版人的一生心愿已足。

我想，这样的出版人当中，必有章锡琛。

# 章锡琛编辑出版大事年表

**1889 年**

8 月 24 日，出生于浙江省会稽（今绍兴）县。

**1912 年　23 岁**

1 月，章锡琛由绍兴来到上海，由山会师范学堂监督杜海生引见时任《东方杂志》主编的堂侄杜亚泉。在杜亚泉的帮助下，开始从事日文翻译，所译第一篇文章《雷锭发明者居里夫人小传》发表于 1912 年 5 月 1 日《东方杂志》。由此任《东方杂志》编辑长达九年，单在《东方杂志》上发表译文就达 300 余篇。

是年，章锡琛在主持"大事记"栏目时，开始关注世界妇女运动的发展，并在《东方杂志》上发表介绍西方妇女运动的文章多篇，如《英国妇女之参政运动》、《英国女权党之狂暴》、《美国之妇女》、《德国妇女问题之特征》等，或译或写。这些编译工作，为章锡琛编辑妇女报刊打下了基础。

**1920 年　31 岁**

钱经宇推荐章锡琛接任《妇女杂志》主编。章锡琛接任后，第一个任务是把过去脱期的全部赶出，经过两三个月的努力，《妇女杂志》终于做到了如期出版。

## 1921 年　32 岁

1 月，正式主编《妇女杂志》。自 7 卷 1 号始，开始了《妇女杂志》的"起飞"时期或"新文化自由主义、妇女主义"时期。该杂志在章锡琛主编的五年内，销量大增，读者"由二三千增加到一万多人"。

是年，参加文学研究会，是最早的会员之一。

## 1922 年　33 岁

8 月，章锡琛等在上海发起成立妇女问题研究会，在《妇女杂志》上公布了 17 位成员名单，计有章锡琛、周建人、沈雁冰、周作人、胡愈之等。

应邵力子邀请，兼为《时事新报》编辑《现代妇女》旬刊，为《民国日报》编辑《妇女周报》副刊。

## 1925 年　36 岁

1 月，《妇女杂志》"新性道德专号"，引起强烈反响，并发生了与陈百年的公开论争事件。此事直接导致了章锡琛最终离开商务印书馆。

3 月，参加立达学会。

5 月，五卅惨案发生时，章锡琛以妇女问题研究会代表身份参加上海学术团体对外联合会，积极声援爱国群众运动。

8 月，章锡琛由《妇女杂志》调到国文部编辑章学诚的《文史通义》选注。

同月，在胡愈之、郑振铎、周建人的鼓励下，章锡琛创办《新女性》月刊。

12 月中旬，提前印出了 1926 年 1 月的《新女性》创刊号。

12 月底，被商务印书馆辞退。

## 1926 年　37 岁

用妇女研究会的名义，编印妇女问题研究会丛书，如《妇女问题十讲》、《新性道德讨论集》等。郑振铎又把文学研究会的《文学周报》和文学研究会丛书交给章锡琛印行。

7 月，章锡琛开始筹备办书店，以商务印书馆的一二千元退俸金为基础，加上兄弟章锡珊的一些资金，余由夏丏尊、刘叔琴、丰子恺、吴觉农、郑振铎、周建人等资助，筹得 5000 元左右启动资金。

8 月 1 日，开明书店正式创立，在宝山路宝山里 60 号章锡琛家中挂出了"开明书店"的招牌。

8 月 29 日晨 7 时，正在由北平赴厦门的鲁迅抵达上海。当晚即在周建人的陪同下造访开明书店。

9 月，立达学会创办《一般》杂志，交开明书店印行。

是年，夏丏尊译《爱的教育》由开明书店出版，"二年之内，重版五次"，成为 20 年代的畅销书之一。

## 1927 年　38 岁

四一二反革命政变后，章锡琛于 4 月 13 日在报纸上发表"青天白日满地红，白日青天杀劳工"的打油诗，并和胡愈之、郑振铎、周予同、吴觉农、李石岑、冯次行联名写信向国民党提出抗议，并在 15 日的上海《商报》上公开发表，率先向社会揭露事实真相，被周恩来誉为"中国正直知识分子的大无畏壮举"。

大约 4 月前后，章锡琛邀请夏丏尊进入开明书店。

8 月，章锡琛邀请钱君匋进入开明书店。

秋，赵景深任开明书店总编辑。

10 月 12 日，鲁迅再来开明书店会晤章锡琛，并看到了刚刚进店不久的钱君匋设计的《寂寞的国》、《尘影》等书，肯定道："很好，有陶元庆的影响，也有自己的风格，努力下去，不会错的。"

年底，开明书店出版图书杂志达 100 余种。

## 1928 年　39 岁

年初，聘请夏丏尊为开明书店总编辑。

7 月，开明书店出版业务性宣传刊物《开明》。

"章锡琛先生的一个创举"——《开明活页文选》开始发行。

是年，以重金聘请林语堂编著的《开明英文读本》出版，一个月内加印了几次，从此畅销 20 余年，林语堂获得的个人版税收入就高达 30 万元之巨，开明书店也由此获利颇丰。

是年冬，由夏丏尊、刘叔琴、杜海生、吴季候、丰子恺、夏贷均、胡仲持、吴仲盐共同发起，改开明书店为股份有限公司，开明书店的资本总额从最初 5000 元发展到 50000 元。

筹建美成印刷所股份有限公司，定资金为 10000 元。

## 1929 年　40 岁

开明书店股份有限公司正式成立。

聘请杜海生任总经理，章锡琛任协理，夏丏尊任编译所长，章雪山任发行所长。

12 月，开明书店停办《新女性》。

开明书店决心创办美成印刷厂，将资金从 10000 元增至 20000 元，吴仲盐任经理，章锡琛任协理，专门承接开明书店的印件，以提高出版物印刷质量。

是年底，《新女性》、《一般》两杂志停刊后，开明书店首次明确自己的出版方针，即以中等文化程度的青年为主要服务对象。

## 1930 年　41 岁

1 月，《中学生》创刊。

开明书店与世界书局打官司。

6 月，开明书店资本额达 10 万元，职工人数达 240 人。

冬，《中学生文艺》创刊。

是年，决定接受朱起凤先生撰写的《辞通》书稿。

## 1931 年　42 岁

1 月，叶圣陶接受章锡琛邀请进入开明书店，任协理。《中学生》自 1931 年 3 月号（总第 13 号）起，改由叶圣陶主编。

## 1932 年　43 岁

1 月，开明书店在福州路成立门市部。

商务印书馆因"一·二八"裁员，章锡琛趁机邀请王伯祥、顾均正、宋云彬、金仲华、徐调孚、贾祖璋、傅彬然进入开明书店，大大地充实了编辑队伍。

2 月，开明书店接手料理于 1931 年解体的未名社积欠鲁迅版税事，并得以妥善处理。

是年，开明书店开始出版小学教科书。

## 1933 年　44 岁

创办"上海市私立开明函授学校"，一年后停办。

同时与纸厂研究试制米色道林纸成功。

开明书店开始拟订企业管理的各种规章制度。

**1934 年　45 岁**

开明书店经理杜海生因年老体弱辞职，章锡琛被董事会推选为经理。

2 月，开明书店领衔联合同业，就国民党下令查禁的 149 种书籍，两次向国民党上海市党部请愿，章锡琛还和夏丏尊联名写信给蔡元培、邵力子，迫使当局允许部分解禁。至 3 月 20 日，解禁 59 种书目。

"章老板的杰作"——《二十五史》出版。

《辞通》正式出版，取得了意想不到的成功：预约 1 万部，两个月内售罄，又加印数万册，仍然供不应求。

是年，开明书店总公司有 3 个处、所，1 个室，18 个部，33 个课和 4 个委员会，工作人员 100 多人。

**1935 年　46 岁**

章锡琛接受鲁迅委托，冒险排印瞿秋白遗著《海上述林》，并为其捐献印刷费用。

**1936 年　47 岁**

截至本年，共出版《开明活页文选》1600 多种，产生广泛社会影响。

为纪念创业十周年，"开明书店以较高的稿酬，特约一些作家专题撰写新作。这些稿件由夏丏尊编辑成两本小说集刊《十年》和《十年续集》。夏丏尊为《十年》作了序，并为《十年续集》写了小说《流弹》。"

10 月 19 日，鲁迅逝世。开明书店即表慰问，并在已发排的《中学生》和《新少年》上，临时增加悼念鲁迅的文章和照片。

12 月，参加开明书店第二届业务全会，并合影。

是年，开明总店（经理室、编译所、总务所、货栈）和美成印刷厂一起迁入梧州路新址（由一家倒闭的丝厂修缮而成）。

**1937 年　48 岁**

开明书店股本增至 30 万元。

1 月起，胡愈之在开明书店创办综合性大型月刊《月报》。

8 月 10 日，赴南京参加教育部会议，着手备战搬迁。

8 月 11 日，返沪着手开明书店搬迁武汉事宜。

八一三事变中，8 月 16 日，开明书店设在虹口梧州路的经理室、编译所、货栈及美成印刷厂，被日寇炮弹击中，开明书店所有图版纸型、藏书资料、几百万册存货，以及正在印刷厂待印的《二十五史》全部锌版，美成印刷厂的所有器材，全部被毁，损失达资产的 80% 以上，元气大伤。同时，章锡琛、夏丏尊、吴仲盐三家同时被毁。

开明书店大本营被毁之后，大部分同人被迫去到内地继续发展，只留少数编辑人员在福州路一个三层楼上继续编书出版，支援内地。夏丏尊、章锡琛、王伯祥、徐调孚、顾均正、周振甫等每人只发一点生活费勉强度日。

10 月，章锡琛冒险自上海经杭州到汉口，准备开辟新据点。同行的有范洗人、叶圣陶和汉口分店经理章锡舟。但由于国民政府西迁重庆，汉口无法立足。同时上海方面因福州路发行所欠交房租被房主上海泰利洋行所控告，章锡琛只身返回上海。

**1938 年　49 岁**

1 月 4 日，章锡琛抵沪。从此，长达八年滞留于上海"孤岛"，直到抗战胜利。

滞留上海期间，除解决诉讼问题外，章锡琛还着手恢复印书业务，将纸型秘密运往内地用土纸印刷取得成功。

夏，日本友人内山完造找到章锡琛，建议合作开办书店，日方提供资金，中方负责经营。章锡琛婉拒，表示中日双方正在开战，此举不妥。

开始校注《助字辨略》。

**1939 年　50 岁**

5 月，《中学生》在停刊 20 多个月以后，在桂林复刊，为战时半月刊，由叶圣陶主编。

**1940 年　51 岁**

章锡琛著《助字辨略》（校注）出版。

**1941 年　52 岁**

5 月，章锡琛派协理范洗人率部分同人等经香港去桂林，设立管理机构"驻外总办事处"，管理内地各分店。章锡琛则坚守上海应变。

12 月 8 日，上海沦陷后，日军查封开明书店等出版机构（开明书店有数十万册书籍被查封），并强令充当宣传"大东亚共荣"进行奴化教育的工具，遭到一致拒绝。开明书店的出版工作就此停顿，凡留沪的作家、朋友和同人生活困苦者，章锡琛派人送去生活费，以解燃眉之急，共渡难关。

开始校注《马氏文通》。

**1942 年　53 岁**

6 月，开明书店在成都成立"开明书店编译所成都办事处"，叶圣陶为主任，胡墨林为办事员。另聘金仲华、丰子恺、傅彬然、宋云彬、贾祖璋为编译委员。

年底，开明书店改组董事会，邵力子、范寿康、范洗人、章锡琛、章锡珊、叶圣陶、丰子恺、傅彬然、宋云彬、胡仲持等都被选为董事，范洗人任总经理，邵力子为董事长。

**1943 年　54 岁**

12 月 15 日，章锡琛、夏丏尊被日军从寓所抓走，同时被捕的还有 39

名文艺界人士，震动了文化出版界。

**1944 年　55 岁**

年初，开明书店在桂林召开分店会议。

7 月，桂林开始疏散。开明书店总管理处迁到重庆，《中学生》亦迁去重庆出版。

岁末，章锡琛决定把《子夜》纸型秘密运到大后方去出版。

**1945 年　56 岁**

8 月，抗战胜利。为了使上海的开明书店总管理处和战时在重庆成立的开明书店总管理处顺利合并，更为了方便范洗人接任开明书店总经理，章锡琛决定退让，去台湾协助当时的省教育厅接收和建立印刷厂，并筹设开明书店台湾分店。

9 月初，重庆总管理处派朱达君、金韵锵带纸型、金钞东下上海，准备印刷新书。

11 月，范洗人由重庆回到上海。

12 月 25 日，开明书店后方 50 多名同人由叶圣陶率领，从重庆乘船，于次年 2 月 9 日到达上海。

**1946 年　57 岁**

年初，章锡琛应友人范寿康先生之邀，赴台湾管理接收日本印刷厂，并筹建开明书店台湾分店。半年后，辞去台湾教育处印刷厂厂长职务，回到上海。

2 月 21 日，开明书店召开特别业务会议，议定出版方针，编制营业概算，确定全国营业网。

4 月 23 日，总编辑夏丏尊病逝，当时身在台湾的章锡琛悲痛欲绝。

8 月，开明书店召开董事会，同意章锡琛辞去总经理的要求，选举范洗人为总经理，并选举章锡琛为常务董事。

10 月 10 日，参加开明书店成立 20 周年纪念大会。

同月，按照十周年的做法，约请著名学者撰写论文，由叶圣陶编辑出版了《开明书店二十周年纪念文集》。

是年，开明书店各地分店达 16 个，比战前多出 10 个。

## 1947 年　58 岁

3 月，中国语文学会在上海宣告成立，选举叶圣陶、陈望道、章锡琛、郭绍虞、周予同、方光焘、魏建功七人为理事，马叙伦、郭沫若、郑振铎三人为监事。

是年，章锡琛先后到汉口、长沙、广州、贵阳、昆明、成都、重庆等各地分店视察。

12 月 1 日，参加开明书店营业会议，并合影留念。

## 1949 年　60 岁

5 月 27 日，上海解放时，章锡琛亲眼目睹解放军战士站在露天淋雨也不进入商店、民房避雨的情景，被深深打动。从此时起，章锡琛认真阅读《新民主主义论》、《论人民民主专政》、《论联合政府》等小册子，"开始明了共产党的政策方针，竭力寻求自己的正确方向，同时认识到出版事业决不能再用从前的经营方式，必须有所改变"。同时认为，出版事业关系到人民的思想文化，应该尽快由国家统一管理，私人办书店的历史应该结束。

7 月末，章锡琛辞去开明书店常务董事职务。

8 月 8 日，携家眷离开上海去北京，并在京写成《中国出版业之过去、现在和将来改进的途径》一文，供有关领导部门参考。

10 月 3 日，参加第一届全国新华书店出版工作会议，并受邀在闭幕式上讲话。

10 月 7 日，参加出版委员会邀请北京市同业和第一届全国新华书店出版工作会议代表的茶话会，受邀代表开明书店讲话。

12 月，由出版总署署长胡愈之邀请，出任出版总署专员，着手起草《著作权暂行法》及其《细则》。期间与张静庐共事，帮助其编辑《中国近现代出版史料》。

## 1950 年　61 岁

章锡琛调任出版总署调查研究处处长，组织翻译苏联几种有关出版、印刷、发行方面的著作。

2 月，开明书店向国家出版总署递交了请求公私合营的呈文。4 月 3 日，获出版总署批准。

6 月，开明书店总管理处由上海迁北京，召开第一届各单位负责干部会议，章锡琛代表开明书店董事会作了"开明书店的新生"的讲话。

## 1951 年　62 岁

1 月，开明书店发行部门与商务印书馆等书店的发行部门合并，成立公私合营的中国图书发行公司。

4 月，章锡琛应约为《苏联大百科全书》撰写《中国出版》条目。

下半年，出版总署建议开明书店与团中央的青年出版社合并。

## 1952 年　63 岁

章锡琛重新调任出版总署专员。其间草拟完成新中国第一个《著作权暂行法》及其《细则》等出版法规。

## 1953 年　64 岁

4 月，开明书店与青年出版社合并为中国青年出版社，在全国出版行业中第一家实现了公私合营。

## 1954年　65岁

章锡琛由出版总署调古籍出版社任编辑，后任副总编。

《马氏文通校注》出版。

## 1956年　67岁

春，章锡琛只身赴上海，校对标点本《资治通鉴》及《续资治通鉴》，纠正了不少标点和分段错误，发现了不少问题。期间还点校了《大同书》、《新学伪经考》等书。

由于古籍出版社并入中华书局，章锡琛转任中华书局副总编辑。

## 1957年　68岁

章锡琛被错划为右派分子，撤销职务，待遇由编辑四级降为七级。

## 1958年　69岁

在校阅标点本《二十四史》等工作中不遗余力，做出了贡献。

## 1960年　71岁

章锡琛被摘掉右派帽子。

## 1961年　72岁

申请退休。在此期间，仍坚持工作。

## 1962年　73岁

眼病加剧，仍力疾从公。

1 月，在审阅《张载集》的过程中，撰写《张载哲学初探》，同时撰写《漫谈商务印书馆》。

## 1965 年　76 岁

8 月，获准退休。退休以后仍坚持撰写文章，并热忱接待来访同志，竭诚解答业务问题、共同切磋编辑工作。

## 1966 年　77 岁

"文化大革命"开始，遭受冲击。

## 1969 年　80 岁

6 月初，章锡琛在北京逝世。

## 1988 年

由中华书局出面，为章锡琛作了平反结论，宣布本"不应划为右派分子"，撤销原右派结论，恢复名誉和原职级，并追认他为"具有民族气节的爱国出版家"。

10 月 14 日，中华书局为章锡琛先生在八宝山革命公墓举行骨灰安放仪式。

# 参考文献

包天笑：《钏影楼回忆录》，大华出版社 1971 年版。

陈明远：《文化人与钱》，百花文艺出版社 2001 年版。

陈存仁：《银元时代生活史》，上海人民出版社 2000 年版。

出版史料编辑部编：《章锡琛先生诞辰一百周年纪念文集》（内部资料），1990 年 10 月。

范军：《中国出版文化史研究书录（1978—2009）》，河南大学出版社 2011 年版。

范军、何国梅：《商务印书馆企业制度研究（1897—1949）》，华中师范大学出版社 2014 年版。

冯和法：《记上海黎明书局》，中国文史出版社 2000 年版。

胡愈之：《我的回忆》，江苏人民出版社 1990 年版。

湖北省新闻出版局湖北出版史料编辑组编：《湖北出版史料》第 3 辑，1988 年 12 月。

《开明书店图书目录（1926—1952）》（内部资料）。

林治金：《著名语文教育家评介》，青岛出版社 2001 年版。

李家驹：《商务印书馆与近代知识文化的传播》，商务印书馆 2005 年版。

李明传：《清末民初中国城市社会阶层研究（1897—1927）》，社会科学文献出版社 2005 年版。

李杏保、顾黄初：《中国现代语文教育史》，四川教育出版社 2000 年版。

钱炳寰：《中华书局大事纪要》，中华书局 2002 年版。

宋云彬：《红尘冷眼——一个文化名人笔下的中国三十年》，山西人民出版社 2002 年版。

宋应离、袁喜生、刘小敏编：《20 世纪中国著名编辑出版家研究资料汇辑》，河南大学出版社 2005 年版。

史春风：《商务印书馆与中国近代文化》，北京大学出版社 2006 年版。

绍兴市名人文化研究会编：《开明魂——纪念爱国进步出版家章锡琛先生诞辰 117 周年》（内部资料）。

《商务印书馆九十年》，商务印书馆 1987 年版。

《商务印书馆九十五年》，商务印书馆 1992 年版。

《商务印书馆一百年》，商务印书馆 1998 年版。

王知伊：《开明书店纪事》，书海出版社 1991 年版。

《王伯祥日记》，国家图书馆出版社 2011 年版。

王湜华：《王伯祥传》，中华书局 2008 年版。

王建辉：《老出版人肖像》，江苏教育出版社 2003 年版。

王建辉：《文化的商务——王云五专题研究》，商务印书馆 2000 年版。

王建辉：《出版与近代文明》，河南大学出版社 2006 年版。

王余光、吴永贵、阮阳：《中国新图书出版业的文化贡献》，武汉大学出版社 1998 年版。

王利民：《平屋主人——夏丏尊传》，浙江人民出版社 2005 年版。

汪家熔：《商务印书馆史及其他》，中国书籍出版社 1998 年版。

吴永贵：《民国出版史》，福建人民出版社 2011 年版。

徐丽芳、吴永贵、孙强、陈幼华、汪涛：《中国百年畅销书》，陕西师范大学出版社 2001 年版。

忻平：《从上海发现历史》，上海人民出版社 1996 年版。

萧枫：《弘一大师文集》，内蒙古人民出版社 1996 年版。

萧致治：《鸦片战争与近代中国》，湖北教育出版社 1999 年版。

俞筱尧、刘彦捷编：《陆费逵与中华书局》，中华书局 2002 年版。

叶圣陶编：《开明书店二十周年纪念文集》，中华书局 1985 年版。

《叶圣陶集》，江苏教育出版社 2004 年版。

叶至善：《叶圣陶出版文集》，中国书籍出版社 1996 年版。

《张元济日记》（全二册），商务印书馆 1986 年版。

张树年：《张元济年谱》，商务印书馆 1991 年版。

张树年：《我的父亲张元济》，百花文艺出版社 2006 年版。

张静庐：《中国近代出版史料》初编、二编，中华书局 1957 年版。

张静庐：《中国现代出版史料》甲、乙、丙、丁编，中华书局 1952—1959 年版。

张静庐：《中国出版史料补编》，中华书局 1957 年版。

张学继：《出版巨擘：张元济传》，浙江人民出版社 2003 年版。

《章克标文集》，陈福康、蒋山青编，上海社会科学院出版社 2003 年版。

朱联保：《百年书业》，上海书店出版社 2008 年版。

郑逸梅：《书报话旧》，学林出版社 1983 年版。

中国出版工作者协会编：《我与开明》，中国青年出版社 1985 年版。

中国出版科学研究所科研办公室编：《近现代中国出版优良传统研究》，中国书籍出版社 1994 年版。

中华书局编辑部编：《回忆中华书局》，中华书局 1987 年版。

中国社会科学院近代史研究所中华民国研究室编：《胡适的日记》，中华书局 1985 年版。

《申报》（上海）

《东方杂志》（上海）

《妇女杂志》（上海）

《出版史料》（1982 年创刊）

《新文学史料》（北京）

# 后　记

　　初稿敲完最后一个字，恰是 2015 年的清明节假期。窗外烟雨纷飞，正可寄托我对章锡琛这位本家先贤、行业前辈的敬佩与追思。

　　一写就是两年。2013 年春节期间，我接到我一贯尊敬的师长、华中师范大学出版社范军社长的电话，嘱我参与"中国出版家丛书"的撰写工作，并且范老师还因为同姓的关系，帮我敲定了负责出版家章锡琛的传记写作。受宠若惊之余，我未及多想，就应下了。真正动笔之后，才发现难处。一难是资料少。章锡琛先生的著述、文章虽多，但由于他一生恬淡谦退，自己文章中关于个人经历的内容却不多。"文革"之后留下来的资料就更少了。我只能从先生的朋友、家人的回忆中，去尽力还原一个真实的章锡琛先生。二难是时间少。2013 年我被调到一家从事开拓性业务的公司工作，百事纷扰、问题丛生之下，安心写作已成奢望；直到 2014 年我调到湖北人民出版社工作，再次回到自己熟悉的业务工作上来，才得以在业余时间全力投入，广泛收集资料，正式开始写作。

越写越喜欢上了这个章家的老头儿。板刷头，宽宽的、突出的前额，戴着一副啤酒瓶底似的深度近视眼镜，瘦瘦的个儿，着一身棉布长衫，说一口地道绍兴话。嗓门大，能毫无顾忌地在马路边大声问人家"托派怎么样啊"；抽烟凶，一夜下来烟蒂能积满烟灰缸；酒量大，一顿可喝绍酒五斤以上；交友广，鲁迅、茅盾、周建人、胡愈之、郑振铎、叶圣陶、夏丏尊、朱自清、丰子恺、朱光潜这些赫赫有名的人，都是他一生的朋友；乐助人，不仅是像冰心、丁玲、秦牧、吴祖光、萧乾、臧克家等这样的名作者，而且像陈学昭、吴似鸿、汪曼之等这样的知识青年，都或多或少受过他的恩惠；做人正，面对国民党的屠刀敢于同情共产党人，面对日本人的屠刀敢于坚持中国人的气节；从业精，策划出版了《爱的教育》、《开明活页文选》、《开明英文读本》、《辞通》、《二十五史》等颇具影响的畅销书；学术高，留下了《文史通义》（选注）、《马氏文通校注》、《助字辨略》（校注）等专业著作；律己严，他亲手创办的开明书店，一度增资扩股到上百万元，可是他个人却家无余财、清贫度日……这是一个爱国、敬业的出版家，也是一个正直、率性、谦虚、可爱的老头儿。可惜的是，以我手中之拙笔，只能描写先生风采之万一。

事实上，章锡琛这样的出版人对我而言，似曾相识。自我从1997年成为湖北出版人以来，身边就一直不乏这样的前辈身影，教我奋进，催我前行。岁月无常，白云苍狗，当年曾对我耳提面命的前辈们都已渐渐老去，但他们的精神风范，却一直激励着我。借此机会，谨向湖北出版界的这些前辈们致以诚挚的敬意！

写作得以完成，还要感谢范军社长、吴永贵教授、艾浩军博士、黄嗣博士、李㫫先生、张利琰博士、王世存博士以及我的家人的帮助和支持。

　　稿子虽然得以粗成，但我仍然深信，章锡琛先生作为一位杰出的出版家，还值得一写再写。而我本人由于水平有限，加之资料占有不充分，时间仓促，稿中错漏之处在所难免，还请各位专家和读者批评指正。有关本书的指教或开明书店、章锡琛先生的新资料、新线索，若能电邮至 473889329@qq.com，不胜感激。

　　另外，本书出于方便阅读、加强学术研究的目的，从未正式出版的章锡琛先生纪念文集中引用了一些有关章先生的图片。因章先生哲嗣难以联系，特此启事说明，还请相关图片著作权人予以理解。若有异议，请与我联系。

作　者<br>2015 年 4 月 5 日于武汉

统　　筹：贺　畅
责任编辑：卓　然
封面设计：肖　辉　孙文君
版式设计：汪　莹

**图书在版编目（CIP）数据**

中国出版家.章锡琛/章雪峰 著. —北京：人民出版社，2016.5
（中国出版家丛书/柳斌杰主编）
ISBN 978－7－01－015670－5

I.①中…　II.①章…　III.①章锡琛（1889~1969）－生平事迹　IV.①K825.42

中国版本图书馆CIP数据核字（2015）第309506号

## 中国出版家·章锡琛

ZHONGGUO CHUBANJIA ZHANG XICHEN

章雪峰　著

人民出版社 出版发行
（100706　北京市东城区隆福寺街99号）

北京盛通印刷股份有限公司印刷　新华书店经销

2016年5月第1版　2016年5月北京第1次印刷
开本：710毫米 ×1000毫米 1/16　印张：23.5
字数：258千字

ISBN 978－7－01－015670－5　定价：88.00 元

邮购地址 100706　北京市东城区隆福寺街99号
人民东方图书销售中心　电话：（010）65250042　65289539